Japanisches Recht im Vergleich

Augsburger Studien zum internationalen Recht

Herausgegeben von

Volker Behr
ehem. Lehrstuhl für Bürgerliches Recht, Zivilprozessrecht, Ausländisches und Internationales Privatrecht

Henning Rosenau
Lehrstuhl für Deutsches, Europäisches und Internationales Straf- und Strafprozessrecht, Medizin- und Biorecht

Christoph Vedder
Lehrstuhl für Öffentliches Recht, Völkerrecht und Europarecht sowie Sportrecht, Jean Monnet-Lehrstuhl für Europäisches Recht

Juristische Fakultät der Universität Augsburg

Band 13

PL ACADEMIC RESEARCH

Henning Rosenau / Oliver Schön (Hrsg.)

Japanisches Recht im Vergleich

Erstes Symposium zum japanischen Recht für Nachwuchswissenschaftler an der Universität Augsburg

Deutsch-Japanischer Strafrechtsdialog
ドイツ－日本 刑法に関する対話

PL ACADEMIC RESEARCH

Bibliografische Information der Deutschen Nationalbibliothek
Die Deutsche Nationalbibliothek verzeichnet diese Publikation in der Deutschen Nationalbibliografie; detaillierte bibliografische Daten sind im Internet über http://dnb.d-nb.de abrufbar.

ISSN 1861-664X
ISBN 978-3-631-65843-7 (Print)
E-ISBN 978-3-653-05068-4 (E-Book)
DOI 10.3726/978-3-653-05068-4

PL Academic Research ist ein Imprint der Peter Lang GmbH.

Peter Lang – Frankfurt am Main · Bern · Bruxelles · New York · Oxford · Warszawa · Wien

Die Qualität der in dieser Reihe erscheinenden Arbeiten wird vor der Publikation durch die Herausgeber der Reihe geprüft. Soweit es sich um Dissertationen handelt, sind diese überdies von den am Promotionsverfahren beteiligten Gutachtern geprüft worden.

Diese Publikation wurde begutachtet.

www.peterlang.com

Vorwort

Der vorliegende Band enthält die Arbeiten von acht Nachwuchswissenschaftlern, die sich in Ihrer Dissertation rechtsvergleichend mit dem deutschen und dem japanischen Recht beschäftigen oder beschäftigt haben. Vom 24. bis zum 26. Januar 2014 wurden diese Arbeiten auf dem ersten Symposium zum japanischen Recht für Nachwuchswissenschaftler an der Universität Augsburg vorgetragen.

Das Symposium fand vor dem Hintergrund der Veranstaltungen zum japanischen Recht statt, welche seit 2009 in Augsburg angeboten werden. Ziel dieser Veranstaltungen war es immer, einen vielschichtigen Einblick in das japanische Rechtssystem zu geben und dabei auch die Lebenswirklichkeit in Japan vorzustellen. Vor diesem Hintergrund ist auch die Idee für das Symposium für Nachwuchswissenschaftler entstanden, welches bewusst ein breites Feld an Themen abdecken sollte. Neben dem reinen Forschungsinhalt war auf dem Symposium auch von Interesse, wie das Thema gewählt wurde und wie die tatsächliche Handhabung in Japan ist. Die Referenten, die aus dem ganzen Bundesgebiet und aus Japan angereist sind, konnten so ein sehr vielschichtiges Bild der japanischen Gesellschaft vermitteln.

Das Symposium war bislang die größte Veranstaltung, die im Rahmen des Lehrangebots zum japanischen Recht in Augsburg durchgeführt wurde. Es ist insofern erfreulich, dass das Interesse am japanischen Recht zunimmt.

Zu danken ist dem japanischen Generalkonsul *Akira Mizutani*, dem Präsidenten der Deutsch-Japanischen Juristenvereinigung *Dr. Jan Grotheer*, dem Ersten Botschaftssekretär *Hideshiro Karasawa* und *Prof. Dr. Franz Waldenberger* vom Japanzentrum der Ludwig-Maximilians Universität München für ihre Teilnahme an dem Symposium. Wir danken ebenso Frau *Dr. Heike Alps*, die maßgeblich an der Mitgestaltung des Symposiums beteiligt gewesen ist.

Ein besonderer Dank gilt aber Frau *Keiko Oshima-Gerisch*, die über viele Jahre das Lektorat für die japanische Sprache an der Universität Augsburg betreut und auch die erste Initiative für die Veranstaltungen zum japanischen Recht gegeben hat.

In organisatorischer Hinsicht danken wir Frau *Inge Rystau* und den anderen Mitarbeitern des Lehrstuhls, die für einen reibungslosen Ablauf der

Veranstaltung gesorgt haben. Frau *Inge Rystau* hat auch für die sorgfältige Drucklegung Verantwortung getragen. Ohne die finanzielle Unterstützung des ACELR (Augsburg Center for Global Economic Law and Regulation) und der Deutsch-Japanischen Gesellschaft in Schwaben e.V. hätte das Symposium nicht stattfinden können. Herr *Bernd Konert*, Geschäftsführer der DJG, hat mit seinem persönlichen Engagement maßgeblich dazu beigetragen, dass die Idee zu dem Symposium umgesetzt werden konnte.

Augsburg und München im Juni 2014 Die Herausgeber

Inhaltsverzeichnis

Jan Grotheer

Die deutsch-japanischen Beziehungen auf dem Gebiet des Rechts

Die Beziehungen zwischen Deutschland und Japan auf dem Gebiet des Rechts können auf eine lange Tradition zurückblicken. Nachdem sich Japan in der Tokugawazeit für etwa 200 Jahre nahezu vollkommen gegen außerjapanische Einflüsse abgeschottet hatte, wurde die Öffnung Japans 1853 durch die Kriegsschiffe des US-amerikanischen Admirals *Perry* erzwungen. Japan musste sog. Ungleiche Verträge mit den USA und europäischen Staaten, 1861 auch mit Preußen, abschließen, die u.a. eine Konsulargerichtsbarkeit vorsahen, mit der sich die Vertragsstaaten einer Unterwerfung unter das japanische Recht mit dem Argument verweigerten, dass das japanische Rechtssystem unzureichend sei. Als Ausweg aus der damit entstandenen Lage sahen es Kaiser *Meiji* und seine Berater als erforderlich an, ihr Staats- und Rechtssystem zu modernisieren. Zur Vorbereitung entsandten sie in den Jahren 1871 bis 1873 mit der sog. Iwakura-Mission mehr als 100 Personen, unter ihnen sowohl Fachleute als auch Studenten, in die USA und nach Europa, damit diese Informationen und Erfahrungen sammeln und das westliche System erkunden konnten. Zum Teil blieben die mitgereisten Studenten in den besuchten Staaten, um dort zu studieren. Im März 1873 wurde Deutschland besucht. Einer der Mitreisenden, *Ito Hirobumi,* der später der erste Premierminister Japans wurde, reiste 1882 erneut nach Deutschland, um sich bei den Staatsrechtlern *Rudolf von Gneist* und seinem Schüler *Albert Mosse* in Berlin sowie bei *Lorenz von Stein* in Wien über verfassungs- und staatsrechtliche Fragen zu informieren.

Zudem lud die japanische Regierung eine Anzahl von deutschen juristischen Beratern ein, die maßgeblichen Anteil an der Entwicklung eines modernen japanischen Rechtssystems hatten. *Hermann Roesler,* Professor in Rostock, war 1878 der erste und wirkte u.a. an der 1890 in Kraft getretenen Japanischen Verfassung mit. Außerdem stammte von *Roesler* der Entwurf eines Handelsgesetzes. Später folgten neben vielen anderen *Albert Mosse,* Landgerichtsrat in Berlin, der sich mit den lokalen Verwaltungsgesetzen befasste, *Otto Rudorff,* Landgerichtsrat in Hannover, der einen Entwurf des GVG vorlegte sowie *Hermann Techow,* Regierungsrat in Berlin, der ein Zivilprozessgesetz erarbeitete. Sie waren sowohl als Berater bei dem Entwurf der genannten und anderer Gesetze als auch als Lehrer tätig.

Auf dem damit gelegten Fundament setzte das deutsche Rechtsystem über Jahrzehnte Maßstäbe nicht nur für die japanischen Gesetze sondern auch für Lehre und Rechtsprechung. Besonders die juristische Dogmatik wurde aus Deutschland entlehnt.

Nach dem 2. Weltkrieg wurde der der Einfluss der USA auch auf dem Gebiet des Rechts stärker. Gleichwohl gab und gibt es zahlreiche japanische Rechtsgelehrte und Praktiker, die ein hohes Interesse an der deutschen Rechtsentwicklung haben. So finden sich in vielen Urteilen japanischer Gerichte Verweise auf deutsche Rechtsprechung und Literatur, wie auch die Bibliotheken etwa des Japanischen Obersten Gerichtshofes oder der Keio-Universität hervorragend mit deutscher Rechtsliteratur ausgestattet sind, die manche deutschen Gerichte vor Neid erblassen ließe. Nach wie vor gibt es einen Lehrstuhl für deutsches Recht an der Tokyo-Universität und zahlreiche juristische Fachlektorate sowie Vorlesungen zum deutschen Recht an japanischen Universitäten.

Nachdem die Informationen auf dem Gebiet des Rechts zunächst vergleichsweise einseitig von japanischer Seite nachgefragt wurden (von kritischen japanischen Kollegen auch als Einbahnstraße bezeichnet), gab es ab etwa 1980 parallel zu der wachsenden Bedeutung der japanischen Wirtschaft auch in Deutschland Interesse am japanischen Recht. Diese Entwicklung umfasste Wissenschaft und Praxis, aber auch die Politik. So werden seit 1981 deutsche Richter und Staatsanwälte im Austausch mit japanischen Richtern und Staatsanwälten, die schon seit 1972 nach Deutschland kommen, für jeweils 2 Monate an den Japanischen Obersten Gerichtshof entsandt (die japanischen Richter kommen für ein Jahr, die Staatsanwälte für fünf Monate), es wurden an deutschen Universitäten Lehrstühle für japanisches Recht geschaffen und Vorlesungen gehalten. Das Max-Planck-Institut in Hamburg richtete einen Forschungsschwerpunkt in Form eines Referates für japanisches Recht ein. Zudem gibt es seit 2006 regelmäßige gemeinsame Workshops des deutschen und japanischen Justizministeriums.

Und last but not least wurde 1988 die Deutsch-Japanische Juristenvereinigung (DJJV) gegründet, die seither für etwa 700 Mitglieder über 40 Symposien und zahlreiche Vorträge zum japanischen Recht veranstaltet hat und – gemeinsam mit dem MPI Hamburg – die Zeitschrift für Japanisches Recht (ZJapR) herausgibt, die als derzeit einzige regelmäßig erscheinende Publikation auf Deutsch und Englisch über das japanische Recht berichtet.

Man wird mit Fug und Recht sagen können, dass sich die Deutsch-Japanischen Beziehungen auf dem Gebiet des Rechts in einem beiderseits gut gepflegten Zustand befinden, ohne dass damit gesagt werden soll, dass sie nicht noch ausbaufähig seien. Daran arbeiten wir.

Richard Yamato

Intersexualität, Geschlecht und Recht – Ein Vergleich der deutschen und japanischen Rechtspraxis im Personenstands- und Passrecht*

I. Einleitung

Das Geschlecht als natürliches Merkmal des Menschen begleitet einen jeden von uns das ganze Leben lang und ist in seinen zwei gängigen Ausprägungen – männlich und weiblich – Anknüpfungspunkt für die rechtliche Erfassung von Sachverhalten in den verschiedensten Rechtsgebieten. Die rechtliche Zuordnung zu einem dieser zwei „klassischen" Geschlechter erfolgte in Deutschland bis vor kurzem unhinterfragt – wie in nahezu allen Rechtsordnungen dieser Welt – durch die Eintragung dieses Geschlechts im Geburtenregister unmittelbar nach der Geburt.[1] Die Allgemeingültigkeit dieser bis dato für selbsterklärend gehaltenen Regel stellte der deutsche Gesetzgeber jüngst in Frage: Am 1. November 2013 ist in Deutschland § 22 Abs. 3 des Personenstandsgesetzes (PStG) in Kraft getreten.[2] Kann „das Kind weder dem weiblichen noch dem männlichen Geschlecht zugeordnet werden", so soll in Zukunft „der Personenstandsfall ohne eine solche Angabe in das Geburtenregister" eingetragen werden. Die Konsequenz ist, dass es Neugeborene, in Zukunft aber auch Kinder, Jugendliche und erwachsene Menschen in Deutschland geben wird, die keinen Geschlechtseintrag im Geburtenregister aufweisen – was natürlich nicht bedeutet, dass diese Personen „geschlechtslos"[3] sind oder der

---

* Der Aufsatz basiert auf den Recherchen während des Forschungsaufenthalts des Verfassers an der Doshisha-Universität in Kyoto im WS 2013/2014. Besonderer Dank gilt Herrn Professor *Hiroyuki Taniguchi* für die inspirierenden Anmerkungen zur Lebens- und Rechtswirklichkeit intersexueller Personen in Japan sowie Herrn Professor *Toshiyuki Munesue*, Frau Professor *Hidemi Suzuki*, sowie *Lucie Veith* für die Vermittlung an Wissenschaftler und Praktiker.

1 So z.B. in Deutschland gem. § 21 I Nr. 3 des Personenstandsgesetzes (PStG) und in Japan gem. § 13 Nr. 4 Alt. 2 des japanischen Personenstandsregistergesetzes (JPStRG/戸籍法), vgl. hierzu unten Abschnitt V.1.a.

2 Vgl. Art. 1 Nr. 6 lit. b) und Art. 10 Abs. 2 des Personenstandsrechts-Änderungsgesetzes (PStRÄndG) v. 7.5.2013 – BGBl. I, S. 1122 f., 1159.

3 Vereinigungen intersexueller Personen kritisieren, dass die „juristische Geschlechtslosigkeit" nicht der Lebenswirklichkeit entspreche und diskriminierend sei, so z.B.

Gesetzgeber ein „drittes Geschlecht“[4] eingeführt hat. Trotzdem wurde in den deutschen Medien neben vielen positiven Berichterstattungen auch der Untergang des Abendlandes heraufbeschworen; teilweise wurde auch versucht, die Hintergründe der Reform ins Lächerliche zu ziehen, indem z.B. verlautbart wurde, es handle sich bei der gesamten Geschlechter- und Intersexuellen-Diskussion im Kern nur um einen ideologischen und „kuriose[n] Kampf um geschlechtsneutrale Toiletten.“[5] Damit verkennen oder verschleiern die Kritiker allerdings genauso wie der deutsche Gesetzgeber die grund- und menschenrechtliche Dimension der Lebenssituation der betroffenen Personen, die weder männlich noch weiblich sind, sondern zwischen den Geschlechtern – *inter*-sexuell – geboren wurden. Die Problematik betrifft insbesondere die medizinische Praxis der sogenannten „geschlechtszuweisenden“ Operationen an Neugeborenen und Kleinkindern.[6] Darüber hinaus werden Erkenntnisse der modernen Medizin, Soziologie und die ethisch fragwürdige Lebenswirklichkeit dieser Betroffenen nicht ausreichend berücksichtigt. Vorliegende rechtsvergleichende Untersuchung versteht sich als Beitrag zur im Jahre 2009 durch die abschließenden Bemerkungen des UN-Frauenrechtsausschusses gegenüber Deutschland[7] erneut angestoßenen und weiterhin interdisziplinär geführten Debatte um die rechtlichen Probleme rund um das Phänomen der Intersexualität.[8] Im Vordergrund steht dabei nicht die Prüfung der Vereinbarkeit einfachgesetzlicher Bestimmungen mit höherrangigen Normen oder Reformvorschläge, sondern ein dogmatisch-methodischer, deutsch-japanischer Vergleich der

---

die Vorsitzende des Bundesverbands von „Intersexuelle Menschen e.V.“ *Lucie Veith* am 29.11.2013 auf dem 1. LSBTI*-Wissenschaftskongress „Gleich-Geschlechtliche Erfahrungswelten“ in Berlin.

4 Der Begriff sollte in diesem Kontext wegen seiner Unschärfe nicht verwendet werden, zumal der Gesetzgeber keine dritte Geschlechtskategorie ermöglichte, sondern lediglich die zwingende Freilassung des Geschlechtseintrags im Geburtenregister einführte, wenn das Geschlecht „uneindeutig“ ist. Die begriffliche Unschärfe zeigt sich z.B. daran, dass er auch häufig verwendet wird, um Menschen mit einer nicht-heterosexuellen Orientierung zu bezeichnen, vgl. bspw. *Richter*, Die Wiederentdeckung des „Dritten Geschlechts“ – Homosexualität im Völker und Europarecht, in: Zimmermann/Giegerich (Hrsg.), Gender und Internationales Recht, 2007 S. 49 ff.

5 *Jessen*, „Wie es euch gefällt“, DIE ZEIT 35/2013, S. 9.

6 Vgl. unten Abschnitt III.3.

7 CEDAW, Abschließende Bemerkungen v. 10.2.2009 (Deutschland), UN-Doc: CEDAW/ C/DEU/CO/6, Rn. 61 f.

8 Die Kritik des Frauenrechtsausschusses führte jedenfalls in Deutschland zu einer öffentlichkeitswirksamen Diskussion in Medien, Fachkreisen verschiedener Disziplinen und Politik; vgl. hierzu unten Abschnitt IV.

derzeitigen Rechtslage und Rechtspraxis hinsichtlich intersexueller Personen im Personenstands- und Passrecht.

II. Geschlecht, Sexualität und Recht

Bis vor wenigen Jahren war die rechtswissenschaftliche Beschäftigung mit dem Themenpaar Geschlecht und Sexualität noch mit dem Makel des Anrüchigen behaftet.[9] Erst in den letzten Jahrzehnten ist es Schritt für Schritt zu einem ernsthaften Untersuchungsgegenstand der Rechtswissenschaft aufgestiegen.[10] Die wissenschaftliche Platzierung derartiger Untersuchungen gelingt jedoch weiterhin in der Regel nur in spezielleren Foren, obwohl die zugrunde liegenden rechtlichen Fragestellungen – insbesondere die grund- und menschenrechtlichen Aspekte – universale Querschnittsthemen darstellen.[11] Ein rechtswissenschaftliches Interesse an Geschlecht und Sexualität bleibt damit häufig rechtfertigungsbedürftig; die Justiz neigt – wenn überhaupt – nur zu vorsichtigen Entscheidungen[12] und historisch

---

9 Vgl. *Baer*, „Sexuelle Selbstbestimmung?", in: Lohrenscheit (Hrsg.), Sexuelle Selbstbestimmung als Menschenrecht, 2009, S. 95.

10 Damit sind nicht nur die fachgebietsspezifischen Auseinandersetzungen mit Rechtsprechung oder Gesetzesreformen gemeint, die sich den gesellschaftlichen Veränderungen anpassten – so z.B. bezüglich der Rechtsprechungsreihe des Bundesverfassungsgerichts zum LPartG oder TSG, so zuletzt BVerfG, NJW 2013, 2257 zum Ehegattensplitting von Lebenspartnern, oder in Japan bezüglich des Transsexuellensondergesetzes (TSSG/ 性同一性障害特例法), so gerade aktuell OGH, Entscheidung v. 10.12.2013 – Nr. 2012/2637 zur Anerkennung des transsexuellen Ehemanns als Vater des Kindes der Ehefrau, das in der Ehe empfangen wurde. Gemeint ist auch die theoretische Beschäftigung mit dem Verhältnis von Geschlecht, Sexualität und Recht durch die feministische Rechtswissenschaft und der sog. Queer Legal Theory; vgl. zur Rolle der Gender-Forschung in der deutschen Rechtswissenschaft z.B. *Sacksofky*, Die blinde Jusititia: Gender in der Rechtswissenschaft, in: Hadumod Bußmann/Renate Hof (Hrsg.), Genus, 2005, S. 403 f., 428 ff., 435 f.

11 Zu Recht werden die Menschenrechte sexueller Minderheiten bzw. von LGBTI-Personen auch als eine der derzeit schwierigsten menschenrechtlichen Herausforderungen bezeichnet, welche „die Glaubwürdigkeit des Menschenrechtsprojekts im Ganzen" anbelangt, *Bielefeldt/Seidensticker*, Vorwort, in: Lohrenscheit, (Fn. 9), S. 5; so auch die Direktorin des Deutschen Instituts für Menschenrechte *Beate Rudolf* in ihrem Vortrag „LSBTI-Rechte sind Menschenrechte" am 27.9.2013 in Nürnberg, indem sie die Rechte sexueller Minderheiten als „zentrales menschenrechtliches Anliegen" bezeichnete. Zum Begriff der „sexuellen Minderheiten" vgl. unten Fn. 40.

12 Dies betrifft nicht nur familien- oder verfassungsgerichtliche Entscheidungen, sondern quer durch alle Gerichtsbarkeiten nahezu jeden Rechtsbereich; so wird z.B. auch

orientierten, mit der vermeintlichen Gesellschafts-Mehrheitsmeinung konformen Auslegungen;[13] der Gesetzgeber bleibt schließlich in der Regel untätig, bis eine zumindest minimalistische Legislativlösung unausweichlich wird.[14]

1. Geschlecht als Rechtsbegriff

Erstaunlich ist, dass bisher weder das Gesetz noch die – sonst mit Begriffsbestimmungen nicht gerade sparsame – Jurisprudenz und Justiz eine umfassende Definition des Geschlechtsbegriffs bereithält bzw. hervorgebracht hat. Dort, wo eine inhaltliche Bestimmung des Geschlechtsbegriffs im Detail notwendig wird, verweist der Gesetzgeber auf die Medizin, so z.B. in §§ 4 Abs. 3, 8 Abs. 1, 9 Abs. 3 des Transsexuellengesetzes (TSG).[15] Dies ist auch angesichts der Tatsache

---

die Reproduktion von traditionellen („richtigen") Familienbildern durch asylrechtliche Entscheidungen der Verwaltungsgerichte kritisiert, die durch ihre Rechtsprechung eine „normative Vorstellung von ‚normalen' Familien" und Geschlechterrollen entwerfen, so *Elisabeth Tuider*, in ihrem Vortrag „Illegalität, Asyl und LSBTI*" am 28.11.2013 auf dem 1. LSBTI*-Wissenschaftskongress „Gleich-Geschlechtliche Erfahrungswelten" in Berlin. Ein aktuelles, positives Beispiel aus der Justiz dagegen ist EuGH, Urt. v. 1.11.2013 – C-199/12 (X. u.a.).

13 So z.B. BVerfG NJW 2002, 2543 (2547); hiervon langsam Abstand nehmend jüngst BVerfG NJW 2013, 847 (849). Vgl. zum Verhältnis des gesellschaftlichen Wandels und Verfassungsrechts auch *Brosius-Gersdorf*, in: Dreier (Hrsg.), GG-Kommentar, Bd. I, 3. Aufl. 2013, Art. 6, Rn. 22 ff. m.w.N. In methodischer Hinsicht scheuen sich Justiz und Verwaltung häufig bei der Auslegung von Rechtsnormen, den semantischen Spielraum der anzuwendenden Gesetze auszuschöpfen. Vgl. bspw. AG München NJW-RR 2001, 1586 (1587) mit Verweis auf BVerfG NJW 1979, 595, sowie LG München I, NJW-RR 2003, 1590. In allen Fällen kommen die Gerichte zwar zu einem vertretbaren und vermeintlich selbstverständlichen Ergebnis und ziehen teilweise auch Erkenntnisse aus der Biologie und Medizin im Detail heran. Eine wirkliche Auslegung findet jedoch nicht statt; vielmehr liegt den Argumenten erkennbar bereits ein geschlechtlich binär aufgeteiltes Weltbild zugrunde, das die Möglichkeit der Eintragung der Wirklichkeit in das Geburtenregister von vornherein ausschließt. Inwieweit dies methodisch tatsächlich dem geltenden Recht entnommen werden kann, wird im Einzelnen nicht dargelegt; vgl. hierzu auch unten Abschnitt V.1.b.

14 So handelte der Bundestag trotz eindeutiger Rechtsprechungslinie des Bundesverfassungsgerichts zum LPartG immer erst dann, wenn er zu einer Korrektur gezwungen wurde, und beschränkt sich inhaltlich punktuell auf die zwingend zu verändernden Maßnahmen, vgl. ganz aktuell BVerfG, Beschl. v. 23.1.2014 – 1 BvL 2/13, dort letzter Absatz.

15 *Gössl*, Intersexuelle Menschen im Internationalen Privatrecht, StAZ 2013, 301 (303); so auch *Arn Sauer* in seinem Vortrag „Das TSG im Unrecht" am 28.11.2013 auf dem 1. LSBTI*-Wissenschaftskongress „Gleich-Geschlechtliche Erfahrungswelten" in Berlin.

überraschend, dass das juristische (also personenstandsrechtliche) Geschlecht in Deutschland, trotz der derzeitigen Tendenz hin zur Geschlechtergleichheit zwischen Mann und Frau,[16] weiterhin als explizites oder implizites Tatbestandsmerkmal über essentielle, höchstpersönliche Aspekte unseres Lebens entscheidet: Es kann beispielsweise um das Recht gehen, die Person seiner Wahl zu heiraten,[17] gemeinsam Kinder zu adoptieren[18] oder in den Staat einzureisen, in dem diese Person ihren Lebensmittelpunkt hat;[19] die Liste solcher geschlechtsspezifischen Bestimmungen könnte weiter fortgeführt werden.[20] Dass das Merkmal des Geschlechts ein rechtliches Querschnittsthema ist, zeigt sich schließlich

---

16 Vgl. hierzu *Coester-Waltjen*, Geschlecht - kein Thema mehr für das Recht?, JZ 2010, 852 (852 f.). Das Thema bleibt allerdings rechtspolitisch kontrovers, vgl. bspw. die zuletzt gescheiterten Anträge zur Einführung der Frauenquote in deutschen Aufsichtsräten: BT-Drucks. 17/3296 v. 13.10.2013, 17/4683 v. 9.2.2011, 17/6527 v. 7.7.2011, 17/11139 v. 23.10.2012.

17 Auch hier sind die rechtswissenschaftlichen Diskussionen in Bewegung gekommen, z.B. hinsichtlich der Verfassungsmäßigkeit einer gleichgeschlechtlichen „Ehe" i.S.d. Art. 6 I GG ohne Verfassungsänderung, vgl. *Brosius-Gersdorf*, (Fn. 13), Rn. 50, 78 ff.; als „Ausnahmefall" bestätigte das BVerfG außerdem bereits einen Fall einer gleichgeschlechtlich „gewordenen" Ehe, BVerfG, NJW 2008, 3117, wobei wegen der Sonderkonstellation des Falls wohl keine Rückschlüsse auf die weitere Entwicklung der Rspr. möglich ist, zumal in der Entscheidungsreihe zum LPartG deutlich wird, dass trotz der Angleichung der Lebenspartnerschaft mit der Ehe und des sich im Wandel befindenden gesellschaftlichen Verständnisses des Instituts und Begriffs der Ehe, deren Öffnung für gleichgeschlechtliche Paare verfassungsrechtlich (noch) nicht möglich sein soll, BVerfGE 105, 13; 126, 199; 126, 400; BVerfG, NVwZ 2012, 1304; *NJW 2012, 2719*; NJW 2013, 847.

18 BVerfG, NJW 2013, 847 betraf nur die Verfassungswidrigkeit des Sukzessivadoptionsverbots für Lebenspartner.

19 Diese Thematik hat die deutschen Gerichte bereits recht früh beschäftigt, vgl. BVerGE 100, 287.

20 Freilich geht es nicht bei allen genannten Beispielen i.e.S. um Fälle, in denen das rechtliche Merkmal des Geschlechts maßgeblich ist: Rechtliche Probleme von Transsexuellen betreffen primär die Geschlechtsidentität, jene von Bi- und Homosexuellen die sexuelle Orientierung. Intersexualität dagegen ist trotz der begrifflichen Nähe in der deutschen Sprache und daraus resultierenden Verwechslungsgefahr ein geschlechtliches Phänomen, das statistisch unabhängig von der Geschlechtsidentität und sexuellen Orientierung vorkommt und eigenständige rechtliche Fragestellungen aufwirft. Vgl. zum Verhältnis der Merkmale Geschlecht und sexuelle Orientierung auch: EuGH, Urt. v. 30.4.1996 – C-13/94 (P ./. S und Cornwall County Council); HRC, Auffassung v. 31.3.1994 – 488/1992, (Toonen ./. Australien) = UN-Doc CCPR/C/50/D/488/1992, Rn. 8.7.

an der Vielfalt der betroffenen Rechtsgebiete wie dem Versicherungsrecht,[21] dem Arbeitsrecht (z.B. § 1 MuSchG), dem Strafrecht (z.B. § 183 Abs. 1 StGB) oder dem Sportrecht.[22]

2. Das ambivalente Verhältnis staatlicher Akteure zum Geschlecht als Rechtsphänomen

Trotz der dargelegten Bedeutung des menschlichen Geschlechts in der Rechtswirklichkeit,[23] fällt jedoch auf, dass das Recht seine Wirkungsmacht nur in sehr zurückhaltender Weise nutzt, um Menschen vor Diskriminierungen hinsichtlich dieses sehr persönlichen Merkmals bzw. vor Eingriffen in diesen intimen Bereich seitens Dritter zu schützen.[24] Vielmehr bleibt der Gesetzgeber einerseits untätig, wenn ein Handeln kulturellen Prämissen der Gesellschafts- und Rechtsordnung wie z.B. der strikt-binären Einteilung der Gesellschaft in Männer und Frauen widersprechen würde; andererseits neigt er zur Überregulierung zum Schutze eigener Moral- und Ordnungsvorstellungen, wenn er zur Aufweichung dieses rechtlichen Axioms der Zweigeschlechtlichkeit genötigt wird. Ein eindrucksvolles Beispiel für die Manifestation der diffusen Angst des Gesetzgebers vor dieser Lockerung der rechtlichen Geschlechterordnung stellt die paranoide Kumulation von Voraussetzungen dar, die man in Deutschland und Japan erfüllen muss(te), um seine *eigene* Geschlechtsumwandlung juristisch zu vollziehen oder auch nur seinen *Vornamen* zu ändern. So erachtet der Gesetzgeber es beispielshalber gem. § 8 Abs. 1 TSG zunächst als notwendig, dass ein Gericht darüber befindet, ob eine Geschlechtsänderung im Rechtssinne festgestellt werden kann. Selbst für eine Namensänderung sieht § 4 Abs. 3 S. 1 TSG es als notwendig an, dass zuvor zwei (sic!) Sachverständige, die „auf Grund ihrer Ausbildung und ihrer beruflichen Erfahrung mit den besonderen Problemen des Transsexualismus ausreichend vertraut sind", unabhängig voneinander ein Gutachten darüber verfassen, ob sich die Geschlechtsidentität nicht mehr ändern wird (§ 4 Abs. 3

21 Die vor einiger Zeit noch gängige Praxis von geschlechtsabhängigen Tarifen wurde für ungerechtfertigt gehalten, so aus einfachgesetzlichen (AGG), verfassungs- und europarechtlichen Erwägungen, vgl. bspw. *Purnhagen*, Zum Verbot der Risikodifferenzierung aufgrund des Geschlechts, EuR 2011 690 (691 ff.).

22 Vgl. hierzu bspw. *Conradi/Wiesemann*, Determination von Geschlecht im Sport – ein ethisches Problem, Hessisches Ärzteblatt 2009, 656 ff.

23 Vgl. auch *Shida*, Sexualität und Gesetz, in: Seki/Shida (Hrsg.), Chouhatsu suru Sexuality (Die provozierende Sexualität), 2009, S. 23 ff.

24 Ansätze hierzu sind jedenfalls die Sexualstrafnormen oder das AGG.

TSG).[25] Schafft der Staat derart hohe Hürden für Betroffene, wird offensichtlich, dass er primär nicht den Menschen - auch nicht den Menschen vor sich selbst - schützen will, sondern dass es ihm vorrangig um die Aufrechterhaltung der Allgemeingültigkeit der binären Geschlechterordnung geht und damit selbst in die Grund- und Menschenrechte der Betroffenen eingreift, wie das Bundesverfassungsgericht bereits bezüglich verschiedener Voraussetzungen im TSG a.F. mehrfach festgestellt hat.[26]

3. Zwischenfazit

In Deutschland und Japan gewährt das Recht der gesellschaftlichen „Normalität" derzeit nahezu tatenlos Vorrang vor grund- und menschenrechtlichen Schutzpflichten gegenüber den betroffenen Individuen. Es neigt unter Handlungszwang zu einer strikten Reglementierung des Geschlechts, durch welche der persönliche Intimbereich des Menschen von Rechts wegen zu einer öffentlichen Angelegenheit gemacht wird, die nur das gesellschaftlich-kulturell Konforme duldet, nicht jedoch die Selbstbestimmung über das eigene Geschlecht, welche die kulturellen Prämissen der Rechtsordnung - nämlich die binäre Geschlechterordnung - in Frage stellen könnte. Das Verhältnis zwischen Geschlecht und Recht lässt sich damit nicht als ein eindimensionales Problemfeld beschreiben. Vielmehr muss der Blick auf das Kräfteverhältnis zwischen Individuum, Gesellschaft, Wissenschaft und Recht gerichtet werden; dass dieses nicht ausgewogen ist, wird ein weiterer Blick auf die Erkenntnisse der Medizin bestätigen können.[27]

---

25 Die japanischen Pendants zu diesen Regelungen sind § 3 Abs. 1 sowie Abs. 2 des TSSG. Vgl. auch zur Frage, warum das Recht diese Hürden für Transsexuelle schaff: *Taniguchi*, Seiteki Minority no Houseido (Sexuelle Minderheiten und das Rechtssystem), in: Gender Hougakkai (Hrgs.), Gender to Hou (Gender und Recht) Vol. 4, S. 67 (74 f.); *Nemoto*, Sei Douitsusei Shougai wo meguru Hou oyobi Shakai Seido ni tsuiteno Kousatsu (Überlegungen zum Rechts- und Gesellschaftssystem in Bezug auf Transsexualität), Tokyo Daigaku Houka Daigakuin Law Review Vol. 6 (2011), 106 (112 ff., 117 ff.).

26 BVerfG NJW 1982, 2061; NJW 1993, 1517; FamRZ 2006, 182; NJW 2007, 900; NJW 2008, 3117; im unmittelbaren Zusammenhang zum TSG steht auch die Entscheidung BVerfG NJW 2011, 909; vgl. auch die grundlegende Entscheidung vor Erlass des TSG: BVerfG NJW 1979, 595. Die Befürchtung, die bisher durch das TSG erfolgte Aufweichung der strikt-binären „natürlichen" Geschlechterordnung führe zu Rechtsunsicherheit und ordnungspolitischem Chaos, ist jedenfalls nicht eingetreten, so auch *Rothärmel*, Rechtsfragen der medizinischen Intervention bei Intersexualität, MedR 2006, 274 (275).

27 Vgl. unten Abschnitt III. Vgl. hierzu jedoch auch BVerfGE 49, 286.

III. Phänomen „Intersex"

Um das Phänomen „Intersex" (インターセックス) zu verstehen, muss zunächst klargestellt werden, dass das Geschlecht – neben seinen (psycho-)sozialen Aspekten[28] – zwar ein primär biologisches Phänomen ist, jedoch weder ein binäres, dichotomes, noch ein parametrisch eindimensionales Merkmal ist.

1. Intersexualität als medizinisches Phänomen – Intersexualität als Begriff

Vielmehr bestimmen die Ausprägungen auf chromosomaler, gonadaler, hormoneller und anatomischer Ebene zusammen das Geschlecht einer Person in seiner tatsächlichen Gesamtgestalt.[29] Würde man das gesellschaftlich verankerte und sich im Rechtssystem widerspiegelnde, strikt-binäre Geschlechterverständnis auf diese medizinischen Parameter projizieren, dürfte es nur Personen geben, die entweder den Geschlechtschromosomensatz XY und Hoden besitzen, einen Hormonspiegel aufweisen, in dem überwiegend Testosteron vorkommt und die typischen äußeren Genitalien eines Mannes sowie die typisch männlichen sekundären Geschlechtsmerkmale besitzen, oder aber den Geschlechtschromosomensatz XX und Eierstöcke besitzen, einen Hormonspiegel aufweisen, in dem abgesehen von zyklusbedingten Schwankungen überwiegend Östrogene und Gestagene vorkommen und die typischen äußeren Genitalien einer Frau sowie die typisch weiblichen sekundären Geschlechtsmerkmale wie z.B. eine weibliche Brust besitzen. Aus medizinischer Sicht sind diese zwei Stereotype jedoch nur die statistische Norm. Auf jeder der vier bipolar strukturierten Ebenen des Merkmals „Geschlecht" ist jedoch eine Abweichung von dieser Norm möglich,[30] die sich einer eindeutigen Zuordnung zu einem der klassischen Geschlechter

---

28 Das Verhältnis zwischen Geschlechtsidentität und Geschlecht ist weiterhin unklar. Auch das spricht gegen Operationen im frühkindlichen Alter, da eine anatomische „Geschlechtszuweisung" nicht die sich noch entwickelnde Geschlechtsidentität sicher mitbeeinflusst, *Rothärmel*, (Fn. 26), 279; vgl. auch *Coester-Waltjen*, Geschlecht – kein Thema mehr für das Recht?, JZ 2010, S. 852 (855); *Kolbe*, Intersexualität und operative Geschlechtszuweisung, KJ 2009, 271 (276).

29 Vgl. statt aller auch die interdisziplinären Ausführungen zu den biologischen Geschlechtsmerkmalen bei *Kolbe*, Intersexualität, Zweigeschlechtlichkeit und Verfassungsrecht, 2010, S. 23 ff. m.w.N. Die gonadale Ebene betrifft die Geschlechts- bzw. Keimdrüsen (Hoden bzw. Eierstock).

30 Vgl. zu den verschiedenen „Syndromen" überblickshalber ebenfalls *Kolbe*, (Fn. 29), S. 26 ff.

entzieht. Begrifflich könnte man damit alle in irgendeiner Weise der statistischen Geschlechternorm abweichenden Phänomene als intersexuell bezeichnen.[31] Ein solch weites Begriffsverständnis macht es allerdings schwierig, die Häufigkeit von Intersexualität einzuschätzen, da viele dieser Phänomene nicht sichtbar sind und häufig auch lange Zeit, womöglich nie auffallen. Weil bereits die Definitionswahl die Statistik beeinflusst, gibt es auch keine zuverlässigen Zahlen, ganz zu schweigen von der Dunkelziffer[32] – Schätzungen belaufen sich teilweise auf 2% aller Neugeborenen.[33] Beschränkt man sich auf solche Phänomene, die bei Geburt oder im frühen Kindesalter offenbar und in der Folge medizinische Eingriffe in Betracht gezogen werden, kann man nach den aktuellen Schätzungen von einer Quote von 1:4500 (ca. 0,022%) ausgehen.[34] Selbst nach dieser sehr zurückhaltenden Schätzung wären dies in Deutschland – ausgehend von 673.544 Neugeburten in Deutschland pro Jahr[35] – 150 intersexuelle Kinder pro Jahr, die dieser engen Definition unterfallen würden. Für diese medizinisch „relevanten" Fälle wird auch der Sammelbegriff des DSD (Disorders of Sex Development/性分化疾患) gebraucht, der allerdings wegen seiner ausschließlich medizinischen Konnotation für eine interdisziplinäre Untersuchung abzulehnen ist – zumal er pathologisiert[36] und damit diskriminierend ist.[37] Andere häufig als

31 Die hier verwendete Begrifflichkeit ist im Übrigen eher eine moderne Erscheinung, vgl. *Kolbe*, (Fn. 29), S. 17 m.w.N.

32 Vgl. statt aller *Richter-Appelt*, Medizinische und psychosoziale Aspekte der Intersexualität, in: Groneberg/Zehnder (Hrsg.), „Intersex" – Geschlechtsanpassung zum Wohl des Kindes?, 2008, S. 53 (54).

33 *Blackless/Charuvastra/Derryck/Fausto-Sterling/Lauzanne/Lee*, American Journal of Human Biology 2000, S. 151 ff.; *Wacke*, Vom Hermaphroditen zum Transsexuellen, in: Eyrich (Hrsg.), FS Rebmann, 1989, S. 861 (869).

34 *Schweizer*, Grundlagen der psychosexuellen Entwicklung „ihrer Störungen", in: Duttge/ Engel/Zoll (Hrsg.), Sexuelle Identität und gesellschaftliche Norm, 2010, S. 26; für eine Quote von 1:5000: *Thyen/Lanz/Holterhus/Hiort*, Epidemiology and Initial Management of Ambiguous Genitalia at Birth in Germany, Hormone Research, 66/4 (2006), 195; vgl. auch *Rothärmel*, (Fn. 26), 275 m.w.N.

35 Statistisches Bundesamt, Geburtentrends und Familiensituation in Deutschland 2012, 2013, S. 73, abrufbar unter: https://www.destatis.de/DE/PresseService/Presse/Pressekonferenzen/2013/Geburten_2012/Begleitheft_Geburten.pdf?__blob=publicationFile (Stand: 27.2.2014).

36 Allerdings wird – wie bei den Ausführungen zur Statistik deutlich wurde (vgl. oben) – Intersexualität als Begriff auch nicht selten in einem rein medizinischen Sinn gebraucht, vgl. z.B. *Schweizer*, (Fn. 34), S. 16.

37 Die medizinischen Erkenntnisse führten in Japan teilweise zum Umdenken, so dass der Begriff DSD adaptiert wurde, wobei er von Betroffenen abgelehnt wird,

Synonym verwendete Begriffe, die eine Art Doppelgeschlechtlichkeit suggerieren („Zwitter", 両性具有), eher eine mythische Nuance haben („Hermaphrodit", 半陰陽, 二形)[38] oder dem modernen Sprachgebrauch nicht mehr entsprechen („Bisexualität"),[39] sind ebenfalls abzulehnen.

2. Unterschiede der gesellschaftlichen Organisation Intersexueller in Deutschland und Japan

Betrachtet man die Selbstorganisation intersexueller Personen, fällt zwischen Deutschland und Japan ein erheblicher Unterschied auf: Während Intersexuelle in Deutschland in verschiedenen Verbänden und Selbsthilfegruppen landesweit und über die Landesgrenzen hinaus vergleichsweise stark organisiert, professionell aufgestellt sind und die aktivistische Infrastruktur der Verbände anderer sexueller Minderheiten[40] nutzen, verlieren die wenigen entsprechenden

---

Higashi, Iryo Management wo meguru Rinrimondai (Ethische Probleme rund um das Medizinmanagement), in: Tamai/Nagamizu/Yokono (Hrsg.), Kodomo no Iryo to Seimei Rinri (Die medizinische Behandlung von Kindern und Bioethik), S. 82 m.w.N.; vgl. zum begrifflichen Kunstgriff, das Akronym umzudeuten („Disorders" – „Differences") die Stellungnahme des Deutschen Ethikrats v. 23.2.2012 (Intersexualität), S. 12 f., abrufbar unter: http://www.ethikrat.org/dateien/pdf/stellungnahme-intersexualitaet.pdf (Stand: 25.2.2014).

38 So bspw. die *Futanari* (二形) in der alten Erzählung "Yamai no Soushi", vgl. *Taniguchi*, (Fn. 25), S. 74. Vgl. zur mythisch angehauchten Geschichte des „Hermaphroditen": *Wacke*, (Fn. 33), S. 868, 874 ff.; vgl. auch unten Fn. 63.

39 Vgl. z.B. *Simone de Beauvoir*, Das andere Geschlecht, aus dem Französischen von Aumüller/Osterwald, 1998, S. 39; *Wacke*, (Fn. 33), S. 875 f.

40 Der Begriff der sexuellen Minderheiten ist umstritten und teilweise mehrdeutig – teilweise wird der Begriff z.B. in Bezug zu Homosexuellen thematisiert, *Richter*, (Fn. 4), S. 103 f. oder umfasst auch sexuelle Neigungen und Präferenzen, vgl. *Heinze*, Sexual Orientation: A Human Right, 1995, S. 147. Hier wird der Begriff verstanden als „nicht der gesellschaftlichen Mehrheitsnorm der Zweigeschlechtlichkeit und Heterosexualität entsprechend", so ähnlich auch *Wiemann*, Sexuelle Orientierung im Völker- und Europarecht – Zwischen kulturellem Relativismus und Universalismus, 2013, S. 24. Der Alternativbegriff LGBT bzw. LGBTI – mit oder ohne Sternchen – wird insbesondere wegen des aktivistischen Kontexts, der Nähe zu einem nicht universalisierbaren westlichen Lebenskonzept und der Tatsache abgelehnt, dass die einzelnen Buchstabend des Akronyms aneinandergereiht suggerieren, es handle sich um abgrenzbare Kategorien, während in Wahrheit das L, G und B (Lesbians, Gays and Bisexuals) für die sexuelle Orientierung stehen, das T für die Geschlechtsidentität (Transgender and Transsexuals) und das I für das biologische Geschlecht (Intersex) und damit kombiniert auftreten können.

Organisationen in Japan zunehmend an Bedeutung. Dies hat sicher auch mit der Selbstidentifikation intersexueller Personen in Japan zu tun, die weit überwiegend Intersexualität als ausschließlich medizinisches Problem betrachten und versuchen, sich deutlich von den übrigen sexuellen Minderheiten abzugrenzen.[41] Ganz im Gegensatz zu dem sehr umfassenden Forderungskatalog der Intersexuellenverbände in Deutschland, in dessen Fokus unter anderem die Öffnung oder Abschaffung des Geschlechtereintrags zur Ermöglichung individueller Lebensentwürfe steht,[42] bewegen sich die Forderungen intersexueller Personen in Japan meistens innerhalb der binären Geschlechterordnung. Überwiegend betrifft dies die – auch in Deutschland vehement geforderte – Abschaffung der derzeitigen Operationspraxis gegenüber Neugeborenen und Kleinkindern, um dem intersexuellen Kind zu ermöglichen, sich selbstbestimmt für oder gegen eine operative Geschlechtszuweisung entsprechend seiner Geschlechtsidentität zu entscheiden, sobald dies vom Entwicklungsstand möglich ist.[43]

3. Die medizinische Praxis „geschlechtszuweisender" Operationen an Neugeborenen

Die Praxis der kritisierten Operationen ist dabei in beiden Ländern einheitlich. Bei „uneindeutigen" äußerlichen Geschlechtsmerkmalen[44] werden zunächst weitere Tests durchgeführt, um in Erfahrung zu bringen, welchem Geschlecht das Kind eher zuzuordnen ist und welche konkrete Form des DSD vorliegt.[45] Mit Einwilligung der Eltern, welche häufig nur unzureichend über die medizinische Notwendigkeit und rechtliche Möglichkeiten aufgeklärt werden,[46]

---

41 So auch die Einschätzung von Professor *Hiroyuki Taniguchi* im Fachgespräch mit Herrn Rechtsanwalt *Toshimasa Yamashita* über die Entwicklung der Rechte von sexuellen Minderheiten in Japan am 30.12.2013 in Tokyo.

42 Vgl. auch die Klage auf Eintragung ins Geburtenregister als „Zwitter", LG München I, NJW-RR 2003, 1590.

43 In Deutschland dagegen nimmt die Tendenz der elterlichen Einstellung intersexueller Kinder zu, diese auch als solche – intersexuell – erziehen zu wollen. Die ersten soziologischen Pilot-Studien befassen sich bereits mit der Lebenswirklichkeit intersexuell aufwachsender Kinder im Kindergartenalter, die bisher „überraschend" positive Ergebnisse hervorbrachten, so *Katja Sabisch* im Rahmen ihres Vortrags „Doing inter* - Sozialwissenschaftliche Perspektiven auf Zwischengeschlechtlichkeit" auf dem LGBTI*-Wissenschaftskongress am 29.11.2013 in Berlin.

44 Das primäre Zuordnungskriterium ist das genitale Geschlecht, *Bosinski*, Sexualmedizinische Aspekte bei Intersexsyndromen, Urologe 2006, 981.

45 Vgl. zu dieser Praxis auch zusammenfassend *Kolbe*, (Fn. 29), S. 134 f. m.w.N.

46 *Higashi*, (Fn. 37), S. 81.

wird dem neugeborenen Kind schließlich ein Geschlecht operativ „zugeordnet" – mit anderen Worten: Durch chirurgische Eingriffe wird ein künstliches Geschlecht geformt bzw. werden zuvor teilweise funktionsfähige Keimdrüsen und das ursprüngliche Geschlecht entfernt, so dass man begrifflich in vielen dieser Fällen auch von einer Kastration sprechen könnte. Begründet wird diese Praxis im Allgemeinen mit der Notwendigkeit, die betroffenen Kinder vor Diskriminierung zu schützen und eine gesunde psychologische Entwicklungen – insbesondere einer „normalen" Geschlechtsidentität – zu ermöglichen.[47] Diese Argumentation kann im Hinblick auf die durch die Operationen fremdbestimmt und invasiv erst kausal verursachten Folgen jedoch nicht überzeugen: Zunächst stellt die Gefahr einer solchen psychischen „Fehl"-Entwicklung lediglich eine Vermutung dar.[48] Die normanpassenden Eingriffe haben darüber hinaus in der Regel nicht nur lebenslange Hormonbehandlungen und regelmäßige ärztliche Kontrollen zur Folge, die von den Betroffenen häufig als demütigend empfunden werden. Neben physischen führen gerade die psychischen Beeinträchtigungen wie anhaltende Traumata[49] in den allermeisten Fällen zu Beeinträchtigungen im Alltagsleben bis hin zum Wegfall der Erwerbsfähigkeit.[50] Hinzu kommt, dass eine medizinische Indikation im Sinne einer bestehenden

---

47 Gerade in Japan ist ein solches kulturell stark gefärbtes Verständnis zu beobachten, *Yokofujita/Nakasaka*, Jinken Nyumon – Kempo, Jinken, Minority (Einführung in die Menschenrechte – Verfassung, Menschenrechte, Minderheiten), 2. Aufl. 2011, S. 134. Vgl. auch zu den medizinischen Standards der Geschlechtsanpassung zur Verhinderung von Traumata und gesellschaftlichen Stigmata *Higashi*, (Fn. 37), S. 80. Vgl. auch *Kolbe*, (Fn. 28), 280 m.w.N. Zu den Argumenten der Judikative in Deutschland und Japan vgl. unten Abschnitt V.

48 Jüngste Untersuchungen scheinen den Ursprung der den operativen Eingriffen als Regelfall zugrunde liegenden „Philosophie" in der NS-Zeit zu sehen, da bis zu den 30er-Jahren ein offeneres Geschlechtsverständnis in der Medizin herrschte, so *Heinz-Jürgen Voß* in seinem Vortrag „Intersex: Intervention gegen die geschlechtszuweisenden Eingriffe bei intergeschlechtlichen Kindern" am 29.11.2013 in Berlin, u.a. mit Verweis auf *Richard Goldschmidt*; vgl. auch unten Fn. 88.

49 Dies betrifft insbesondere Fälle, in denen die Geschlechtsidentität nicht mit dem zugewiesenen Geschlecht übereinstimmt. Gerade im Hinblick hierauf erscheint die Praxis fraglich, aus dem intersexuellen Kind im Zweifel – auch aus technischen Gründen – „ein Mädchen zu machen", vgl. *Higashi*, (Fn. 37), S. 80. Vgl. zur Traumatisierung durch die ärztlichen Regeluntersuchungen im Genitalbereich auch *Rothärmel*, (Fn. 26), 279 m.w.N.

50 Vgl. zu den verschiedenen Komplikationen physischer und psychischer Art *Kolbe*, (Fn. 28), 274 f. m.w.N.

Gesundheits- oder gar Lebensgefahr in den allermeisten Fällen nicht gegeben ist; sicher kann dagegen gesagt werden, dass die Notwendigkeit medizinischer Maßnahmen und psychische Beeinträchtigungen überhaupt erst durch die operativen Eingriffe geschaffen werden.[51] Jedenfalls ist im Hinblick auf die sicheren Erkenntnisse über die selten komplikationslosen Eingriffe nicht nachvollziehbar, warum eine derart frühe Entscheidung über einen unumkehrbaren operativen Eingriff mit erheblichen Folgen für die Persönlichkeitsentwicklung erfolgen muss.[52] Die vermeintlichen und jedenfalls nicht bewiesenen Gefahren, die bei einem Unterlassen eines solchen Eingriffs im frühen Stadium entstehen sollen, können in Anbetracht der bewiesenen, konkreten Gefahren für das Wohl der betroffenen Kinder nicht überwiegen. Betrachtet man darüber hinaus auch aktuelle soziologische Studien, die die Lebenslage offen intersexuell lebender Menschen und heranwachsender Kinder untersuchen,[53] bleibt auch fraglich, inwieweit eine Diskriminierung des Kindes wirklich zu befürchten ist. Die binäre Geschlechterordnung als Teil unserer gesellschaftlichen Normalität, auf die sich die rechtliche Zwangszuordnung stützt, entpuppt sich bei Lichte betrachtet somit als Fiktion, die geschlechtliche Erscheinungsformen zwischen und jenseits der Kategorien männlich und weiblich ausblendet. Die hierdurch entstehende Lücke im Grund- und Menschenrechtsschutz wurde durch den Gesetzgeber bis heute nicht gefüllt – weder in Deutschland noch in Japan. Vielmehr duldet er kostspielige Operationen, um aus gesunden Kindern psychisch kranke, teils schwerbehinderte Menschen zu machen, für die er wiederum lebenslang finanziell aufkommen muss.[54]

---

51 Stellungnahme des Deutschen Ethikrats, (Fn. 37), S. 165, Vgl. auch *Voß*, Intersexualität/ Intergeschlechtlichkeit vor dem Hintergrund aktueller Debatten und gesellschaftlicher Entwicklungen in der BRD, in: Zabransky (Hrsg.), Eine interdisziplinäre Diskussion zum Thema Geschlechtsdifferenzierung und ‚Geschlechtsidentitätsstörung', 2013, S. 82 ff.

52 Vgl. bspw. *Bosinski*, (Fn. 44), 985 f., 988. Zunehmend wird in Frage gestellt, ob die elterliche Einwilligung für solch gravierende Eingriffe überhaupt ausreicht, vgl. *Taniguchi*, Intersex no Kodomo to Houritsu (Intersexuelle Kinder und Recht), in: Tamai/Nagamizu/ Yokono (Fn. 37), S. 84 f.; vgl. auch *Taniguchi*, (Fn. 25), S. 69. Zur Persönlichkeitsentwicklung vgl. *Kolbe* (Fn. 28), 278 f., 280 f.; vgl. auch *Coester-Waltjen*, (Fn. 16), 856. Kritisch auch: *Elsuni*, Geschlechtsbezogene Gewalt und Menschenrechte, S. 57 ff.

53 Vgl. oben Fn. 43.

54 So auch *Voß* (Fn. 48).

IV. Gesetzgeberische Initiativen in Deutschland und Japan – die Historie des § 22 Abs. 3 PStG

Die fragwürdige Operationspraxis an Neugeborenen führte bereits um die Jahrtausendwende zu einer gesellschaftlichen Debatte, die allerdings folgenlos blieb.[55] Der konkrete Kausalstrang bis zur Entstehung des weltweit nahezu beispiellosen § 22 Abs. 3 PStG setzt vielmehr bei der bereits erwähnten Bemerkung des UN-Frauenrechtsausschusses gegenüber Deutschland im Jahre 2009 an, in welcher die Bundesrepublik aufgefordert wurde, in einen Dialog mit Nichtregierungsorganisationen von inter- und transsexuellen Personen zu treten, um ihre Belange besser zu verstehen und wirksame Maßnahmen zu treffen, um deren Menschenrechte zu schützen.[56] Zu dieser Bemerkung kam es allerdings überhaupt nur dadurch, dass die Betroffenen sich organisiert und gezielt an die internationalen Gremien wandten, nachdem sie auf nationaler Ebene über Jahre kein Gehör fanden.[57] Als Reaktion auf die internationale Rüge wurde seitens des Bundes der Deutsche Ethikrat mit einer Stellungnahme beauftragt, in der die rechtlichen, aber auch sozialen und medizinischen Herausforderungen und die Lebenswirklichkeit von intersexuellen Menschen aufgearbeitet werden sollte.[58] In den drei Jahren bis zur Veröffentlichung der Stellungnahme blieben Gesetzgeber und Bundesregierung allerdings untätig. Zwar wurde letztendlich mit der Einführung des § 22 Abs. 3 PStG – zwischen der 1. und 2. Lesung und erst nach eindringlicher Kritik[59] – eine der

55 Vgl. zur damaligen Diskussion über Intersexualität *Lakotta*, „Ihre Tochter ist ein Sohn", Spiegel 45/2002, abrufbar unter: http://www.spiegel.de/spiegel/print/d-25604185.html; *Spiewack*, „Der Zwang der Geschlechter", DIE ZEIT 40/2000, abrufbar unter: http://www.zeit.de/2000/40/Der_Zwang_der_Geschlechter (Stand jeweils: 25.2.2014).

56 CEDAW, Abschließende Bemerkungen v. 10.2.2009 (Deutschland), UN-Doc: CEDAW/C/DEU/CO/6, Rn. 62.

57 Vgl. den sog. „Schattenbericht" der deutschen Intersexuellenverbände an den Frauenrechtsausschuss: Shadow Report to the 6th National Report of the Federal Republic of Germany on CEDAW v. 2.7.2008, abrufbar unter: www.intersexuelle-menschen.net/pdf/Association_of_Intersexed_People-Shadow_Report_CEDAW_2008.pdf (Stand: 25.2.2014).

58 Vgl. Stellungnahme des Deutschen Ethikrats (Fn. 37), S. 9 f.

59 Vgl. den Verlauf der Gesetzgebung, abrufbar unter http://dipbt.bundestag.de/extrakt/ba/WP17/451/45180.html (Stand: 25.2.2014), dort insbesondere das Protokoll der 2. Lesung: Plenarprotokoll 17/219 v. 31.1.2013, S. 27218 ff. Hier wurde im Übrigen eine weitere Chance verpasst – wie vom UN-Frauenrechtsausschuss 2009 gefordert – mit den Intersexuellen in Deutschland in einen Dialog zu treten; eine Beteiligung der Betroffenen im Rahmen des Gesetzgebungsverfahrens fand nicht statt.

Forderungen der Intersexuellenverbände und Empfehlungen des Ethikrats teilweise umgesetzt; einem Großteil der Empfehlungen, die der Ethikrat in seiner Stellungnahme abgab, wurde dagegen bis dato nicht angemessen nachgegangen.[60] Das betrifft insbesondere die Empfehlungen, erstens sicherzustellen, dass die Entscheidung für irreversible medizinische Maßnahmen zur Geschlechtszuordnung nur von dem entscheidungsfähigen Betroffenen selbst getroffen werden kann, sofern keine unabweisbaren Gründe des Kindeswohls einen sofortigen Eingriff erforderlich machen, zweitens eine Eintragungsmöglichkeit neben „männlich" und „weiblich" einzuführen, z.B. „anderes", drittens die Eingehung der Ehe oder zumindest der Lebenspartnerschaft solcher personenstandsrechtlich weder männlich noch weiblichen Personen zu ermöglichen und viertens die Zwecke zu evaluieren, die mit der Pflicht zur Eintragung des Geschlechts nach derzeitigem Recht verfolgt werden, insbesondere hinsichtlich der Frage, ob eine Eintragung des Geschlechts im Geburtenregister und Ausweisdokumenten überhaupt noch notwendig ist.[61] Berücksichtigt man all diese Aspekte, kann gesagt werden, dass die Einführung des § 22 Abs. 3 PStG für sich genommen leider kein Anzeichen für eine radikale Kursänderung des Gesetzgebers darstellt, sondern vielmehr eine Bestätigung von dessen hartnäckigem, an Realitätsverweigerung grenzendem Desinteresse; nunmehr kann sich der Gesetzgeber nicht mehr mit dem Argument entlasten, er habe von der Bedeutung des Problems nicht gewusst oder diese unterschätzt.[62] In Japan dagegen gab es bisher keine gesetzgeberischen Initiativen, wohl auch weil die Betroffenenverbände weniger aktiv ihre Forderungen kommunizieren: Seit Ende der 90er-Jahre erfolgte zwar zunächst eine Selbstorganisation unter Rückgriff auf die Strukturen der Intersexuellenbewegung in Amerika, insbesondere der ISNA = Intersex Society of North America. Auch wenn diese Bewegung teilweise die gesellschaftliche

60 Vgl. auch die Beurteilung des UN-Ausschusses gegen Folter, CAT, Abschließende Bemerkungen v. 12.12.2011 (Deutschland), UN-Doc: CAT/C/DEU/CO/5, Rn. 20; vgl. ebenfalls die Antwort auf der Bundesregierung auf die kleine Anfrage der Fraktion BÜNDNIS 90/DIE GRÜNEN v. 12.12.2012, BT-Drucks. 17/11855. Auf Landesebene dagegen gab es teilweise sehr positive politische Initiativen, so z.B. in Hamburg, vgl. Drucks. der Hamburger Bürgerschaft 19/4095 v. 16.9.2009 sowie Drucks. 19/4019 v. 2.9.2009.

61 Stellungnahme des Deutschen Ethikrats, (Fn. 37), S. 164 ff., 172 ff.

62 Allzu weit kann sich die Wissenschaft allerdings mit ihrer Kritik an den politischen Akteuren nicht aus dem Fenster lehnen: Vielmehr war sie selbst – sogar die Genderforschung – blind für die Menschenrechtslage intersexueller Personen. Trotzdem stimmt es, dass Menschenrechtsverletzungen weiterhin nicht „als solche von Gesellschaft und Politik verstanden" werden, so *Beate Rudolph* in ihrem Vortrag „Menschenrechte und LSBTI* am 28.11.2013 in Berlin.

Akzeptanz intersexueller Lebensentwürfe forderte,[63] beschränken sich die wenigen öffentlichen Forderungen derzeit auf die Beendigung der Praxis der geschlechtszuweisenden Operationen an Neugeborenen und Kleinkindern. Diese Forderungen haben bisher allerdings keine sichtbare politische Platzierung erfahren.

V. Ein Vergleich der Rechtspraxis, Rechtslage und Entwicklung

Die schlichte Existenz von Intersexuellen wirft bereits viele Rechtsfragen auf, auf die hier nicht im Einzelnen eingegangen werden kann: Das deutsche und japanische Verfassungsrecht insbesondere hinsichtlich des Rechts auf Leben und körperliche Unversehrtheit (Art. 13 S. 2 Alt. 1 JV, Art. 2 Abs. 2 S. 1 GG), des allgemeinen Persönlichkeitsrechts (Art. 2 Abs. 1 i.V.m. Art. 1 Abs. 1 GG),[64] des Rechts auf Eheschließung und des Gleichheitssatzes (Art. 14, 24 JV, Art. 3, 6 Abs. 1 GG),[65] und in Japan auch zusätzlich hinsichtlich des Rechts auf Streben nach Glück (Art. 13 S. 2 Alt. 3 JV).[66] Die diversesten Menschenrechtspakte mit Bezug zur Lebenssituation von intersexuellen Personen sind des Weiteren für beide Staaten materiell-rechtlich verbindlich, auch wenn Japan die entsprechenden Fakultativprotokolle nicht unterzeichnet und damit im Gegensatz zu Deutschland keine Individualbeschwerden zulässt.[67] Das betrifft insbesondere den ersten und zweiten Zivilpakt (ICCPR, ICESCR),[68] die Frauenrechtskonvention (CEDAW),[69] die Behindertenrechtskonvention

---

63 Vgl. z.B. das Pionierbuch der Betroffenen: *Otagiri/Hashimoto*, Intersexual no Sakebi (Der Schrei der Intersexuellen), 1997. Ein weiteres Werk aus Betroffenenperspektive folgte später durch *Hashimoto*, Otokodemo Onna demo nai Sei (Das weder männliche noch weibliche Geschlecht), 2004. Vgl. dort S. 9 auch zur Intersexualität im alten Japan.

64 Vgl. zur deutschen Verfassung die Grundrechtsprüfung bei *Kolbe*, (Fn. 29), S. 98 ff.

65 Vgl. hierzu ebenfalls *Kolbe*, (Fn. 29), S. 112 ff.

66 Die Beschäftigung mit grundrechtlichen Aspekten von Intersexualität bleibt in Japan bisher allerdings oberflächlich, vgl. *Matsumura*, Koseki no Seibetsu Henkou to Jinken (Die Geschlechtsänderung im Personenstandregister und Menschenrechte), Komazawa University Communication Department Bulletin Paper 19 (2001), 55 ff.

67 Vgl. statt aller zum Stand der Ratifikation des Fakultativprotokolls des Internationalen Pakts über bürgerliche und politische Rechte (ICCPR) die Ratifikationsliste der UN Treaty Collection, abrufbar unter: https://treaties.un.org/Pages/ViewDetails.aspx?src=TREATY&mtdsg_no=IV-5&chapter=4&lang=en (Stand: 25.2.2014).

68 Das betrifft u.a. Art. 7 ICCPR.

69 CEDAW, Abschließende Bemerkungen v. 10.2.2009 (Deutschland), UN-Doc: CEDAW/C/DEU/CO/6, Rn. 61 f.

(CRPD),[70] die Antifolterkonvention (CAT)[71] und die Kinderrechtskonvention (CRC).[72] Auf einfachgesetzlicher Ebene stellen sich insbesondere Fragen im Strafrecht, die nicht nur Spezialtatbestände wie die weibliche Genitalverstümmelung nach § 226a StGB oder männliche exhibitionistische Handlungen nach § 183 Abs. 1 StGB betreffen, sondern auch ganz grundlegende Fragen wie z.B. die Strafbarkeit der Ärzte im Rahmen geschlechtszuweisender Operationen, was jüngst auch wieder[73] in der japanischen Wissenschaft problematisiert wurde.[74] Im Hinblick auf das äußerst progressive Ehe- und Personenstands- sowie

70 Das betrifft u.a. Art. 3 lit. a, Art. 8 Abs. 1 lit. b CRPD.

71 CAT, Abschließende Bemerkungen v. 12.12.2011 (Deutschland), UN-Doc: CAT/C/DEU/CO/5, Rn. 20.

72 Vgl. den Bericht der National Coalition für die Umsetzung der CRC in Deutschland v. 20.9.2012. Trotz der Stellungnahme des Deutschen Instituts für Menschenrechte v. 13.5.2013, wurde die Situation intersexueller Kinder auf UN-Ebene leider nicht thematisiert, vgl. ganz aktuell CRC, Abschließende Bemerkungen v. 31.1.2014 (Deutschland), UN-Doc: CRC/C/DEU/CO/3–4. Der Koalitionsbericht ist abrufbar unter: http://www.national-coalition.de/pdf/28_10_2012/Kinderrechte_und_Intersexualitaet_NC.pdf (Stand: 25.2.2014).

73 Der sog. „Blueboy-Fall" führte in den 60er-Jahren Japans zu einer gesellschaftlichen Debatte über geschlechtsanpassende Operationen im Zusammenhang mit Transsexualität und beeinflusste das Rechtsverständnis in Japan nachhaltig. Dabei wurde das Urteil um den § 28 des Mutterleibschutzgesetzes (MuLSchG, 母体保護法) wohl missverstanden, der Operationen mit dem Ziel, den Verlust der Fortpflanzungsfähigkeit ohne Grund (!) herbeizuführen, unter Strafe stellt. Die Verurteilung des Arztes, der Männer umoperierte, stützte sich jedoch auf die mangelnde Aufklärung, nicht auf die Operation an sich. Vgl. hierzu *Ishida*, Tsukurareru „Souten", Kesareru „Souten" – Blue Boy Saiban no Uchigawa in okeru Hou no Sotogawa (Die konstruierten und verdrängten Streitpunkte des Blue Boy-Prozesses), S. 215 (215 f., 218); vgl. auch den Kurzkommentar *Ishida*, Blue Boy Saiban towa Nandatta ka (Was der Blue Boy-Prozess war), in: Taniguchi/Satou/Ooshima (Hrsg.), Seiteki Minority Hanrei Kaisetsu (Kommentierung der Rechtsprechung zu sexuellen Minderheiten), 2011, S. 29.

74 Entscheidend ist wie im deutschen Recht die „Zustimmungsfrage" im Rahmen einer Rechtfertigung gem. § 35 des japanischen Strafgesetzbuchs (JStGB, 刑法). Inwieweit bei Kindern die Zustimmung der Eltern als gesetzliche Vertreter (法定代理人) für Operationen ausreicht, die derart gravierende Auswirkungen auf die Persönlichkeitsentwicklung des Kindes haben, ohne dass sie zwingend notwendig wären, wird zunehmend – auch mit Blick auf die Rechtsentwicklungen im Ausland – in Frage gestellt, vgl. z.B. *Taniguchi*, (Fn. 52), S. 84 f.; vgl. auch *Taniguchi*, (Fn. 25), S. 69; zum deutschen Recht *Kolbe*, (Fn. 28), 280 f.

Passrecht in Australien, Neuseeland und Nepal[75] werden sich in Zukunft auch kollisionsrechtliche Fragen stellen. Das betrifft beispielsweise den rechtlichen Status intersexueller Personen aus Neuseeland in Deutschland und Japan, die nationalrechtlich weder Mann noch Frau und zugleich rechtmäßig verheiratet sind.[76] Auch aufenthaltsrechtliche Fragen werden in der Zukunft eine Rolle spielen.

1. Personenstandsrecht

a. *Die Zuordnung zu einem juristischen Geschlecht bei Geburt*

Die grundlegenden einfachgesetzlichen Bestimmungen hinsichtlich der Festlegung des Geschlechts bei Geburt und die darauf folgende Registrierung sind in Deutschland und Japan ähnlich. Die Geburt eines Kindes muss in Deutschland gem. § 18 S. 1 PStG binnen einer Woche dem zuständigen Standesamt angezeigt werden, wobei bei Geburten in Krankenhäusern und ähnlichen Einrichtungen gem. § 20 S. 1 PStG der Träger der Einrichtung zur Anzeige verpflichtet ist, im Übrigen gem. § 19 Nr. 1 PStG jeder Elternteil, wenn er sorgeberechtigt ist oder nach § 19 Nr. 2 PStG jede andere Person, die von der Geburt aus eigenem Wissen unterrichtet ist. Gem. § 49 Abs. 1, Abs. 2 Nr. 1 Alt. 1 des japanischen Personenstandregistergesetzes (JPStRG/戸籍法) muss innerhalb von vierzehn Tagen eine Anzeige erfolgen, in der „das männliche oder weibliche Geschlecht" (子の男女の別) anzugeben ist. Der Anzeige ist des Weiteren zusätzlich durch eine dritte Person, die bei der Geburt anwesend ist – in der Regel dem Arzt oder einer Hebamme – gem. § 49 Abs. 3 S. 1 JPStRG eine Geburtsbescheinigung (出生証明書) beizufügen. Was Inhalt dieser Geburtsbescheinigung sein muss, regelt schließlich der entsprechend § 49 Abs. 3 JPStRG verfügte Ministerialerlass:[77] Nach Art. 1 Nr. 1 dieses Erlasses muss insbesondere „das Geschlecht" (性別) des Kindes vermerkt werden. Anzeigen mit fehlenden „besonders wichtigen Angaben", zu dem auch die Angabe über das Geschlecht gezählt wird, kann gem. § 34 Abs. 2 JPStRG nicht entgegengenommen werden.[78] Während die Regelungen über die Geburtsanzeige in Japan auf

---

75 Vgl. zur Rechtslage in Nepal: *Bochenek/Knight*, Establishing a Third Gender Category in Nepal, Emory International Law Review, Vol. 26 (2012), 11 (13 ff.).

76 Vgl. *Gössl*, (Fn. 15), 302 ff.

77 Ministerialerlass zur Regelung der Form der Geburtsurkunde (出生証明書の様式等を定める省令) v. 17.11.1952, zuletzt geändert am 18.2.2002

78 Der allgemeinere § 34 Abs. 1 JPStRG als Grundregel, nach dem für Personenstandsanzeigen gilt, dass unbekannte und nicht existierende Umstände als solche vermerkt und eine konkrete Angabe unterbleiben kann, wird überwiegend wohl so verstanden, dass er für die „besonders wichtigen" Angaben nach Abs. 2 nicht gilt (lex specialis).

den ersten Blick wegen des eindeutigen Wortlauts wenig Spielraum für andere Angaben lässt als „männlich“ oder „weiblich“, betrifft die Anzeigepflicht bei der deutschen Geburtenanzeige sowie der japanischen Geburtenbescheinigung lediglich das juristisch undefinierte, unbestimmte Tatbestandsmerkmal des „Geschlechts“. Rein methodisch wäre damit in Deutschland eine offenere Auslegung grundsätzlich denkbar, durch die auch andere Geschlechtsformen zwischen und jenseits von männlich und weiblich erfasst werden, da dies jedenfalls nicht die Wortlautgrenze überschreitet.[79] In Japan dagegen ist der Wortlaut des § 49 Abs. 1, Abs. 2 Nr. 1 Alt. 1 JPStRG eindeutig; der Art. 1 Nr. 1 des Ministerialerlasses kann hier bereits aus systematischen Gesichtspunkten wegen § 49 Abs. 1, Abs. 2 Nr. 1 Alt. 1 JPStRG nur so ausgelegt werden, dass damit eines der klassischen Geschlechter gemeint ist. Betrachtet man nun die Rechtspraxis in Deutschland und Japan, spielt dieser semantische Nuancenunterschied zugunsten einer vermeintlich offeneren Wortlauts der deutschen Normen allerdings keine Rolle – ganz im Gegenteil: In Japan erging bereits sehr früh, nämlich in den 40er-Jahren eine Anweisung des Justizministeriums an die Standesämter, in solchen Fällen, in denen der Arzt die Nicht-Bestimmbarkeit des Geschlechts in der Geburtsbescheinigung vermerkt, die Annahme der Anzeige entgegen § 34 Abs. 2 JPStRG trotz des fehlenden Geschlechtseintrag zu erfolgen hat.[80] Diese pragmatische Reaktion der Verwaltung auf die Lebenswirklichkeit deckt sich in gewisser Weise auch mit der Tatsache, dass in der japanischen Rechtswissenschaft die Lebenssituation von Trans- und Intersexuellen bereits früher als allgemein bekannt vereinzelt kritisch untersucht wurde.[81] Das einzige Problem dieser Rechtspraxis der Standesämter bestand – neben dem grundsätzlichen Problem der weiterhin regelmäßig durchgeführten geschlechtszuweisenden Operationen an Kindern[82] – darin, dass die Möglichkeit der Freilassung des Geschlechtseintrags nur den wenigsten Juristen und Medizinern bekannt war.[83] Erst jüngst

---

79 Das wird bis heute von der Wissenschaft freilich anders gesehen; vgl. zusammenfassend *Kolbe*, (Fn. 28), 272 f. m.w.N. Vgl. aber auch BVerfGE 49, 286.

80 Vgl. *Taniguchi*, (Fn. 52), S. 83; eine aktuellere Anweisung aus 1960 ist dort auszugsweise abgedruckt auf S. 97 f.; vgl. auch *Shimizu*, Intersexual no Koseki jou no Seibetsuhenkan, (Geschlechtsänderung im Personenstandsregister von Intersexuellen), in: Taniguchi/Satou/Ooshima, (Fn. 73), S. 32.

81 *Ooshima*, Seitenkan to Koseki Teisei (Die Geschlechtsumwandlung und Berichtigung des Personenstandsregisters), Houritsu Jihou, Vol. 55/1, S. 202 f.

82 Vgl. bspw. *Thyen/Lanz/Holterhus/Hiort*, (Fn. 34), 195 ff.

83 *Ooshima*, Rechtsprechungsbericht – Bewilligung der Korrektur des Personenstandregisters hinsichtlich des Verwandtschaftsgrads „erstgeborene Tochter“ zu „erstgeborenem Sohn“, Minshou 2000, 443 (444 f.).

scheint ein Teil der medizinischen Fachwelt in Japan bemüht, im Zuge der Umsetzung internationaler Richtlinien, die Eltern intersexueller Neugeborener umfassender über das Phänomen der Intersexualität und darüber hinaus auch über die rechtliche Möglichkeit der „temporären" Nichtfestlegung des Geschlechts besser aufzuklären.[84] Allerdings bleibt die Eintragung im Register häufig nicht gänzlich leer; an einem Zusatzvermerk wird in der Regel ersichtlich, dass es sich formal betrachtet nur um eine Aufschiebung handelt.[85] Dadurch, dass die Option der Nichteintragung schon derart lange besteht und es keine Rechtsgrundlage dafür gibt, im Nachhinein einen Geschlechtseintrag seitens der Verwaltung zu erzwingen, selbst wenn sich die Geschlechtsmerkmale „angeglichen" haben sollten oder im weiteren Verlauf doch noch eine operative Geschlechtszuordnung durchgeführt wurde, leben derzeit in Japan jüngere, aber auch einige erwachsene Personen,[86] die weiterhin kein personenstandsrechtliches Geschlecht besitzen.[87] Eine offizielle Statistik existiert hierzu jedoch nicht. Hierin liegt der größte Unterschied zur deutschen Rechtspraxis, bei der bis heute die Freilassung des Geschlechtseintrags nicht ohne weiteres möglich ist; im Gegensatz zur japanischen Rechtspraxis bestand eine solche Möglichkeit bisher weder rechtlich noch faktisch.[88] Auch wenn in Einzelfällen die Entscheidung über die rechtliche Geschlechtszuordnung hinausgeschoben wird, um abzuwarten, inwieweit sich die sichtbaren Geschlechtsmerkmale des Kindes –

84 Vgl. bspw. *Horikawa*, Seibunkashikkan no Shokitaiou, Japanese Journal of Reproductive Endocrinology 16 (2011), S. 32 (32 f., 35).

85 Der Eintrag umfasst damit häufig den Vermerk 追完 (Ergänzung folgt) oder 保留 (ausstehend), vgl. hierzu auch § 45 JPStRG.

86 Freilich blieb die Inanspruchnahme der rechtlichen Möglichkeit der Freilassung auch in Japan eine Ausnahmeerscheinung – wohl auch deshalb, da keine explizite Garantie besteht, dass bei Freilassung des Geschlechtseintrags kein Bußgeld gem. § 135 JPStRG erhoben wird. Nach dieser Vorschrift kann ein Bußgeld bis zu 50.000 Yen verhängt werden, wenn jemand ohne berechtigten Grund die gesetzliche Frist für eine Meldung nach dem JPStG nicht einhält. In Deutschland gilt Entsprechendes nach § 70 PStG, wenn eine Anzeige nicht vollständig oder nicht rechtzeitig erfolgt. Diese Bußgeldvorschriften können damit als Teil jener rechtlichen Rahmenbedingungen betrachtet werden, die Eltern dazu nötigen, im Zweifel eine Einwilligung in geschlechtszuweisende Operationen an ihren Kindern zu erteilen, vgl. hierzu *Rothärmel*, (Fn. 26), 277, 284.

87 Ikeda/Okabe/Kimura/*Kuroiwa* u.a., Sexual Minority, Tokyo: Akashi, 20003, S. 25.

88 Zum vergleichsweise liberalen Umgang mit „Zwittern" im Preußischen Allgemeinen Landrecht vgl. *Plett*, Begrenzte Toleranz des Rechts gegenüber individueller sexueller Identität, in: Duttge/Engel/Zoll (Hrsg.), Sexuelle Identität und gesellschaftliche Norm, 2010, S. 53 (61 ff.); vgl. zur Rechtsgeschichte des Zwitters allgemein *Wacke*, (Fn. 33), S. 866 ff.

auf die weiterhin primär abgestellt wird[89] – unmittelbar nach der Geburt verdeutlichen, wurde in Deutschland bisher nach dem „Überwiegen der Geschlechtsmerkmale" entschieden und *ausnahmslos jedes Kind* einem juristischen Geschlecht zugeordnet – häufig gepaart mit einer geschlechtszuweisenden Operation bei uneindeutigen Geschlechtsmerkmalen. Diese medizinische „Überwiegensregel" wurde aufgrund eines weiteren Verweises des Rechts auf die Medizin – nämlich durch die alte Fassung der Dienstanweisung an die Standesbeamten in Deutschland,[90] nach welcher im Zweifelsfall die Festlegung des Geschlechts durch das medizinische Personal verbindlich sein soll – sowie durch die Rechtsprechung und Jurisprudenz zur Norm.[91] Während es damit in Japan bereits seit den 40er- Jahren Personen ohne ein juristisches Geschlecht gab, ist dies in Deutschland formal erst seit dem 1. November 2013 möglich. Genau genommen fehlt es sogar heute noch an ausreichenden rechtlichen Rahmenbedingungen für die Freilassung der Geschlechtsspalte im Geburtenregister, da bis dato noch nicht die entsprechende Verwaltungsvorschrift zum Personenstandsgesetz angepasst wurde, in der es weiterhin heißt, dass das „Geschlecht des Kindes (…) mit ‚weiblich' oder ‚männlich' einzutragen" sei.[92] Der § 22 Abs. 3 PStG bleibt damit ein derzeit noch nicht in der Rechtspraxis angekommener „Fremdkörper" in der Rechtsordnung, der konsequenterweise eigentlich in vielen anderen Gesetzen eine Anpassung nach sich ziehen müsste, so zum Beispiel im Passrecht. Die im Übrigen gelegentlich in Medien und Blogs aufkommende Behauptung, eine Freilassung des Geschlechtseintrags sei bereits seit 2009 mit der PStG-Reform möglich geworden,[93] basiert im Übrigen auf zwei Missverständnissen: Diese betreffen erstens den 2009 eingeführten § 59 Abs. 2 PStG, nach dem der Geschlechtseintrag in der Geburts-*Urkunde* nicht aufgenommen werden muss. Dabei handelt es sich jedoch freilich nur um die freiwillige Freilassung des (weiterhin im Geburtenregister vermerkten) Geschlechts in einer Personenstandsurkunde. Zweitens betrifft die fragliche Behauptung den § 7 Abs. 1 der auf § 73 PStG gestützten Personenstandsverordnung (PStV), nach dem bei

---

89 *Bosinski*, (Fn. 44), 981.

90 § 266 Abs. 5 der Dienstanweisung für Standesbeamte und ihre Aufsichtsbehörden – DA –, bekanntgemacht am 23.11.1987 (BAnz. Beilage Nr. 227a v. 4.12.1987).

91 OLG Naumburg, StAZ 2002, 169, 170; KG Berlin, NJW 1965, 1084; *Wacke*, (Fn. 33), S. 901 f.; *Schmitt*, Münchener Kommentar zum BGB, 6. Aufl. 2012, § 1 Rn. 56; *Spickhoff*, in: ders. (Hrsg.), Medizinrecht, 2011, § 1 TSG Rn. 2.

92 Allgemeine Verwaltungsvorschrift zum PStG (PStG-VwV) Nr. 21.4.3.

93 So z.B. die Pressemitteilung von Zwischengeschlecht.org v. 3.2.2013, abrufbar unter: http://blog.zwischengeschlecht.info/post/2013/02/03/Intersex-Offenlassen-Geschlechtseintrag-seit-2009-Genitalverstummelungen-zunehmend (Stand: 27.2.2014).

fehlenden Nachweisen für die Beurkundung eines Personenstandsfalls – wie Nachweise für die Bestimmung des Geschlechts – das Standesamt die Beurkundung zurückstellen und in angemessener Frist nachholen kann. Wortlaut, Systematik sowie Sinn und Zweck der Norm ermöglichen hier jedoch nur die Zurückstellung einer Beurkundung des Personenstandsfalls an sich – also hier der Geburt insgesamt. Das wird in § 7 Abs. 2 PStV deutlich, wo es heißt: „Dem Anzeigenden ist auf Antrag eine Bescheinigung darüber auszustellen, dass der Personenstandsfall angezeigt wurde, aber noch nicht beurkundet werden konnte." Diese Möglichkeit würde keinen Sinn ergeben, wenn § 7 Abs. 1 PStV so zu verstehen wäre, dass ein Eintrag ins Geburtenregister mit Ausnahme des Geschlechtseintrags möglich ist. Sie ergibt vielmehr nur dann Sinn, wenn auf Grund einer Zurückstellung nach § 7 Abs. 1 PStV überhaupt keine Beurkundung des Personenstandsfalls erfolgen kann und dem Anzeigenden daher zumindest eine Bescheinigung über die Anzeige selbst erteilt werden soll.

b. Die „Korrektur" des Geschlechtseintrags im Geburtenregister

Ein Vergleich der personenstandsrechtlichen Rechtspraxis in Deutschland und Japan lohnt sich außerdem bezüglich der Änderung des Geschlechtseintrags im Nachhinein, also in solchen Fällen, in denen das einem intersexuellen Kind zunächst bei Geburt rechtlich zugewiesene Geschlecht sich im Nachhinein im Rahmen einer Gesamtbetrachtung – inklusive der sich bis dahin entwickelten Geschlechtsidentität[94] – als „falsch" herausstellt. Diese Fälle müssen zunächst klar von solchen Fällen abgegrenzt werden, in denen eine Person mit einem abgesehen von der Geschlechtsidentität eindeutigen biologischen Geschlecht die „Korrektur" des Geschlechtseintrags zum jeweils anderen Geschlecht begehrt. Diese Fälle werden nunmehr ausschließlich nach den Bestimmungen des TSG bzw. des Transsexuellensondergesetzes (TSSG/性同一性障害特例法) behandelt. Umgekehrt sind diese Normen auch wegen des klar begrenzten Anwendungsbereichs nicht auf Intersexuelle anwendbar, da die entsprechenden Normen (§ 2 TSSG, §§ 1, 8 TSG) nur bei biologisch eindeutigem Geschlecht und „verkehrter" Geschlechtsidentität greifen. Für Intersexuelle wurden vielmehr schon seit langem die § 47 Abs. 1 PStG und § 113 JPStRG herangezogen, durch die allgemein eine gerichtliche Korrektur von Personenstandsbeurkundungen möglich ist, um „sonstige unrichtige (…) Eintragungen" bzw. „Irrtümer oder Versehen" (錯誤若しくは遺漏) zu berichtigen.[95] Die Anwendung des § 47 Abs. 1

94 Vgl. OLG Naumburg, StAZ 2002, 169.

95 Diese Korrekturmöglichkeit wurde in beiden Rechtsordnungen den Transsexuellen auch vor Erlass des TSG/TSSG verwehrt mit dem Argument, dass es sich bei

PStG auf Intersex-Fälle beschränkte sich in der gerichtlichen Praxis dabei nicht nur auf Irrtümer über das vorliegende oder überwiegende Geschlecht im Zeitpunkt der Geburt, sondern wurde auch in solchen Fällen angewendet, in denen man im Nachhinein unter Berücksichtigung der sich erst im weiteren Verlauf entwickelten Geschlechtsidentität zu einem anderen Ergebnis kam als unmittelbar nach der Geburt.[96] Selbst dann, wenn die Beurteilung bezüglich des überwiegenden Geschlechts zur Geburt objektiv richtig war und erst durch eine andere als erwartete Entwicklung z.B. der Hormonproduktion sich im Nachhinein allein aufgrund biologischer Umstände das Geschlecht verändert, wurde § 47 Abs. 1 PStG analog angewandt.[97] In Japan gelang es intersexuellen Personen ebenfalls mit Hilfe des dem § 47 Abs. 1 PStG entsprechenden § 113 JPStRG die Korrektur des Geschlechtseintrags in zahlreichen Fällen gerichtlich durchzusetzen.[98] Bahnbrechend war hierfür auch die

---

Transsexualität um keinen „Fehler" handle, vgl. für Japan *Ishida*, Einleitung in: *ders.* (Hrsg.), Sei Douitsusei Shougai (Geschlechtsidentitätsstörung), 2008, S. 21. Diesbezüglich differenzierten auch die Gerichte in Japan bereits sehr früh zwischen Trans- und Intersexualität, vgl. *Tamotsu*, Über die sogenannte Geschlechtsidentitätsstörung und Namensänderungs- sowie Personenstandsberichtigungsfälle, Kasai Geppou Vol. 52/7, S. 1 ff. (S. 6 ff.). Vgl. auch *Ishida*, (Fn. 95), S. 11; sowie für Deutschland BGHZ, 57, 63; zu dem Verhältnis zwischen Intersexuellen und Transsexuellen bzw. dem TSG: *Grünberger*, Ein Plädoyer für ein zeitgemäßes Transsexuellengesetz, StAZ 2007, 357 (358 ff.).

96 OLG Naumburg, StAZ 2002, 169; AG Freiburg (Breisgau), StAZ 1983, 16; LG Frankenthal, FamRZ 1976, 214 (215); vgl. auch OLG Frankfurt, NJW 1969, 1575.

97 LG Hamburg, StAZ 1958, 128 (129); im Einzelnen vgl. die Ausführungen bei *Kolbe*, (Fn. 29), S. 94 ff.

98 FamG Fukui, Entsch. v. 21.8.1958, FamG Tokyo, Entsch. v. 27.5.1963, FamG Urawa, Entsch. v. 22.7.1997, sowie FamG Niigata, Entsch. v. 25.1.1999, FamG Mito, Entsch. v. 22.7.1999 = Kasai Geppou, Vol. 51/12, S. 40 ff. Die Entscheidungen der Familiengerichte Fukui, Urawa und Niigata sind u.a. zusammengefasst bei *Hinako Matsumura*, Änderung des Geschlechts im Personenstandsregister und Menschenrechte, in: Jahresforschungsbericht der Komazawa Universität 19 (2000), S. 55 ff. (65 ff.); Die Entscheidung des FamG Tokyo ist abgedruckt in: *Tanaka*, Shihou Kenkyuu Houkokusho Vol. 16/3 – Koseki Teisei ni kansuru Shomondai no Kenkyuu (Untersuchung über die verschiedenen Probleme bei einer Personenstandsregisterberichtigung), S. 256 ff.; vgl. zur Entscheidung des FamG Mito: *Murashige*, Kosekihou Hanrei Kaisetsu (Kommentare zur Rechtsprechung im Personenstandsgesetz), 2007, S. 67 ff. sowie aus einer verfassungsrechtlichen Perspektive auch *Kokubun*, Sei Douitsusei Shougai Tokureihou izen no Transsexual to Koseki jou no Seibetsu Henkou (Transsexuelle vor dem Transsexuellen-Sondergesetz und die Geschlechtsänderung im Personenstandregister), in: Taniguchi/Satou/Ooshima (Fn. 73), S. 26 ff.

rechtskräftige Entscheidung in höherer Instanz vor dem OLG Sapporo.[99] Gemeinsam haben alle diese positiven Urteile aus der zweiten Hälfte des 20. Jahrhunderts, dass sie einerseits zwar jeweils die aktuellen medizinischen Erkenntnisse umfassend auswerten, andererseits jedoch nur solche Fälle betreffen, in denen die Antragsteller innerhalb der binären Geschlechterordnung die Eintragung des jeweils anderen Geschlechts begehrten; die Urteile bleiben daher dem binären Geschlechterverständnis im Personenstandsrecht verhaftet.[100] Ähnliches gilt für die Rechtsprechungsreihe in Deutschland.[101] Die Grenzen der vermeintlich fortschrittlichen Rechtsprechung werden schließlich dort sichtbar, wo dieser Ordnungsrahmen verlassen wird, so z.B. bei der Klage vor dem Münchner Landgericht auf Eintragung als „Zwitter" oder „Intersexueller", die mit einer unscharfen Begründung abgewiesen wurde und bei der im Urteil zugleich auch eine Geschlechtsfeststellung als „weiblich" gebilligt wurde, die trotz großer Uneindeutigkeit des Geschlechts erfolgte, da die betroffene Person zwar gonadal und chromosomal weiblich, genital jedoch eindeutig männlich war.[102]

c. *Wertender Vergleich und Fazit*

Es hat sich gezeigt, dass in Japan eine freiwillige Nichteintragung des Geschlechts als konzeptionell zwar temporär gedachte Aufschiebung der Eintragung, faktisch jedoch als dauerhafte „juristische Geschlechtslosigkeit" bereits seit mehr als 60 Jahren wegen einer flexiblen Verwaltungspraxis möglich ist. Demgegenüber erfolgte in Deutschland bis vor kurzem eine teils historisch bedingte starre juristische Zuordnung jedes Kindes zu einem der beiden klassischen Geschlechter; in nicht eindeutigen Fällen wurde der Zuordnung das „überwiegende Geschlecht" zugrunde gelegt, auch wenn dies in Einzelfällen zu absurden Ergebnissen führte. Mit der Einführung des § 22 Abs. 3 PStG ist Letzteres nicht mehr möglich, wenn auch noch für eine reibungslose Umsetzung in der Praxis die entsprechende Verwaltungsvorschrift angepasst werden muss. Auch in Deutschland sind damit nun die Grundlagen dafür geschaffen, die Geschlechtseintragung „aufzuschieben".

---

99 OLG Sapporo, Beschl. v. 13.3.1991 = Kasai Geppou Vol. 43/8, S. 48 ff.; vgl. zu diesem äußerst wissenschaftlich fundierten und teils sehr progressiven Urteil: *Murashige*, (Fn. 98), S. 48 ff. sowie die kritische Besprechung von *Shimizu*, (Fn. 80), S. 32 ff.

100 *Shimizu*, (Fn. 80), S. 33 f.

101 LG Frankenthal FamRZ 1976, 214; AG Hannover, StAZ 1981, 240; AG Freiburg, StAZ 1983, 16; die meisten Urteile, die eine Korrektur des Geschlechtseintrags von Intersexuellen im Geburtenregister betreffen, werden allerdings nicht veröffentlicht, vgl. *Augstein*, Entscheidungen zur Transsexualität und Intersexualität bis zum 31.12.1980, StAZ 1982, 240 (241).

102 LG München, NJW-RR 2003, 1590 ff.; kritisch hierzu *Kolbe*, (Fn. 29), S. 186 ff.

Gerade im Vergleich zur japanischen Rechtspraxis werden allerdings zahlreiche Mängel der Reform deutlich: Zunächst haben die Eltern nach der deutschen Rechtslage nicht die Wahl, den Geschlechtseintrag des Kindes freizulassen, da es sich bei § 22 Abs. 3 PStG um eine gebundene Norm handelt, während in der japanischen Praxis zwar ein Vermerk des Arztes auf der Geburtsbescheinigung Voraussetzung für eine Aufschiebung ist, die letztendliche Entscheidung über die Freilassung jedoch faktisch bei den Eltern liegt. Inwieweit die starre Lösung des deutschen Gesetzgebers, die durchaus in der Tradition der bisherigen Praxis liegt, klare Geschlechterverhältnisse schaffen zu wollen, nicht vielleicht sogar den Druck auf die Eltern erhöht, im Zweifelsfall aus Angst vor Diskriminierungen lieber das Kind einer Operation zu unterziehen, als es als „geschlechtsloses Kind" spätestens im Kindergartenalter gegenüber Außenstehenden zu outen, scheint nicht bedacht worden zu sein.[103] In diesem Zusammenhang wirkt ein Blick auf den historischen Willen des Gesetzgebers überhaupt ernüchternd.[104] Dass die „politische Platzierung (…) pragmatische Lösungen"[105] braucht, mag stimmen. Jedoch stellt § 22 Abs. 3 PStG keine pragmatische, sondern eine unzureichende Lösung dar, wenn nicht sogar eine weitere Problemquelle. Zumindest kann der § 22 Abs. 3 PStG nun für weitere Rechtsstreitigkeiten vor Gerichten dienen, das Recht auch im Übrigen weiterzuentwickeln und Anpassungen in anderen Rechtsgebieten zu erzwingen. Die wissenschaftlichen Stimmen sind dagegen in Deutschland progressiver als in Japan. In Japan betrachten selbst die fortschrittlicheren Fachkreise die Dichotomie des Geschlechts überwiegend als soziale

103 So auch *Konstanze Plett* in Ihrem Vortrag am 28.11.2013: „Verqueres Recht – Von den Schwierigkeiten, Inter* gerecht zu werden" in Berlin. Eine wirkliche Abkehr von der bisherigen „gewaltsame(n) Herstellung der Zweigeschlechtlichkeit" (*Kolbe*, (Fn. 28), 277) ist damit durch die Einführung des § 22 Abs. 3 PStG noch nicht erfolgt.

104 Vgl. die Begründung in BT-Drucks. 17/12192, S. 11: „Die vorgesehene Regelung in § 22 Abs. 3 PStG nimmt sich der Problemstellungen des deutschen Ethikrates zum Thema „Intersexualität" (Drucks. 17/9088) an und stellt klar, dass die Geschlechtsangabe im Geburtseintrag offen bleibt, wenn diese nicht zweifelsfrei feststeht." Auf S. 1 auch: „Der Entwurf enthält im Wesentlichen klarstellende und redaktionelle Änderungen der vorhandenen Rechtsvorschriften sowie Anpassungen der Beurkundungsmodalitäten aufgrund der bereits vorliegenden Praxiserfahrungen." Der Gesetzgeber ging insofern wohl davon aus, dass § 22 Abs. 3 PStG keine wesentliche Änderung ist und suggeriert im Übrigen fälschlicherweise, dass eine Freilassung bereits zuvor möglich war. Vgl. zum Gang des Verfahrens auch oben Abschnitt IV.

105 So *Saibisch*, (Fn. 43).

und juristische Prämisse.[106] Im Ergebnis ließe sich damit zusammenfassend sagen, dass es sich bei der Reform des deutschen Personenstandsgesetzes teilweise eher um eine Verschlechterung der Rechtslage für die Betroffenen handelt; eine bessere Aufklärung der Eltern in japanischen Krankenhäusern vorausgesetzt, kann man die Rechtslage in Japan seit mehr knapp 60 Jahren womöglich auch als fortschrittlicher bezeichnen als die Rechtslage nach der Reform in Deutschland. Dies gilt insbesondere dann, wenn man auch den kulturellen Rahmen und die Forderungen der Betroffenengruppen im jeweiligen Land mit in die Überlegungen einbezieht. Während sich in Japan die Betroffenen primär gegen die operative Praxis wenden und auf ihr Selbstbestimmungsrecht aufmerksam machen, im Erwachsenenalter selbst ihr Geschlecht - männlich oder weiblich - wählen zu können, gehen die Forderungen in Deutschland, indem auch verstärkt Lebensentwürfe jenseits der binären Geschlechterordnung gewünscht und teilweise bereits gelebt und im jeweiligen sozialen Umfeld akzeptiert werden, weit hierüber hinaus. Während in beiden Ländern sicher noch einiges hinsichtlich der operativen Praxis rechtlich geändert werden muss, genügt zumindest im Übrigen die japanische Rechtslage den überwiegenden Wünschen der Betroffenen - eine bessere Aufklärung in den Krankenhäusern vorausgesetzt -, während die deutsche Rechtslage trotz eingehender Diskussionen und Reform der Lebenswirklichkeit in Deutschland kaum gerecht wird.[107]

2. Passrecht

Die mehrfach angedeutete Inkompatibilität des neuen § 22 Abs. 3 PStG als Fremdkörper mit der Rechtsordnung im Übrigen kann beispielshaft am Passrecht aufgezeigt werden. Der deutsche wie auch der japanische Reisepass kennt einen zwingenden Geschlechtsvermerk im Reisepass. Die rechtliche Grundlage hierfür bildet in Deutschland § 4 Abs. 1 S. 2 Nr. 6 des Passgesetzes (PaßG), nach dem das „Geschlecht" als zwingende Angabe im Reisepass enthalten ist. Die konkrete Angabe

---

106 Vgl. *Taniguchi*, (Fn. 51), S. 84. Wenige Stimmen gehen jedoch auch in Japan weiter und fordern z.B. die Einführung eines dritten Geschlechts, vgl. *Yokofujita/Nakasaka*, (Fn. 47), S. 135.

107 Vereinzelt wird darauf hingewiesen, dass der Wortlaut des § 22 Abs. 3 PStG in ferner Zukunft durchaus auch als „Einbruchstelle für gesellschaftliche Änderungen gesehen werden kann, da das Geschlecht jedes Kindes bei Geburt eigentlich „nicht eindeutig" sei. Schließlich wisse man noch nicht, was für eine Geschlechtsidentität sich entwickeln werde, worauf es ankommen müsse, sodass jedes Kind erst mit Ausbildung der eigenen Geschlechtsidentität selbst über die eigene personenstandsrechtliche Geschlechtszuordnung entscheiden könne, so *Plett* (Fn. 103).

des Geschlechts richtet sich dabei gem. § 4 Abs. 1 S. 3 PaßG nach dem Melderegister. Nachdem die Gesetzgebungskompetenz nunmehr gem. Art. 73 Abs. 1 Nr. 3 GG n.F. beim Bund liegt, wird ab dem 1.5.2015 das Bundesmeldegesetz (BMG) gelten. Dort heißt es in § 3 Nr. 7 BMG, dass das „Geschlecht" im Melderegister gespeichert wird. Dies wird zwar nicht weiter spezifiziert; jedoch handelt es sich hierbei wegen der Meldepflicht der Standesämter bei Geburten gem. § 17 Abs. 4 BMG um den gleichen Eintrag wie im Geburtenregister. Nach systematischer Auslegung müsste also eigentlich ein geschlechtsfreier Pass mit Einführung des § 22 Abs. 3 PStG möglich sein: Der leere Eintrag im Geburtenregister würde vom Melderegister übernommen werden und hierüber in den Pass gelangen. Dem steht allerdings § 4 Abs. 2 Nr. 8 PaßG entgegen, nach dem der elektronisch lesbare Teil des Passes explizit nur die Abkürzungen F für weibliche Passinhaber und M für männliche Passinhaber enthalten darf. Eine Lösung dieses Konflikts kann wegen des zwingenden Wortlauts nicht alleine durch eine systematische und teleologische Auslegungen behoben werden. Anderes ergibt sich des Weiteren nicht wie häufig behauptet unmittelbar aus dem Europarecht.[108] In der einschlägigen EU-Passverordnung findet sich keine Verpflichtung, auch ein „drittes Geschlecht" bzw. einen leeren Geschlechtseintrag zuzulassen.[109] In Japan ist der Wortlaut dagegen offener als in Deutschland. Zunächst existiert keine einfachgesetzliche Norm, aus der sich die zwingende Geschlechtsangabe im Reisepass ergibt. Erst gem. § 6 Abs. 4 S. 1 des japanisches Passgesetzes (JPassG/旅券法) i.V.m. § 5 Abs. 4 Nr. 1 Alt. 1 der entsprechenden Ausführungsbestimmungen (AB-JPassG/ 旅券法施行規則) wird statuiert, dass das „Geschlecht" im Pass angegeben werden muss. Der methodische Spielraum ist hier also zumindest theoretisch gegeben, auch jenseits der beiden klassischen Geschlechter passrechtliche weitere Geschlechter zu erlauben. Hinzu kommt noch der Verweis in § 6 AB-JPassG, welcher zur elektronischen Erfassung der Daten im Pass bestimmt, dass das Geschlecht sowie der Staatsangehörigkeits-Code gespeichert werden sollen. Der Originalwortlaut (性別及び国籍のコード)

---

108 So wird z.B. behauptet, eine EU-Verordnung verpflichte die Mitgliedstaaten zur Akzeptanz eines dritten Geschlechts im Reisepass, vgl. *Bubrowski*, Das dritte ist ein offenes Geschlecht, FAZ-Online v. 1.11.2013, abrufbar unter: http://www.faz.net/aktuell/gesellschaft/intersexualitaet-das-dritte-ist-ein-offenes-geschlecht-12642963.html

109 Verordnung (EG) Nr. 2252/2004 des Rates v. 13.12.2004 über Normen für Sicherheitsmerkmale und biometrische Daten in von den Mitgliedstaaten ausgestellten Pässen und Reisedokumenten. Auch der Verweis auf die völkerrechtlichen Bestimmungen der ICAO sind nicht weiterführend, da diese ebenfalls nicht die Mitgliedstaaten verpflichten, ein drittes Geschlecht nationalrechtlich einzuführen, vgl. unten Abschnitt V a.E.

könnte jedoch auch durchaus so gelesen werden, dass damit der Geschlechter-Code sowie der Staatsangehörigkeits-Code gemeint ist. Zugegeben sprechen gegen diese Lesart systematische Argumente, insbesondere der § 5 Abs. 4 Nr. 1 Alt. 2 AB-JPassG, der die Merkmale Geschlecht und Staatsangehörigkeits-Code explizit trennt; jedoch ist diese Lesart nicht zwingend. Man könnte durchaus vertreten, dass das Japanische Passrecht durch den expliziten Verweis auf völkerrechtliche Bestimmungen sowie durch den Wortlaut des § 6 AB-JPassG auch dergestalt lesbar ist, dass sich neben der Angabe über die Staatsangehörigkeit auch das Geschlecht nach den völkerrechtlichen Bestimmungen über die elektronischen Pass-Codes richtet. Hierbei handelt es sich um die Bestimmungen der Zivilen Luftfahrtorganisation (ICAO), welche unter anderem die gem. Art. 37 der Chicago Convention on International Civil Aviation völkerrechtlich verbindlichen sog. SARP-Bestimmungen Doc 9303 erlassen haben.[110] Diese gelten auch für Deutschland und Japan. Dort heißt es, dass neben weiteren Optionsmöglichkeiten jedenfalls das Geschlecht mit einem Buchstaben vermerkt werden muss und zwar einem F für weiblich, einem M für männlich oder auch einem X für „unspecified".[111] Hierbei handelt es sich freilich nicht um eine zwingende Vorgabe, dass eine dritte Geschlechtskategorie nationalrechtlich eingeführt werden muss, sondern nur um verbindliche Angaben hinsichtlich der Form: Die dritte Geschlechtskategorie X – evtl. mit einem nationalrechtlichen Zusatz[112] – ist damit völkerrechtlich bereits lange möglich, aber nicht zwingend vorgeschrieben. Es ließe sich damit festhalten, dass es in Deutschland trotz der Einführung des § 22 Abs. 3 PStG nach aktueller Rechtslage wohl nicht möglich ist, als juristisch geschlechtsloser deutscher Staatsangehöriger einen Reisepass zu erhalten, während dies in Japan zumindest theoretisch denkbar wäre, da keine rechtlich zwingenden Gründe gegen eine solch offene Auslegung der japanischen Gesetze existieren. Glaubt man den offiziellen Statistiken des japanischen Außenministeriums, wurden bisher jedoch – trotz der Tatsache, dass es solche juristisch geschlechtslosen japanischen Staatsangehörige gibt – keine Pässe mit einer anderen als einer männlichen oder weiblichen Geschlechtsangabe erstellt.[113]

---

110 Die Verbindlichkeit gilt jedoch nicht strikt, vgl. Art. 38 der Konvention.

111 Vgl. SARP-Bestimmungen Doc 9303, MRTD, 6. Aufl. 2006, Part 1 Vol. 1, IV-11, IV-16.

112 Die SARP-Bestimmungen erlauben eine nationalrechtliche Abkürzung aus einem Buchstaben, die getrennt durch einen Schrägstrich dem F, M oder X vorangestellt werden kann.

113 Vgl. die Reisepass-Statistik 2012 (旅 券 統 計 平成２４年１月～１２月) des Passreferats der Konsularabteilung des japanischen Außenministeriums (外務省領事局旅券課) v. 1.2.2013, S. 3 f.

VI. Prognose und Fazit

Aus den hier zusammengestellten Fakten lässt sich schließlich im Gesamtbild mit den Erkenntnissen aus Entwicklungen der rechtlichen Lebenssituation anderer sexueller Minderheiten einige Rückschlüsse ziehen und womöglich auch Prognosen erstellen. In Deutschland haben wir eine starke, gut vernetzte und professionell aufgestellte Lobby der Selbstbetroffenen, die ihre Interessen selbstbewusst vertritt, welche weit über das bloße Ende der medizinischen Praxis der operativen Geschlechtszuweisung bei Geburt hinausgehen. Diese auf individuellen Lebensentwürfen basierenden Forderungen werden über kurz oder lang – so wie es auch beim Lebenspartnerschaftsgesetz und dem Transsexuellengesetz der Fall war – dazu führen, dass die Folgeprobleme des § 22 Abs. 3 PStG durch Gerichte, insbesondere dem Bundesverfassungsgericht, geklärt werden, da nicht zu erwarten ist, dass der Gesetzgeber in naher Zukunft tätig wird. In Japan existiert dagegen keine starke Selbstorganisation der Betroffenen mehr. Die Forderungen der Betroffenen beschränken sich überwiegend auf das Ende der medizinischen Zwangsoperationen, damit die Heranwachsenden selbst – entsprechend ihrer Geschlechtsidentität, die sich herausgebildet hat – entscheiden können, ob sie als Mann oder als Frau leben wollen. Zumindest diesem großen Teil der intersexuellen Menschen ist in Japan also alleine schon dadurch geholfen, dass die Eltern bei Geburt eines intersexuellen Kindes umfassend über die medizinischen Aspekte des Befunds und über die Möglichkeit der freiwilligen Aufschiebung der Entscheidung über den Geschlechtseintrag aufgeklärt werden. Hieran wird bereits gearbeitet. Darüber hinaus werden jedoch internationale Einflüsse Deutschland wie auch Japan früher oder später dazu zwingen, zumindest im Internationalen Privatrecht Regelungen über intersexuelle Personen zu treffen, da es bereits Länder gibt, die ein anderes personenstandsrechtliches Geschlecht als „männlich“ oder „weiblich“ akzeptieren und diese Personen auch heiraten sowie Kinder haben werden. Dass eine solche Anpassung im transnationalen Kontext zumindest im Sinne einer Anerkennung ausländischer Rechtsinstitute dieser Art auch in Japan nicht gänzlich unwahrscheinlich ist, hat auch die Übereinkunft im Dezember 2013 zwischen den USA und Japan bezüglich der zukünftigen Interpretation der Art. 1, 21 des US-Truppenstatuts gezeigt.[114] Demnach sollen

114 The Agreement under Article VI of the Treaty of Mutual Cooperation and Security between Japan and the United States of America, Regarding Facilities and Areas and the Status of United States Armed Forces in Japan (SOFA/日本地位協定) v. 23.6.1960, abrufbar unter: http://www.mofa.go.jp/mofaj/area/usa/sfa/pdfs/fulltext.pdf (Stand: 26.2.2014).

nun auch gleichgeschlechtliche Partner von Mitgliedern der in Japan stationierten US-Streitkräfte unter den Begriff „spouse" (Ehegatte bzw. Lebensgefährte) fallen und einen japanischen Aufenthaltstitel erhalten.[115] In Japan ist daher auch in naher Zukunft mit keinen großen rechtlichen Komplikationen in diesem Bereich zu rechnen; in Deutschland dagegen wird es nur eine Frage der Zeit sein, bis sich das Bundesverfassungsgericht mit den sich abzeichnenden Rechtsfragen befassen wird. Denn durchdenkt man nüchtern die Konsequenzen des § 22 Abs. 3 PStG, wird schnell offenbar, dass mit ordnungspolitischen Argumenten kaum zu rechtfertigen ist, dass ein personenstandsrechtlich rechtmäßig weder dem männlichen noch dem weiblichen Geschlecht zugewiesener Mensch keinen Reisepass erhalten oder nicht heiraten kann. Zu hoffen bleibt, dass der Gesetzgeber – nach den auszehrenden Erfahrungen mit der iterativ-verfassungsgerichtlichen Lösungsmethode bezüglich des Lebenspartnerschaftsgesetzes und des Transsexuellengesetzes – doch noch seinem gesellschaftspolitischen Gestaltungsauftrag gerecht wird, indem er sich in naher Zukunft umfassend mit der Lebens- und Rechtswirklichkeit intersexueller Personen in Deutschland auseinandersetzt und Abhilfe schafft.

115 *Hicks,* Navy adds Japan to overseas assignments for gay couples, The Washington Post v. 20.12.2013, abrufbar unter: http://www.washingtonpost.com/blogs/federal-eye/wp/2013/12/ 20/navy-adds-japan-to-overseas-assignments-for-gay-couples/ (Stand: 26.2.2014); *Imai,* Zainichi Beigun – Douseikon Haiguusha Visa Menjo (Freistellung von der VISA-Pflicht für gleichgeschlechtliche Partner von in Japan stationierten US-Streitkräften, Yomiuri Shimbun v. 29.12.2013, S. 1 (7).

Maximilian Lentz

Unterlassungsklage durch Verbraucherverbände und Gruppenklage in Japan

Dieser Beitrag soll einen Überblick über die gegenwärtigen Mechanismen zur kollektiven Durchsetzung von Verbraucherrechten in Japan geben. Im Wesentlichen handelt es sich dabei um die Verbraucherverbandsklage und das im Dezember 2013 vom Parlament verabschiedete Gesetz über eine Gruppenklage.[1] Die Unterlassungsklage durch Verbraucherverbände ist in Japan im Verbrauchervertragsgesetz (VerbrVG),[2] dem Handelsgeschäftegesetz (HGG)[3] sowie dem Gesetz über unbillige Arten von Prämien und irreführende Angaben (UPAG)[4] geregelt. Das Gesetz über die Gruppenklage wird erst drei Jahre nach seiner Verkündung in Kraft treten.

I. Problembeispiele

In der jüngeren Vergangenheit stellte sich auch in Japan das Bedürfnis nach Regelungen zum kollektiven Rechtsschutz. Dieses Bedürfnis verdeutlicht sich an den folgenden Fallbeispielen:

Durch ein Urteil des Obersten Gerichtshofes (OGH) ergab sich im Jahr 2005 die Möglichkeit, überhöhte, gezahlte Zinsen (sog. *kabaraikin*) aus Darlehensverträgen zurückzuverlangen.[5] Hiervon betroffen war eine große Zahl von Darlehensgebern. Zwar handelte es sich bei den Prozessen, die auf das obige Urteil zurückgingen, um einfach gelagerte Fälle, allerdings konnte für ganz Japan eine erhebliche Zunahme

---

1 Shôhisha no zaisanteki higai no shûdantekina kaifuku no tame no minji no saibantetsuzuki no tokurei ni kansuru hôritsu [Gesetz über besondere zivilprozessuale Regelungen für den gruppenmäßigen Ersatz von Vermögensschäden bei Verbrauchern], Gesetz Nr. 96/2013 vom 11.12.2013.

2 Shôhisha keiyaku hô [Verbrauchervertragsgesetz], Gesetz Nr. 61/2000, zuletzt geändert durch Gesetz Nr. 96/2013 am 11.12.2013.

3 Tokutei shôtorihiki ni kansuru hôritsu [Gesetz über bestimmte Handelsgeschäfte], Gesetz Nr. 57/1976, zuletzt geändert durch Gesetz Nr. 59/2012 am 22.8.2012.

4 Futô keihinrui oyobi futô hyôji bôshi hô [Gesetz zum Schutz vor unbilligen Arten von Prämien und unbilligen Angaben] Gesetz Nr. 134/1962, zuletzt geändert durch Gesetz Nr. 100/2013 am 13.12.2013.

5 OGH v. 19.7.2005, Minshû 59 Nr. 6, S. 1783 ff.

an Verfahren registriert werden.[6] Ungeachtet der Tatsache, dass es sich bei diesem Vorgang um ein einmaliges Ereignis handelt und die damit zusammenhängenden Verfahren zurückgehen, so zeigt die Entwicklung dennoch, wie selbst eine Vielzahl von gleich gelagerten Fällen die Gerichte belasten kann.

Ein in Japan immer wieder angeführtes Beispiel für eine Schädigung von Verbrauchern in großer Zahl sind Fälle von falsch bezeichnetem Aal, der in Japan als Delikatesse gilt. Aalprodukte wurden in diesen Fällen mit japanischen Herkunftsbezeichnungen versehen, wobei der Aal tatsächlich jedoch aus China stammte.[7] Im Verkauf erzielen Aalprodukte aus japanischer Produktion in Japan tatsächlich jedoch weitaus höhere Preise als Produkte mit chinesischem Aal.

Ein weiteres Beispiel für eine weitreichende Schädigung von Verbrauchern im Bezug zu Lebensmitteln ist ein Fall von falschen Lebensmittelbezeichnungen, der im Herbst 2013 die japanischen Medien beherrschte. Dabei führten bekannte Luxushotels und -restaurants in ihren Menus Speisen, Getränke und Zutaten, die sie tatsächlich jedoch nicht verwandten.[8] Beispielsweise wurde statt „frischem Fisch" Tiefkühlware und statt „Steak" Fleisch mit eingespritztem Rinderfett verkauft.

II. Das Bedürfnis nach kollektivem Rechtsschutz

Den obigen Fällen sind einige grundlegende Probleme, die in Industriegesellschaften weltweit auftreten, gemein. Zunächst handelt es sich bei den durch die Verbraucher erlittenen Schäden überwiegend um Bagatell- oder Massenschäden. Bagatellschäden belaufen sich regelmäßig auf Beträge von einigen Cent oder wenigen Euro. Massenschäden, auf der anderen Seite, betreffen eine große Gruppe von Personen bei denen eine individuelle Rechtsverfolgung zu einer Überlastung der Gerichte führen kann.[9]

---

6 Vgl. Statistik zu eingehenden und anhängigen Zivilprozessualen Streitigkeiten in Japan unter http://www.stat.go.jp/data/nenkan/zuhyou/y2510000.xls (zuletzt abgerufen am 18.6.2014).

7 Vgl. Nakata, Recent problems of group rights protection for consumers in Japan, in: Wrbka (Hrsg.), Collective Actions – Enhancing Access to Justice and Reconciling Multilayer Interests, 2012, S. 169, der dieses Beispiel ebenfalls anführt; Su/Lou, Study on the False Labeling and the Market Conditions of Aqua Products: A Case Study of Eel (2012) http://jifrs.info/Journal/Vol.11,Su.pdf (zuletzt abgerufen am 18.6.2014).

8 Vgl. u.a. Informationsbroschüre der Provinz Saitama, Januar 2014 unter: http://www.pref.saitama.lg.jp/uploaded/attachment/595616.pdf (zuletzt abgerufen: 18.6.2014).

9 Micklitz/Stadler, Notwendigkeit eines Verbandsklagegesetzes, in: Micklitz/Stadler (Hrsg.), Das Verbandsklagerecht in der Informations- und Dienstleistungsgesellschaft, 2005, S. 9/10; sowie u.a. Eichler, Kollektive Rechtsschutzinstrumente im

Gerade bei Bagatellschäden mit einem besonders niedrigen Schadensumfang ergibt sich auf Seiten der Geschädigten ein sogenanntes „rationales Desinteresse" an der Rechtsdurchsetzung. Dieses Desinteresse folgt aus der Abwägung des entstandenen Schadens auf der einen Seite mit den Kosten und dem Aufwand der Anspruchsdurchsetzung auf der anderen Seite. Ein solches passives Verhalten bei der Rechtsdurchsetzung durch die Geschädigten hat allerdings zur Folge, dass bei der Durchsetzung von Bagatellschäden ein Vakuum der Rechtsdurchsetzung entsteht.[10]

Ein solches Vakuum kann unseriöse Unternehmer dazu verleiten, in Kenntnis des rationalen Desinteresses bei Verbrauchern Schäden im Bagatellbereich zu verursachen. Gerade im Rahmen von Massenproduktion können so gesamtwirtschaftlich erhebliche Schäden entstehen, die aufgrund des im Einzelfall niedrigen Schadensbetrages gerichtlich nicht durchgesetzt werden.[11] In diesem Zusammenhang stellt sich das Bedürfnis nach kollektivem Rechtsschutz.

Das erste Fallbeispiel verdeutlicht hierbei, wie bei einer großen Zahl relativ einfach gelagerter Fälle, Gerichte überbelastet oder zumindest stark beansprucht werden können. Die weiteren Fallbeispiele zeigen für Japan typische Fälle, in denen die Schäden einige Yen betragen und eine vereinzelte gerichtliche Durchsetzung für die Geschädigten ökonomisch nicht sinnvoll wäre. In diesen Fallbeispielen stellt sich daher die Frage, wie die Schäden gegen entsprechende Unternehmer geltend gemacht werden können, ohne für den einzelnen Geschädigten unverhältnismäßige Kosten oder für die Gerichte eine zu hohe Belastung zu verursachen. An dieser Stelle ergibt sich auch in Japan das Bedürfnis nach kollektivem Rechtsschutz.

III. Formen des kollektiven Rechtsschutzes

Übliche grundlegende Formen des kollektiven Rechtsschutzes sind die Verbraucherverbandsklage und die Sammel- oder Gruppenklage. Verschiedene Rechtsordnung sehen dabei freilich mitunter sehr unterschiedliche Ausgestaltungen dieser Klageformen vor.[12]

Bereich der Massen- und Streuschäden – unter besonderer Berücksichtigung der europarechtlichen Entwicklung, 2012, S. 26 f.

10 *Stadler*, Bündelung von Verbraucherinteressen im Zivilprozess, in: Brönneke (Hrsg.), Kollektiver Rechtsschutz im Zivilprozessrecht, 2001, S. 4.

11 *Micklitz/Stadler*, (Fn. 9), S. 10.

12 Vgl. hierzu beispielhaft die Studie Basedow/Hopt/Kötz/Baetge (Hrsg.), Die Bündelung gleichgerichteter Interessen im Prozeß, 1999.

Der wohl bekannteste und häufig angeführte Vertreter der Gruppenklage ist die US-amerikanische Class Action.[13] Daneben existiert jedoch eine Vielzahl anderer Gruppenklagesysteme, die sich teilweise stark unterscheiden.[14] Ein grundlegender Unterschied bei der Gruppenklage ist dabei das Verfahren, wie die Geschädigten Parteien des Rechtsstreites werden. Hierzu lassen sich „opt-in"- und „opt-out"-Verfahren unterscheiden. Bei einer Gruppenklage des opt-out-Types sind die betroffenen Personen von Anfang an ohne ihr Zutun Parteien des Verfahrens und haben die Möglichkeit nachträglich aus dem Verfahren „herauszuoptieren".[15] Ein schwerwiegendes Problem bei der opt-out-Lösung stellt der Konflikt mit der im deutschen und japanischen Zivilprozess geltenden Dispositionsmaxime sowie dem Grundsatz auf Gewähr rechtlichen Gehörs dar, da sich ein Urteil hierbei auch auf Personen erstrecken kann, die keine Partei eines Rechtsstreites werden wollten. Die durch diese Prinzipien gewährleisteten Rechte würden den Geschädigten zumindest teilweise genommen, wenn sie zunächst automatisch Prozessparteien werden.[16] Bei Verfahren nach dem opt-in-Ansatz können die Geschädigten selbst darüber entscheiden, ob sie einem Verfahren beitreten wollen und „hineinoptieren". In einigen Rechtsordnung – so in Brasilien und Griechenland – gibt es dazu Gruppenklageverfahren, die sich über zwei Stufen erstrecken.[17] Bei einem opt-in-Ansatz stellen sich dann die Fragen, wie ein Hineinoptieren möglichst vieler Geschädigter erreicht werden kann und gleichzeitig die oben erwähnten Prinzipien der Dispositionsfreiheit und des rechtlichen Gehörs gewahrt werden können.

In Deutschland existiert zudem das Musterverfahren nach dem Kapitalanlegermusterverfahrensgesetz (KapMuG), das sich nicht ohne weiteres als eine

---

13 So beschreiben *Hopt* und *Baetge* die US-amerikanische Class Action als „Mutter der modernen Gruppenklagerechte" in: Hopt/Baetge, Rechtsvergleichung und Reform des deutschen Rechts – Verbandsklage und Gruppenklage, in: Basedow/Hopt/Kötz/Baetge (Hrsg.), Die Bündelung gleichgerichteter Interessen im Prozeß, 1999, S. 11 (47).

14 Vgl. als grundlegendes Werk hierzu: Basedow/Hopt/Kötz/Baetge (Fn. 12).

15 Literatur hierzu u.a., *Micklitz/Stadler,* Gruppenklagen, in: Micklitz/Stadler, Das Verbandsklagerecht in der Informations- und Dienstleistungsgesellschaft, 2005, S. 1383 ff.

16 *Lange,* Das begrenzte Gruppenverfahren, Konzeption eines Verfahrens zur Bewältigung von Großschäden auf der Basis der Kapitalanleger-Musterverfahrensgesetzes, S. 129 ff.

17 Beispielhaft hierzu u.a. Griechenland, wo zwei Möglichkeiten kollektiven Rechtsschutzes bestehen (Europäische Kommission – DG Sanco, Evaluation of the Effectiveness and efficiency of collective redress mechanisms in the European Union – Final Report – Part I. Main Report, 2008, S. 34/35) oder auch Brasilien, in dem ebenfalls ein zwei-stufiges Verfahren der Gruppenklage besteht (*Nakata,* (Fn. 7), S. 179).

Verbraucherverbands- oder Gruppenklage einordnen lässt. Bei dem Musterverfahren handelt es sich um keine gesonderte Klageart. Es regelt vielmehr ein Verfahren, um Rechtsfragen, die eine große Gruppe von Parteien betreffen, einheitlich zu beantworten. Letztendlich wird aber auch hier eine Rechtsfrage für eine Vielzahl von Einzelfällen einheitlich beantwortet, weswegen eine Erwähnung im Zusammenhang mit anderen Mechanismen des kollektiven Rechtsschutzes erforderlich erscheint.[18]

In Japan existieren drei Verfahrensarten, die im Zusammenhang mit dem kollektiven Rechtsschutz stehen. In Art. 30 Japanisches Zivilverfahrensgesetz (ZPG) ist das sogenannte System der bestellten Partei geregelt. Die bestellte Partei wird von Personen, die ein einheitliches Interesse verfolgen, einstimmig bestellt und kann daraufhin in deren Namen Klage erheben. Die Wirkung des Urteils erstreckt sich dann auf alle Personen, die die dritte Partei bestellten.

In Japan haben zudem Verbraucherverbände die Möglichkeit, Unterlassungsklagen zu erheben. Bereits seit geraumer Zeit wurden in Japan auch weitere Formen des kollektiven Rechtsschutzes, wie die Gruppenklage, diskutiert.[19] Im Dezember 2013 wurde dann ein Gesetz zur gebündelten Geltendmachung von Schäden bei Verbrauchern verabschiedet. Dieser Beitrag soll sich im Schwerpunkt mit den letzteren beiden Verfahrensarten auseinandersetzen.

Da sowohl die Unterlassungsklage durch Verbände als auch die Gruppenklage in Japan durch Verbraucherverbände eingeleitet und durchgeführt werden, empfiehlt sich dabei eine gemeinsame Darstellung.

IV. Unterlassungsklage durch Verbraucherverbände

Bereits 2006 wurde in Japan eine Verbraucherverbandsklage eingeführt. Verbraucherverbände haben durch diese Klage die Möglichkeit Unterlassungsansprüche gegen Unternehmen geltend zu machen. Zunächst waren die Unterlassungsansprüche seit 2006 nur in Art. 12 VerbrVG geregelt. Bereits 2008 kamen dann auch Unterlassungsansprüche aus dem HGG und dem UPAG hinzu.

---

18 Schließlich erkannte seinerzeit auch die Justizministerin selbst, dass das Musterverfahren nach dem KapMuG ggfs. auf weitere Bereiche des Zivilrechts ausgeweitet werden könnte: *Zypries,* Ein neuer Weg zur Bewältigung von Massenprozessen – Entwurf eines Kapitalanleger-Musterverfahrensgesetzes, in: ZRP 2004, 177 (179).

19 Vgl. *Nakata* (Fn. 7), S. 169 ff. und *Soda,* Verbrauchergruppenklage und Schadensersatzansprüche [Shôhisha dantai soshô to songaibaishô seikyû] in: *Ito/Omura,* Rechtsprinzipien und Politik der Zivilrechtspflege – Band 1 [Minjishihô no hôri to seisaku - jôkan], 2008, S. 507 (533).

Eine Besonderheit der Unterlassungsansprüche ist, dass sie durch die Verbände bereits geltend gemacht werden können, wenn die bloße Befürchtung eines künftigen Verstoßes besteht.

1. Inhalt der Unterlassungsansprüche am Beispiel des Art. 12 VerbrVG

Durch die Unterlassungsansprüche können qualifizierte Verbraucherverbände (*tekikaku shôhisha dantai*) das Einstellen oder Verhindern von verbraucherschädigender Handlungen verlangen. Darüber hinaus kann Gegenstand der Klage sein, das zur Vorbereitung oder Durchführung der schädigenden Handlungen Verwendete (*kyôshita mono*) zu entsorgen oder zu beseitigen. (Art. 12, Abs. 1 VerbrVG)

Die Ansprüche nach dem HGG und dem UPAG entsprechen in ihrem Wortlaut und Rechtsfolgen größtenteils denen des VerbrVG, weswegen an dieser Stelle eine Beschränkung auf das VerbrVG erfolgen soll.

Der Inhalt der Unterlassungsansprüche ist in Art. 12 Abs. 1 bis 4 VerbrVG bestimmt. In den Fällen des Art. 12 Abs. 1 und 2 VerbrVG steht den Verbraucherverbänden ein Anspruch bei Handlungen aus „unbilliger Werbung“ (*futô kan'yû*) nach Art. 4 Abs. 1 bis 3 VerbrVG zu.[20]

Die in Art. 4 VerbrVG beschriebenen Handlungen berechtigen Verbraucher zum Rücktritt vom Vertrag und stellen gleichzeitig eine Voraussetzung für den Unterlassungsanspruch dar. Art. 4 Abs. 1 VerbrVG ist erfüllt, wenn Verbraucher durch unrichtige oder missverständliche Angaben zu Produkten zu irrtümlichen Vertragsschlüssen verleitet werden. In der von Art. 4 Abs. 1 VerbrVG erfassten Situation erzeugen Handlungen durch Unternehmer bei den betreffenden Verbrauchern Missverständnisse. In Folge dieser Missverständnisse geben die Verbraucher dann ihre einwilligenden Willenserklärungen oder Vertragsangebote ab. Die rechtswidrigen unternehmerischen Handlungen werden in Art. 4 Abs. 1 Nr. 1 und 2 VerbrVG aufgeführt. Dabei beziehen sich diese Handlungen überwiegend auf unrichtige Angaben zu sogenannten „wichtigen Vertragsbedingungen“ (*jûyô jikô*).

Wichtige Vertragsbedingungen nach Art. 4 Abs. 4 VerbrVG umfassen den Vertragsinhalt sowie die Bedingungen des Geschäftes (*torihiki jôken*) und schränken unrichtige Angaben daher zunächst auf diese Bereiche ein. Durch die

---

20 *Laupus*, Die Einführung der Verbraucherverbandsklage in Japan, Masterarbeit 2009, S. 39; Lentz, ZJapanR 27 (2009), S. 241 (243); Dernauer, Verbraucherschutz, in Baum/Bälz (Hrsg.), Handbuch Japanisches Handels- und Wirtschaftsrecht, 2011, Rn. 82.

Erweiterung der Ansprüche auf das HGG und UPAG wurde die Möglichkeit geschaffen – über die wichtigen Vertragsbedingungen in Art. 4 Abs. 4 VerbrG hinaus – bei anderweitigen, unrichtigen Angaben Unterlassung geltend zu machen. So wird in Art. 58–4 Abs. 1 Nr. 1, lit. a) – c) HGG für Haustürgeschäfte beispielsweise die Möglichkeit eröffnet, eine Unterlassungsklage zu erheben, wenn über die Qualität und Funktionen von Waren oder Dienstleistungen oder die Rechte der Verbraucher falsche Angaben getätigt wurden oder werden.

Art. 4 Abs. 2 VerbrVG erfasst Verstöße gegen unternehmerische Aufklärungspflichten. Hierzu zählen Handlungen, die Verbrauchern einseitige Gewinnversprechungen machen oder ihnen nachteilige Tatsachen bewusst verschweigen.[21]

Ein weiterer Unterlassungsanspruch für Verbraucherverbände ergibt sich aus Art. 12, Abs. 3 und 4 VerbrVG bei Handlungen aus unbilligen Vertragsbestimmungen (futô keiyaku kôjô).[22] Gegenstand dieses Anspruches sind nichtige Vertragsbestimmungen nach Artt. 8 bis 10 VerbrVG. Hierzu gehören unter anderem Haftungsbeschränkungen der Unternehmen für grobe Fahrlässigkeit und Vorsatz (Art. 8 VerbrVG) oder Bestimmungen zu durch Verbraucher zu zahlende Vertragsstrafen (Art. 9 VerbrVG).[23]

Die Unterlassungsansprüche können nach Art. 12 Abs. 2 und 4 VerbrVG auch gegenüber Vertretern, Treuhändern sowie den sie beauftragenden Unternehmern geltend gemacht werden.

2. Zulassung der qualifizierten Verbraucherverbände

Einen zentralen Punkt der Verbraucherverbandsklage stellen die zugelassenen Verbraucherverbände dar, denen die alleinige Klagebefugnis für Unterlassungsklagen obliegt.[24] Die Zulassung der Verbraucherverbände erfolgt durch den Premierminister (Art. 13, Abs. 1 VerbrVG).

Die Zulassungsvoraussetzungen sind im Einzelnen in Art. 13 VerbrVG beschrieben. Sie entsprechen im Wesentlichen den Voraussetzungen, denen Verbraucherverbände auch in Deutschland nach § 4 UKlaG unterliegen.

Die Voraussetzungen lassen sich in drei grundlegende Elemente unterteilen. Zunächst dürfen Verbraucherverbänden nicht in Gewinnerzielungsabsicht aktiv werden. Weiterhin hat der Schwerpunkt der Verbandstätigkeit die

21 *Laupus* (Fn. 20), S. 41; Lentz (Fn. 20), S. 243.

22 *Laupus* (Fn. 20), S. 39; Lentz, (Fn. 20), S. 243.

23 *Laupus* (Fn. 20), S. 42 f.; Lentz, (Fn. 20), S. 243.

24 Vgl. zu den einzelnen Voraussetzungen der Zulassung als qualifizierter Verbraucherverband: *Laupus,* (Fn. 20), S. 28.

Information und Schadensabwehr von Verbrauchern zu betreffen. Schließlich sind auch an die innere Organisation des Verbandes Anforderungen zu stellen: so müssen ein Vorstand sowie eine hinreichende Ausstattung des Verbandes mit ausreichend qualifizierten Mitarbeitern und einer finanziellen Grundlage bestehen.[25]

3. Kritik an der Unterlassungsklage

Die Unterlassungsklage durch Verbraucherverbände wurde insbesondere dafür kritisiert, dass ein darüber hinausgehender Schadensersatz gegen beklagte Unternehmen nicht geltend gemacht werden könne.[26]

Weiterhin kann man die unübersichtliche Verteilung der Unterlassungsansprüche auf verschiedene Gesetze kritisieren. So ist es für Laien teilweise nur schwer nachvollziehbar für welche Verträge sich unter welchen Voraussetzungen Unterlassungsansprüche ergeben. Zwar erfolgt die Durchsetzung in Unterlassungsklagen durch Verbraucherverbände, die über ein entsprechendes Fachwissen verfügen, allerdings sind die Verbände auf Hinweise seitens der Verbraucher angewiesen. Wenn Verbraucher sich hinsichtlich der Rechtslage jedoch unsicher sind, ist fraglich, ob sie Rechtsverstöße seitens Unternehmern überhaupt bemerken und melden werden.

Ein weiterer Kritikpunkt ist die stark einzelfallbezogene Rechtsprechung bei Unterlassungsklagen durch Verbraucherverbände. Kritisiert wird, dass die Unterlassungsansprüche sich auf sehr konkrete Handlungsweisen und/oder Vertragsbestimmungen beziehen. Unternehmer können dabei durch nur geringe Änderungen Urteile, die eine Unterlassungsverpflichtung feststellten, umgehen.[27]

---

25 Die Inhalte der einzelnen Voraussetzung an den Verband sind detailliert in einer gesonderten Richtlinie aufgeführt: vgl. Verbraucherministerium, Richtlinie zur Zulassung und Überwachung der qualifizierten Verbraucherverbände [Tekikaku shôhisha dantai no nintei, kantoku nadoni kansuru gaidorain], 2009, http://www.consumer.go.jp/seisaku/caa/soken/file/gaidorain_1.pdf (zuletzt abgerufen: 18.6.2014).

26 Vgl. u.a. *Bandô*, Diskussionspunkte des Systems der Verbraucherverbandsklage [Shôhisha dantai soshô seido no ronten], in: Gendai Shôhishahô Nr. 1 (2008), S. 22 (27).

27 *Nonoyama*, Einige Probleme bei Inhalt und Ausübung des Unterlassungsanspruches der Verbraucherverbände [Shôhisha dantai ni yoru sashitome seikyû no naiyô to kôshi ni okeru shomondai], in: Hôritsu no Hiroba (2007/6), S. 22; *Laupus* (Fn. 20), S. 78; *Lentz* (Fn. 20), S. 246.

V. Die neue Gruppenklage

Am 4.12.2013 wurde durch das japanische Oberhaus das Gesetz über besondere zivilprozessuale Regelungen für den gruppenmäßigen Ersatz von Vermögensschäden bei Verbrauchern (vereinfachte Übersetzung: Verbraucherprozessgesetz, nachfolgend abgekürzt mit VPG) verabschiedet. Das Gesetz sieht die Klagemöglichkeit für bestimmte qualifizierte Verbraucherverbände (*tokutei tekikaku shôhisha dantai*)[28] bei Schäden einer größeren Gruppe von Verbrauchern vor.

Das japanische Gruppenklagesystem ist in zwei Stufen aufgebaut und verfolgt einen Ansatz der mitunter auch als „two-tier"-Lösung beschrieben wird.[29] Dabei wird auf der ersten Stufe eine generelle Zahlungsverpflichtung eines oder mehrerer Unternehmen nach Klage durch einen bestimmten qualifizierten Verbraucherverband festgestellt. Auf der zweiten Stufe setzt dieser Verbraucherverband dann Zahlungsansprüche der Verbraucher durch.

Das Gesetz mit dem neuen System der Gruppenklage wird drei Jahre nach seiner Verkündung am 11.12.2013 in Kraft treten.

1. Die erste Stufe der Gruppenklage

Die erste Stufe bildet eine Feststellungsklage des Verbraucherverbandes über eine gemeinsame Verpflichtung des oder der Unternehmer (*kyôtsû gimu kakunin no utae*) (Art. 3 VPG). Die Feststellungsklage (*kakunin no utae*) über eine gemeinsame Verpflichtung (*kyôtsû gimu*) auf der ersten Stufe kann nur erhoben

---

28 Zu einer Übersetzung des japanischen Begriffs in das Englische vgl. *Nishigaki/Yoshida*, The New Class Action Legislation Promulgated in Japan, 2014, http://www.bakermckenzie.co.jp/e/material/dl/supportingyourbusiness/newsletter/disputeresolution/ClientAlert_201401_DisputeResolution_E.pdf (zuletzt abgerufen: 18.6.2014); Sofern im Zusammenhang mit der Gruppenklage vereinfacht auf „Verbraucherverbände" Bezug genommen wird, bezieht sich dies auf die „bestimmten qualifizierten Verbraucherverbände" i.S.d. VPG. Soweit diese Verbraucherverbände teilweise auch als „zertifizierte qualifizierte Verbraucherverbände" (Certified Qualified Consumer Organisation) bezeichnet werden, muss beachtet werden, dass auch die „qualifizierten Verbraucherverbände" einer Zertifizierung bedürfen und dieses Erfordernis insofern keine hinreichende Differenzierung ermöglicht. Eine vorzugswürdige englische Übersetzung als „Specified Qualified Consumer Organisation" verwenden *Sadaka/Inoue/Hasegawa*, A New Class Action System in Japan, https://www.amt-law.com/pdf/bulletins3_pdf/140114.pdf, (zuletzt abgerufen: 18.6.2014).

29 So im Rahmen eines Vortrages in Kyoto: *Micklitz*, Group Actions in the European Community, 3.11.2010.

werden, wenn eine große Anzahl von Verbrauchern Vermögensschäden erlitten haben. Die wesentlichen Tatsachen und rechtlichen Gründe, auf denen die Ansprüche beruhen, müssen allen Fällen gemein sein.[30] Eine Vielzahl von Verbrauchern wird dabei angenommen werden können, wenn mehrere Dutzend (wörtl. „mehrere zehn", *sujiûnin*) Verbraucher betroffen sind.[31]

Bereits auf der ersten Stufe stellt sich dabei die Frage, welche Ansprüche überhaupt Gegenstand einer gemeinsamen Verpflichtung sein können.[32] Diese Ansprüche sind in Art. 3, Abs. 1 VPG aufgeführt:

- Schlechterfüllung von Vertragspflichten;
- Ungerechtfertigte Bereicherung im Zusammenhang mit dem Vertrag;
- Schadensersatzpflicht aufgrund vertraglicher Schlechterfüllung;
- Schadensersatzpflicht aufgrund von Gewährleistungsansprüchen und
- Zivilrechtliche Schadensersatzpflicht aufgrund rechtswidriger Handlungen.

Keine Gegenstände der gemeinsamen Zahlungsverpflichtung sind nach Art. 3 Abs. 2 VPG:

- Schäden, die außerhalb des Verbrauchervertrages auftreten;
- Entgangener Gewinn;
- Schäden an Körper und Gesundheit und
- Schmerzensgeld.

Die Ansprüche, die mit der Gruppenklage geltend gemacht werden können, müssen dabei zwangsläufig in Zusammenhang mit Verbraucherverträgen stellen. Ein sogenannter „erweiterter Schadensersatz" von Schäden, die an weiteren Rechtsgütern entstanden und die nicht Gegenstand des Verbrauchervertrages

30 Vgl. die Legaldefinition der kyôtsû gimu kakunin no utae in Art. 2 Nr. 4 VPG.

31 Japanisches Verbraucherministerium, Inhalte wichtiger Ansichten nach einer Befragung zur Entwurf eine Klagesystems über die kollektive Entschädigung von Verbrauchern sowie Erwägungen hierzu [„Shûdanteki shôhisha higaikaifuku seidôan" ni tsuiteno ikenboshû nushina iken no gaiyô oyobi iken ni kansuru kangaekata], abrufbar unter: http://www.caa.go.jp/planning/pdf/130419_bessi.pdf (zuletzt abgerufen: 18.6.2014), S. 3; *Adachi/Kojima,* Das Gesetz über besondere zivilprozessuale Regelungen für den gruppenmäßigen Ersatz von Vermögensschäden bei Verbrauchern wurde vom Kabinett verabschiedet [Shôhisha no zaisanteki higai no shûdantekina kaifuku no tame no minji no saibantetsuzuki no tokurei ni kansuru hôritsuan ga kakugi kettei] in: NBL Nr. 1001 (2013), S. 4.

32 Eine Auflistung der Ansprüche, die Gegenstand der Feststellung auf erster Stufe sein können, findet sich in Art. 3 Abs. 1 VPG. Die hiervon ausgenommenen Ansprüche sind in Art. 3 Abs. 2 VPG aufgeführt.

sind oder waren, ist ausgeschlossen.[33] Der Ausschluss bestimmter anderer Schäden bezweckt, das Verfahren zu beschleunigen. Dies soll dadurch erreicht werden, dass Schadenspositionen, die regelmäßig mit komplexeren Beweisfragen verbunden sind, vom Streitgegenstand ausgenommen werden.[34]

Auf der ersten Stufe stellt sich zudem die Frage nach dem zuständigen Gericht. Grundsätzlich kann die Feststellungsklage der ersten Stufe bei dem Distriktgericht (DG) erhoben werden, in dessen Zuständigkeitsbereich der Erfüllungsort oder der Ort der rechtswidrigen Handlung liegt (Art. 6 Abs. 2 VPG). Je nach voraussichtlicher Anzahl der betroffenen Verbraucher kann die Klage aber auch bei dem zuständigen Obergericht (OG) oder den Distriktgerichten in Tokyo oder Osaka erhoben werden.[35] Sollten nach den obigen Regelungen dabei mehrere Gerichte zuständig sein, gilt in der Regel der Grundsatz der Erstbefassung des Gerichtes (Art. 6 Abs. 5 VPG).

Die erste Stufe kann durch Urteil oder Vergleich abgeschlossen werden, auf die hin die zweite Stufe eingeleitet wird. Darüber hinaus ist selbstverständlich auch eine Klageabweisung auf der ersten Stufe möglich.

2. Die zweite Stufe der Gruppenklage

Die zweite Stufe der Gruppenklage bildet das vereinfachte Festsetzungsverfahren (*kan'ikakutei tetsuzuki*). Ziel dieses Verfahrens ist es, die individuellen Schäden der Verbraucher zu ersetzen.

Zunächst eröffnet der Verbraucherverband das Verfahren zur vereinfachten Festsetzung. Zu dem Antrag auf Eröffnung des Verfahrens auf der zweiten Stufe ist der Verbraucherverband gemäß Art. 14 VPG grundsätzlich binnen einer Frist von einem Monat nach der Entscheidung über die Feststellungsklage auf der ersten Stufe verpflichtet (Art. 15 Abs. 1 VPG).

Eröffnet das Gericht, das regelmäßig das Gericht der ersten Stufe sein wird, das vereinfachte Festsetzungsverfahren, setzt der Verband die betroffenen Verbrauchern von dem Verfahren in Kenntnis, indem er ihnen schriftlich oder elektronisch Mitteilung macht (Art. 25, Abs. 1 VPG). Die Kosten dieser Mitteilungen hat der Verbraucherverband zu tragen. Ihr Inhalt ist in Art. 25 Abs. 1 VPG aufgeführt und umfasst:

---

33 Japanisches Verbraucherministerium (Fn. 31), S. 4.

34 Japanisches Verbraucherministerium (Fn. 31), S. 5.

35 Art. 6 Abs. 3 VPG bestimmt, dass ab voraussichtlich mehr als 500 Betroffenen Klage vor dem zuständigen OG und ab voraussichtlich mehr als 1000 Betroffenen vor den DGs Tokyo und Osaka erhoben werden kann.

- Übersicht und Inhalt des gerichtlichen Entschädigungsverfahrens;
- Inhalt des Feststellungsurteils bzw. der Zustimmung zur gemeinsamen Verpflichtung;
- Streitgegenständliche Forderung und Umgrenzung der betroffenen Verbraucher;
- Name und Anschrift des beantragenden Verbandes;
- soweit der beantragende Verband ein Entgelt oder Gebühren erhält, die Höhe und Berechnungsmethode dieser Kosten, Zahlungsmethode sowie andere notwendige Informationen;
- Art und Weise der Bevollmächtigung und Frist hierzu.

Das beklagte Unternehmen trifft hierbei eine Offenlegungspflicht gegenüber dem antragsstellenden Verband. Auf das Verlangen des Verbandes müssen danach die Daten der betroffenen Verbraucher offengelegt werden (Art. 28, Abs. 1 VPG). Sollte das beklagte Unternehmen diesem Verlangen nicht nachkommen, kann das Gericht nach entsprechendem Antrag eine Offenlegung anordnen.

Die auf der zweiten Stufe festzusetzenden Forderungen können nur durch die Verbraucherverbände geltend gemacht werden (Art. 30 Abs. 1 VPG). Beschließen Verbraucher daher, ihre Ansprüche im Rahmen der Gruppenklage geltend zu machen, müssen sie den Verbraucherverband zu der Verfolgung ihrer Rechte bevollmächtigen (*juken*) (Art. 31 Abs. 1 VPG).

Die Forderungen, zu deren Geltendmachung der Verbraucherverband ermächtigt worden ist, meldet er im nächsten Schritt bei Gericht an. Das Unternehmen hat sodann die Möglichkeit, die Forderung in voller Höhe anzuerkennen (Art. 42 Abs. 3 VPG). Sollte das Unternehmen der Forderung widersprechen, entscheidet das Gericht über die Existenz und Höhe der Forderung (Art. 44 VPG). Dabei kann das Gericht die Forderung auch als unberechtigt zurückweisen.

Gegen die Entscheidung des Gerichts kann jede Partei einen Rechtseinwand (*Igi*) geltend machen (46 VPG). Das Vorliegen eines Rechtseinwandes führt zu der Fiktion einer Klage vor dem zuständigen DG (Art. 52 VPG). Der weitere Verlauf des Verfahrens bestimmt sich dann nach den allgemeinen Regelungen über den Zivilprozess.

3. Zulassung der bestimmten qualifizierten Verbraucherverbände

Die qualifizierten Verbraucherverbände, die Unterlassungsklagen erheben und durchführen (sog. *Tekikaku shôhishadantai*) und bestimmte qualifizierte Verbraucherverbände, die Gruppenklagen erheben dürfen (sog. *Tokutei tekikaku shôhishadantai*) sind bei der Betrachtung der Gruppenklage zu unterscheiden. Nur die letztere Art von Verbänden ist zur Durchführung der Gruppenklageverfahren berechtigt.

Bestimmte qualifizierte Verbraucherverbände bedürfen ebenfalls der Zulassung durch den Premierminister. Die Voraussetzungen sind in Art. 65 ff. VPG aufgeführt. Die Zulassung als bestimmter qualifizierter Verbraucherverband ist erforderlich, wenn ein Verband Dienste in Verbindung zu Entschädigungen (*higai kaifuku gyômu*) erbringen soll (Art. 65 Abs. 1 VPG). Die einzelnen Dienste, die Verbindungen zu Entschädigungen aufweisen sind in Art. 65 Abs. 2 VPG aufgeführt. Freilich sind hiervon Dienste im Zusammenhang mit gerichtlichen Entschädigungsverfahren erfasst (Art. 65 Abs. 3 Nr. 1 VPG). Es werden darüber hinaus jedoch auch Dienste erfasst, die dem Sammeln von Informationen über Verbraucherschädigungen zur Durchführung von Entschädigungsverfahren dienen (Art. 65 Abs. 3 Nr. 2 VPG). Schließlich sind auch solche Dienste erfasst, die im Bezug zu Entschädigungsverfahren die Erteilung von Informationen an betroffene Verbraucher und die Verwaltung von Finanzmitteln sowie anderem Vermögen betreffen (Art. 65 Abs. 3 Nr. 3 VPG).

Die Zulassung als bestimmter qualifizierter Verband wird nur erteilt, wenn die Voraussetzungen des Art. 65 Abs. 4 Nr. 1–7 VPG kumulativ erfüllt sind. Zu den Anforderungen an bestimmte qualifizierte Verbraucherverbände gehören unter anderem das beständige und angemessene Durchführen von Unterlassungsklagen (vgl. oben IV.). Außerdem müssen Standards für den Datenschutz sowie die Verwaltung von Geldern aus Gruppenklagen und Anforderungen an die innere Struktur gewährleistet sein.

4. Ausblick der japanischen Gruppenklage

Ein fundierter Ausblick der Gruppenklage in Japan kann derzeit freilich noch nicht abgegeben werden. Da das VPG erst im Jahr 2016 in Kraft tritt wird erst einige Zeit vergehen müssen, um die Akzeptanz der Gruppenklage durch die Verbraucher und den konkreten Erfolg des neuen Systems evaluieren zu können. Dabei ist eine Problematik der Gruppenklage in Japan bereits erkennbar: Wenn man davon ausgeht, dass die zweite Stufe einen opt-in-Ansatz verfolgt, stellt sich die Frage, ob Verbraucher überhaupt einen hinreichenden Anreiz sehen werden, ihre Ansprüche geltend zu machen und an die Verbände abzutreten, oder ob die erwarteten Veränderungen ausbleiben.[36] So wird sich erst zeigen müssen, ob

36 Zu dem grundlegenden Problem, dass bei opt-in-Lösungen mitunter ein Anreiz zur Anspruchsgeltendmachung fehlen kann: vgl. *Nakata*, (Fn. 7), S. 179.

das neue Gruppenklagesystem in Beispielen wie den obigen die Verbraucher tatsächlich zu einer Durchsetzung ihrer Rechte anhalten können wird.

Die Drei-Jahres-Frist vor Inkrafttreten kann hier die positive Funktion erfüllen, die öffentliche Wahrnehmung des Gesetzes und seiner neuen Möglichkeiten zu erhöhen.[37] Erste Anzeigen zu dem neuen Gruppenklagesystem werden bereits jetzt durch das Verbraucherministerium geschaltet. Gleichzeitig hat die Drei-Jahres-Frist den unbefriedigenden Effekt, dass trotz der Verabschiedung eines Gesetzes zur Entschädigung bestimmter Verbraucherschäden, viele Schäden nicht oder noch nicht geltend gemacht werden können. Das Problem liegt dabei vor allem darin, dass das Gesetz nicht auf Verbraucherverträge anwendbar ist, die vor seinem Inkrafttreten geschlossen wurden (Art. 2, Anhang des VPG).

Trotz der „Schonfrist" von drei Jahren vor dem Inkrafttreten, hat die Verabschiedung des Gesetzes bereits eine Relevanz für japanische sowie ausländische Unternehmen, die in Japan aktiv sind oder einen Markteintritt erwägen. Diese könnten sich durch das Gruppenklagesystem in Japan zukünftig mit einem erhöhten Prozessrisiko konfrontiert sehen und sollten ihre AGB sowie Werbemaßnahmen binnen der drei Jahre vor dem Inkrafttreten daher erneut überprüfen.

5. Relevanz für die rechtliche Situation in Deutschland

Die Kodifizierung einer Gruppenklage in Japan ist zudem eine Entwicklung, die in der deutschen Rechtswissenschaft Beachtung finden dürfte. Zwar sind stets die jeweiligen rechtlichen und kulturellen Besonderheiten der Rechtsordnungen zu beachten, allerdings ist die japanische Zivilprozessordnung traditionell an die deutsche ZPO angelegt und gründet sich wie diese unter anderem auf die Prinzipien des rechtlichen Gehörs und der Dispositionsfreiheit. Gerade diese Prinzipien werden in Deutschland jedoch immer wieder angeführt, um die systematischen Probleme von kollektiven Klagen zu beschreiben.[38] Da auch in Deutschland Unterlassungsklagen von Verbraucherverbänden bereits seit langem bekannt sind, dürfte die japanische Lösung zumindest einen Denkanstoß dazu geben, wie in Deutschland eine kollektive Entschädigung von Verbrauchern erreicht werden kann.

---

37 Japanisches Verbraucherministerium (Fn. 31), S. 18.

38 Die Probleme im Zusammenhang mit der Dispositionsmaxime und der Privatautonomie werden meist in Zusammenhang mit opt-out-Lösungen wie der US-amerikanischen Class Action diskutiert: vgl. *Lange,* (Fn. 16), S. 134 ff.

Vor diesem Hintergrund werden zukünftig auch die japanischen Erfahrungen mit der Gruppenklage zu beachten sein, wenn in Deutschland über einen umfassenden Rechtsschutz zur Entschädigung von Verbrauchern diskutiert wird.

Frederike Zufall

Wettbewerb und Regulierung im deutschen und japanischen Eisenbahnrecht[1]

Das deutsche Eisenbahnrecht erlangte in Zusammenhang mit den Themen der Privatisierung und staatlicher Regulierung sowie auch der Regionalisierung des Schienenpersonennahverkehrs (SPNV) Aufmerksamkeit. Auch im japanischen Eisenbahnrecht spielten vergleichbare Themen eine Rolle. Dahinter steht die Frage nach dem Verhältnis von individueller (Unternehmens-)Freiheit und dem öffentlichen Interesse.[2] Inwieweit dies in den beiden Ländern jeweils aufgelöst wurde, soll im Folgenden untersucht werden.

A. Historischer Kontext – Verstaatlichung und Privatisierung

Der heute geltende Rechtsrahmen in Deutschland und in Japan lässt sich ohne die historischen Hintergründe nicht erfassen. Es zeigen sich hierbei hinter zunächst vordergründigen Parallelen auch einige Unterschiede in der Entwicklung beider Länder.

I. Deutschland

Nachdem zunächst im 19. Jahrhundert in den deutschen Partikularstaaten öffentliche und private Eisenbahnen entstanden, setzte sich mit der Gründung des

---

1 Der Beitrag basiert in Teilen auf einem Aufsatz, den die Autorin in japanischer Sprache in der Fachzeitschrift „*Hôritsu Jihô*" veröffentlichte: *Zufall, Nichidoku no tetsudô-hôsei ni okeru kôkyôsei to shijô-kyôsô: keizai-gyôsei-hô no kanten kara no kisoteki kôsatsu* [Öffentliches Interesse und Wettbewerb im japanischen und deutschen Eisenbahnrecht: Eine grundlegende Betrachtung aus der Perspektive des Wirtschaftsverwaltungsrechts], Hôritsu Jihô 2012/11 Nr. 84, 64 ff. Für wertvolle Hinweise dankt die Autorin Herrn Prof. Dr. Kai *von Lewinski* sowie Herrn Prof. Masanori *Okada*.

2 So beinhaltet das Regulierungsrecht die Gemeinwohlorientierung, siehe hierzu: *Lepsius,* § 4 Verfassungsrechtlicher Rahmen der Regulierung, in: Fehling/Ruffert (Hrsg.), Regulierungsrecht, 2010, Tübingen, S. 143 ff. (Rn. 4 ff.) sowie allgemein zu den Zielen der Regulierung, insbesondere im Eisenbahnrecht: *Fehling,* § 10 Öffentlicher Verkehr (Bahn, ÖPNV), in: Fehling/Ruffert (Hrsg.), Regulierungsrecht, 2010, Tübingen, S. 500 ff. (Rn. 5 ff.) sowie *Lepsius,* § 19 Ziele der Regulierung, in: Fehling/Ruffert (Hrsg.), Regulierungsrecht, 2010, Tübingen, S. 1055 ff. (Rn. 11 ff.).

Deutschen Reiches und der Deutschen Reichsbahn, später dann in Westdeutschland mit der Deutschen Bundesbahn als Nachfolgerin, das Staatsbahnsystem durch. Schließlich kam es im Jahr 1993 zu einer umfassenden Bahnstrukturreform.[3] Gründe hierfür waren Unwirtschaftlichkeit und wachsende Schulden der Deutschen Bundesbahn, die Verpflichtung zur Umsetzung der Richtlinie 91/440/EWG[4] sowie die Zusammenführung mit der Deutschen Reichsbahn der DDR nach der Wiedervereinigung.[5] Zunächst wurden durch Änderung des Grundgesetzes,[6] neben einer entsprechenden Anpassung von Gesetzgebungskompetenzen, die Art. 87e, Art. 106a sowie Art. 143a GG neu eingefügt. Die Reform wurde sodann einfachgesetzlich durch das Eisenbahnneuordnungsgesetz[7] ausgestaltet.[8] Neben der Trennung von hoheitlicher Verwaltung und Wirtschaftstätigkeit sowie der Organisationsprivatisierung mit der Gründung der Deutschen Bahn AG als Ziele der Reform, gab diese auch Anlass zur Regionalisierung des Schienenpersonennahverkehrs zum 1. Januar 1996 (Art. 143a Abs. 3 GG).[9] Während verfassungsrechtlich die Gewährleistungsverantwortung für den Schienenpersonennahverkehr nun nicht mehr beim Bund lag (Art. 87e Abs. 4 GG) und den Ländern als Ausgleich hierfür ein Anteil aus dem Steueraufkommen zustehen sollte (Art. 106a

3 Siehe zur Rechtsgeschichte der Eisenbahn: *Burger*, Zuständigkeit und Aufgaben des Bundes für den Öffentlichen Personennahverkehr nach Art. 87e GG, 1998, S. 17 ff.; *Kramer*, Das Recht der Eisenbahninfrastruktur: Von der Staatsbahn zu privatrechtlichen Wirtschaftsunternehmen, 2002, S. 21 ff.; *Ronellenfitsch*, Privatisierung und Regulierung des Eisenbahnwesens, DÖV 1996, 1028 ff.; *Stamm*, Eisenbahnverfassung und Bahnprivatisierung: Zur verfassungsrechtlichen Zulässigkeit und zum Prozess der Privatisierung der Deutschen Bahn AG, 2010, S. 29 ff.; *Steiner*, § 10 Recht der Verkehrswirtschaft, in: Schmidt (Hrsg.), Öffentliches Wirtschaftsrecht, 1996, Berlin, S. 127 (179) sowie zur rechtlichen Entwicklung des Straßenpersonennahverkehrs: *Knauff*, Der Gewährleistungsstaat: Reform der Daseinsvorsorge: Eine rechtswissenschaftliche Untersuchung unter besonderer Berücksichtigung des ÖPNV, 2004, S. 321 ff.

4 Richtlinie des Rates vom 29.7.1991 zur Entwicklung der Eisenbahnunternehmen der Gemeinschaft (ABl. L 237, S. 25).

5 Ausführlich zu diesen Gründen: *Stamm* (Fn. 3), S. 66 ff. Siehe ferner: *Uerpmann-Wittzack*, in: Münch/Kunig, GG, 6. Aufl. 2012, Art. 87e Rn. 1 f.; *Uerpmann-Wittzack*, § 89 Verkehr, in: Isensee/Kirchhof (Hrsg.), Handbuch des Staatsrechts der Bundesrepublik Deutschland, 3. Aufl. 2006, Heidelberg, S. 783 (Rn. 41).

6 Gesetz zur Änderung des Grundgesetzes vom 20.12.1993 (BGBl. I, 2089).

7 Gesetz zur Neuordnung des Eisenbahnwesens vom 27.12.1993 (BGBl. I, 2378).

8 Siehe hierzu: *Stamm* (Fn. 3), S. 115 ff.

9 *Koch/Mau* (Fn. 5), 20; *Uerpmann-Wittzack* (Fn. 5), Art. 87e Rn. 1; *Windthorst*, in: Sachs, GG, 6. Aufl. 2011, Art. 87e Rn. 1.

GG), wurde dies einfachgesetzlich durch das Regionalisierungsgesetz[10] ausgestaltet. Eine materielle Privatisierung der Deutschen Bahn AG, verbunden mit einem Börsengang, steht jedoch bisher aus.

II. Japan

Richtet man demgegenüber den Blick nach Japan, so war die historische Entwicklung nur in einigen Punkten vergleichbar:

Im Rahmen der sogenannten Meiji-Restauration nach der Öffnung Japans[11] wurde auch für den Aufbau einer Eisenbahn auf ausländische Experten gesetzt.[12] Nach Inbetriebnahme der ersten Eisenbahnstrecke im Jahr 1872 durch den Staat folgte die Gründung privater Eisenbahngesellschaften ab dem Jahr 1881.[13] Eine Besonderheit der japanischen Entwicklung im Gegensatz zu der in Deutschland ist, dass von der militärisch motivierten Verstaatlichung privater Eisenbahngesellschaften im Jahr 1906 die Vorort- und Stadtbahnen im Nahverkehrsbereich ausgenommen wurden.[14] Sie besaßen aufgrund der geringen Größe ihrer Netze keine Relevanz für die militärischen Interessen des Staates im Eisenbahnbereich.[15]

Militärisch motiviert war dann 1938 die staatlich verordnete Fusionierung[16] der privaten Eisenbahnen in den Ballungszentren Tôkyô und Ôsaka, die nach

---

10 Gesetz zur Regionalisierung des Öffentlichen Personennahverkehrs vom 27.12.1993 (BGBl. I, 2395).

11 Siehe hierzu nur: *Marutschke*, Einführung in das japanische Recht, 2. Aufl. 2009, S. 27 ff. sowie in japanischer Sprache: *Arai, Gyôsei-hôteki sokumen ni okeru meiji-kindaika-jôsetsu* [Einführung in die Modernisierung der Meiji-Zeit aus Sicht des Verwaltungsrechts], Hikakuhôgaku 1965, Bd. 2(1), 1 ff.

12 *Aveline*, La ville et le rail au Japon: L'expansion des groupes ferroviaires privés à Tôkyô et Ôsaka, 2003, S. 41.

13 *Aveline* (Fn. 12), S. 41 f.; *Dolles/Köster*, Der Rückzug des Staates: Zur Privatisierung der japanischen Staatsbahn, in: Foljanty-Jost/Thränhardt (Hrsg.), Der schlanke japanische Staat, 1995, Opladen, S. 182 (186 f.); *Feldhoff*, Pendelverkehr und Massenschnellverkehrsmittel im Ballungsraum Tôkyô: Raumstrukturen, Akteure, Probleme, Strategien, 1998, S. 85.

14 *Aveline* (Fn. 12), S. 44; *Dolles/Köster* (Fn. 13), S. 187; *Murakami*, Vernetzung städtischer Agglomerationen und leistungsfähiger öffentlicher Verkehr als Aufgabe rechtlicher Regulierung: Das Beispiel Osaka/Japan, in: Pitschas (Hrsg.), Dezentralisierung im Vergleich, 2008, Berlin, S. 327 (329) („Monopolisierung des Fernverkehrs“).

15 *Aveline* (Fn. 12), S. 44.

16 Vgl. das Gesetz Nr. 71 vom 2.4.1938 zur Ordnung der Verkehrsunternehmen zu Land, zuletzt geändert durch Gesetz Nr. 53 vom 7.6.2006 *(rikujô-kôtsû-jigyô-chôsei-hô)*.

Ende des Krieges im Zuge der Antimonopolisierung[17] durch die amerikanischen Besatzer jedoch wieder aufgespalten wurde.[18] Die 1906 gegründete Staatsbahn wurde aufgrund ihrer hohen Schulden durch das Gesetz zur Verstaatlichung von Eisenbahnen[19] im Jahr 1949 in ein öffentliches Unternehmen umgewandelt, der „Japanese National Railways" (JNR) (*nihon kokuyû tetsudô*).[20]

In den darauffolgenden Jahrzehnten führte, wie auch in Deutschland, der aufkommende motorisierte Individualverkehr zu sinkenden Marktanteilen bei den Eisenbahnunternehmen.[21] Die Privatbahnen reagierten hierauf mit einer weiteren Diversifizierung ihres Angebotes, einerseits durch Busse, Taxen und LKWs, andererseits mit der Errichtung ganzer „Gartenstädte" sowie dem Ausbau ihrer Bahnhöfe zu Büro- und Einkaufszentren.[22]

Bei der Staatsbahn kam jedoch Misswirtschaft durch den Staat als Eigentümer sowie ausländischer Druck, der auf eine Öffnung japanischer Märkte zielte, hinzu.[23] Den enormen wirtschaftlichen Problemen der Staatsbahn sollte durch eine private und somit staatsfernere Gesellschaftsform begegnet werden, sodass all dies schließlich im Jahr 1987 zunächst zur formellen Privatisierung der Staatsbahn führte.[24] Umgesetzt wurde diese durch das Gesetz zur Reform der

---

17 Vgl. das Gesetz über das Verbot privater Monopole und zur Sicherstellung lauteren Handels, Gesetz Nr. 54 vom 14.4.1947, zuletzt geändert durch das Gesetz Nr. 51 vom 10.6.2009 (*shiteki-dokusen-no-kinshi-oyobi-kôsei-torihiki-no-kakuho-ni-kan-suru-hôritsu*); sowie das Gesetz zur Aufspaltung von Konzentrationen übermäßiger Wirtschaftskraft, Gesetz Nr. 207 vom 18.12.1947, aufgehoben durch das Gesetz Nr. 87 vom 25.7.1955 (*kado-keizairyoku-shûchû-hijo-hô*).

18 Siehe hierzu: *Aveline* (Fn. 12), S. 49 ff.

19 Gesetz Nr. 17 vom 31.3.1906 (*tetsudô-kokuyû-hô*).

20 Siehe hierzu: *Aveline* (Fn. 12), S. 52 f.; *Dolles/Köster* (Fn. 13), S. 187 f.

21 *Aveline* (Fn. 12), S. 53 f.; *Dolles/Köster* (Fn. 13), S. 189; *Feldhoff* (Fn. 13), S. 92.

22 *Aveline* (Fn. 12), S. 55 f.; sowie schon zum Bau von „Städten privater Eisenbahngesellschaften" in den 20er Jahren: *Feldhoff* (Fn. 13), S. 88.

23 *Dolles/Köster* (Fn. 13), S. 188 ff.

24 Siehe zur Privatisierung der Japanischen Staatsbahn: *Abe u.a., Tokushû: kokutetsu-bunkatsu/mineika no kentô* [Sonderausgabe: Untersuchung der Spaltung und Privatisierung der Staatsbahn], Juristo 1986/11 Nr. 860, 8 ff.; *Funada u.a., Kokutetsu-bunkatsu/mineika-mondai to hô (tokushû)* [Probleme und Recht der Spaltung und Privatisierung der Staatsbahn (Sonderausgabe)], Hôritsu Jihô 1986/11 Nr. 58, 6 ff.; sowie auf Deutsch *Köster*, Privatisierung von Staatsunternehmen in Japan: Entwicklung, Dynamik und Perspektiven der privatisierten Staatsbahn, 1. Aufl. 1998, S. 99 ff.; und zu den Hintergründen auf Französisch: *Aveline* (Fn. 12), S. 60.

Japanischen Staatsbahn (JNRRefG)[25] und weitere Gesetze.[26] Eine Durchbrechung der zentralen Verwaltung wurde durch die Aufspaltung des Personenbeförderungsbereiches in sechs unabhängige, regionale Gesellschaften verwirklicht, deren Verwaltung somit näher an den jeweils eigenen, regionalen Bedürfnissen liegen sollte.[27] Die neu gegründeten Unternehmen firmierten nun in Anlehnung an die ehemalige „JNR" unter „JR East", „JR West", „JR Central", „JR Hokkaidô", „JR Shikoku" und „JR Kyûshû". Ziel dieser Aufspaltung war neben einer effizienteren, dezentralen Verwaltung die Schaffung von direktem Wettbewerb zu anderen Marktteilnehmern, wie etwa den regional operierenden Privatbahnen, die seit jeher über eigene Infrastruktur verfügen.[28] Diesen neuen Personenbeförderungsgesellschaften wurde der entsprechende regionale Teil der ehemals landesweit organisierten Infrastruktur der Staatsbahn zugewiesen (Art. 6 Abs. 2 JNRRefG). Im Bereich der Güterbeförderung kam es gemäß Art. 7 JNRRefG zu keiner regionalen Aufspaltung, sondern zur Gründung der „JR Freight" ohne eigene Infrastruktur, die diese in Zukunft von den Personenbeförderungsunternehmen mieten sollte. Für den 1964 eingeführten Shinkansen wurde eine eigene Holding-Gesellschaft gegründet, deren Hochgeschwindigkeitsstrecken 1991 dann jeweils auf die regionalen Gesellschaften übertragen wurden.[29]

Die regionalen JR-Unternehmen unterlagen nach der formellen Privatisierung einem rechtlichen Sonderstatus unter der Gesellschaftsform der *„tokushu-gaisha"*, die dem Staat erhebliche Entscheidungsbefugnisse, wie etwa die Bestellung des Vorstandes, garantieren sollte.[30] Mit einer Revision des entsprechenden Sondergesetzes im Jahre 2001 wurden die drei JR-Unternehmen der Hauptinsel Honshu aus dem Anwendungsbereich des Gesetzes ausgenommen und in eine normale Aktiengesellschaft nach japanischem Recht, der *kabushiki-gaisha*,

---

25 Gesetz Nr. 87 vom 4.12.1986, zuletzt geändert durch Gesetz Nr. 136 vom 19.10.1998 (*nihon-kokuyû-tetsudô-kaikaku-hô*).

26 Siehe im Einzelnen: *Narita, Kokutetsu-kaikaku ni kakaru rippô-sochi (kokutetsu-bunkatsu/mineika no kentô)* [Gesetzesmaßnahmen im Zuge der Reform der Staatsbahn (Untersuchung der Aufspaltung und Privatisierung der Staatsbahn)], Juristo 1986/11 Nr. 860, 26 ff.

27 Hinsichtlich der Aufspaltung siehe: *Abe u.a.* (Fn. 24), 8 ff.; *Funada u.a.* (Fn. 24), 6 ff. sowie in westlichen Sprachen: *Aveline* (Fn. 12), S. 60; *Feldhoff* (Fn. 13), S. 92; *Murakami* (Fn. 14), S. 329.

28 *Aveline* (Fn. 12), S. 158; *Zufall* (Fn. 1), 66.

29 Siehe insoweit zur Entwicklung: *Kakumoto, Mitsu no mineika* [Die drei Privatisierungen], 2005, S. 126 ff.

30 Hierzu ausführlich: *Köster* (Fn. 24), S. 115 ff.

überführt.[31] Bis zum Jahr 2006 wurden sämtliche Aktien der JR East, JR West und JR Central aus der öffentlichen Hand gegeben und über die Börse vollständig materiell privatisiert.

Heute ist die Marktstruktur im Schienenpersonenverkehr durch einen Wettbewerb zwischen den Privatbahnen, den ehemals staatlichen JR-Gesellschaften von Gebietskörperschaften betriebenen Eisenbahnunternehmen sowie auch als „Drittsektor" (*dai-san-sekutaa*)[32] bezeichneten Formen von Public-Privat-Partnership geprägt.[33] Hierbei sind die Eisenbahnunternehmen nicht wie in Deutschland auf einen Wettbewerb um den Zugang zum Netz beschränkt, sondern es liegt vielmehr ein Wettbewerb im Markt zwischen den einzelnen Eisenbahnunternehmen, die jeweils den Betrieb auf eigener Infrastruktur realisieren, vor.[34] Sie verfügen für den Bereich des durch ihre Strecke erschlossenen Gebietes jeweils über ein natürliches Monopol.[35]

III. Parallelen und Unterschiede

Vergleicht man die Entwicklung in Deutschland und Japan, so fallen einige Parallelen auf: In beiden Ländern spielte die Systemfrage „Staats- oder Privatbahn?" eine Rolle, ebenso wie die Frage nach Zentralisierung oder einer Regionalisierung des Eisenbahnwesens. Anfang des 19. Jahrhunderts kam es in beiden Ländern zu einer Verstaatlichung von Eisenbahngesellschaften. In Japan allerdings mit der Besonderheit, dass Nahverkehrsbahnen hiervon ausgenommen wurden. In Deutschland waren es neben den Schulden auch Diskussion und Druck auf europäischer Ebene, die Anfang der 90er Jahre eine – bisher jedoch nur – formelle Privatisierung herbeiführten.

Unterschiede zwischen beiden Ländern liegen zudem in der Art und Weise der Regionalisierung. Während in Deutschland Kompetenzen für den Schienenpersonennahverkehr und insbesondere die Gewährleistungsverantwortung auf die Länder übertragen wurde, kam es in Japan zur regionalen Aufspaltung der Staatsbahn. Zudem waren die Beweggründe hierfür in beiden Ländern

---

31 *Jinno, Hôrei-kaisetsu JR-honshû-sansha no jun-minkankaisha-ka* [Gesetzeskommentierung: Überführung der drei Honshû-JR-Gesellschaften in eine reine Privatgesellschaft], Toki no Hôrei 2001/11, Nr. 1654, 50 ff.

32 Siehe hierzu auf Deutsch: *Dolles/Köster* (Fn. 13), S. 195; *Köster* (Fn. 24), S. 237 ff.

33 Siehe in Übersicht: *Aveline* (Fn. 12), S. 9 ff.; *Cervero*, The transit metropolis: A global inquiry, 1998, S. 185 ff.; *Feldhoff* (Fn. 13), S. 92 ff.; *Köster* (Fn. 24), S. 104 ff. und S. 108 ff.

34 *Zufall* (Fn. 1), 72.

35 *Aveline* (Fn. 12), S. 158.

historisch bedingt verschieden: In Deutschland sollte für den gesamten öffentlichen Personennahverkehr eine einheitliche, dezentrale Organisation aus Effizienzgründen heraus geschaffen werden. In Japan ging es um die Schaffung von Wettbewerb durch Konkurrenz zu den regionalen Privatbahnen. Eine Trennung von Netz und Betrieb der Staatsbahn war hierfür in Japan aufgrund eigener Infrastruktur der Privatbahnen nicht erforderlich.

B. Heutiger Rechtsrahmen – Aufsicht, Regulierung und Daseinsvorsorge

Nach diesem Einblick in die Entwicklung der Eisenbahnverwaltung und -organisation möchte ich jetzt auf den heutigen Rechtsrahmen in den beiden Ländern eingehen.

I. Deutschland

1. Verfassungsrecht

In Deutschland finden sich Regelungen über die Eisenbahn schon auf Verfassungsebene. Das Grundgesetz unterscheidet zwischen Eisenbahnen des Bundes, also solchen, die mehrheitlich in dessen Eigentum stehen, und den nichtbundeseigenen Eisenbahnen. Es sieht für die Eisenbahnen des Bundes eine ausschließliche Gesetzgebungskompetenz mit Art. 73 Abs. 1 Nr. 6a GG vor. Für sonstige Schienenbahnen besteht nach Art. 74 Abs. 1 Nr. 23 GG nur eine konkurrierende Gesetzgebungskompetenz des Bundes. Gemeint sind hiermit etwa Straßen- und Untergrundbahnen, die im Personenbeförderungsgesetz geregelt werden.

Der Grundsatz des Landesvollzugs von Bundesgesetzen nach Art. 83 GG wird für den Eisenbahnverkehr durch Art. 87e GG modifiziert. Art. 87e Abs. 1 S. 1 GG sichert dem Bund als Grundregel eine eigene Verwaltungskompetenz für die Eisenbahnen des Bundes zu.[36] Von dieser Verwaltungskompetenz umfasst sind alle Hoheitsaufgaben, die das Eisenbahnverkehrswesen unter Einschluss des Betriebes und des Baus von Eisenbahnen, und damit von Transport und Infrastruktur, betreffen.[37] Basierend auf Art. 87e Abs. 1 S. 2 GG wurde jedoch den Ländern die Aufgaben- und Finanzverwaltung für den Schienenpersonennahverkehr durch das Regionalisierungsgesetz übertragen.[38] Art. 87e Abs. 2 GG lässt dann jedoch

---

36 *Wieland,* in: Dreier, GG, Bd. 3, 2. Aufl. 2008, Art. 87e Rn. 14.

37 BVerfGE 97, 198 (222). Ebenso: *Wieland* (Fn. 36), Art. 87e Rn. 21.

38 Für nichtbundeseigene Eisenbahnen folgt dies bereits aus Art. 83 GG. Siehe: *Wieland* (Fn. 36), Art. 87e Rn. 24; *Windthorst* (Fn. 9), Art. 87e Rn. 11 und 32.

eine gesetzliche Erweiterung der Eisenbahnverkehrsverwaltung durch den Bund auch für nichtbundeseigene Eisenbahnen offen.[39]

Art. 87e Abs. 4 GG enthält zunächst als Staatszielbestimmung eine objektive Gewährleistungspflicht des Bundes für Netz und Angebot der Eisenbahnen des Bundes.[40] Diese knüpft an die Zuordnung des Öffentlichen Personennahverkehrs als Aufgabe staatlicher Daseinsvorsorge an.[41] Insofern hat der Bund für den Erhalt und den Ausbau der Infrastruktur zu sorgen, indem er eine entsprechende Finanzierung sicherstellt und einfachgesetzlich durch das Bundesschienenwegeausbaugesetz[42] Prioritäten für den Ausbau festlegt. Der Schienenpersonennahverkehr wird nur hinsichtlich des Verkehrsangebotes, nicht jedoch hinsichtlich des Netzes von der Gewährleistungspflicht ausgenommen.[43] Dieser Gedanke der Daseinsvorsorge findet auch in Art. 87e Abs. 3 S. 2 und S. 3 GG seinen Niederschlag, der anordnet, dass das Netz mehrheitlich im Eigentum des Bundes verbleiben muss und insoweit eine Privatisierung ausschließt.

2. *Einfaches Recht*

Auf der Ebene des einfachen Rechts gilt das Allgemeine Eisenbahngesetz (AEG)[44] dann ebenso für die Eisenbahnen des Bundes wie für nichtbundeseigene Eisenbahnen.[45] Es trennt zwischen öffentlichen Eisenbahnverkehrsunternehmen (EVU) einerseits und öffentlichen Eisenbahninfrastrukturunternehmen

---

39 *Wieland* (Fn. 36), Art. 87e Rn. 24; *Windthorst* (Fn. 9), Art. 87e Rn. 32.

40 Ebenso: *Knauff* (Fn. 3), S. 238 f.; *Möstl*, in: Maunz/Dürig, GG, 69. Aufl. 2013, Art. 87e Rn. 182; *Stamm* (Fn. 3), S. 99 f.; *Windthorst* (Fn. 9), Art. 87e Rn. 62; a.A. *Fromm*, Juristische Probleme der Reform der Eisenbahnen, Internationales Verkehrswesen 1994, 97 (101 f.).

41 So schon *Forsthoff*, Die Verwaltung als Leistungsträger, 1938, S. 36 f.; siehe ferner m.w.N.: *Knauff* (Fn. 3), S. 38 ff.; *Linke*, Die Gewährleistung des Daseinsvorsorgeauftrags im öffentlichen Personennahverkehr, 2010, S. 22; *Rüfner*, § 96 Daseinsvorsorge und soziale Sicherheit, in Isensee/Kirchhof (Hrsg.), Handbuch des Staatsrechts der Bundesrepublik Deutschland, 3. Aufl. 2006, Heidelberg, S. 1049 ff. (Rn. 23); *Uerpmann-Wittzack*, § 89 Verkehr, in: Isensee/Kirchhof (Hrsg.), Handbuch des Staatsrechts der Bundesrepublik Deutschland, 3. Aufl. 2006, Heidelberg, S. 783 ff. (Rn. 1).

42 Gesetz vom 15.11.1993 (BGBl. I, 1874), zuletzt geändert durch Verordnung vom 31.10.2006 (BGBl. I, 2407).

43 *Uerpmann-Wittzack* (Fn. 5), Art. 87e Rn. 17a; *Windthorst* (Fn. 9), Art. 87e Rn. 60; kritisch: *Möstl* (Fn. 40), Art. 87e Rn. 142.

44 Gesetz vom 27.12.1993 (BGBl. I, 2378, 2396; 1994 I, 2439), zuletzt geändert durch Gesetz vom 12.9.2012 (BGBl. I, 1884).

45 *Steiner* (Fn. 3), S. 190.

(EIU) (einschließlich des Unterfalles der Betreiber von Schienenwegen) auf der anderen Seite (§ 3 Abs. 1 AEG).

Sofern es sich um Eisenbahnunternehmen mit Sitz im Inland handelt, erfolgt die grundlegende Zuständigkeitsverteilung zwischen Bund und Ländern für Eisenbahnaufsicht und Genehmigungen durch § 5 Abs. 1a AEG wie folgt: Der Bund ist grundsätzlich zuständig für die Eisenbahnen des Bundes (§ 5 Abs. 1a Nr. 1a und Nr. 1b AEG), die Länder für die nichtbundeseigenen Eisenbahnen (§ 5 Abs. 1a Nr. 2a AEG).

Diese grundsätzliche Verteilung wird für die Eisenbahnaufsicht – nicht jedoch für die Genehmigungserteilung und die Tarifaufsicht – von einer „netzbezogenen Zuständigkeit" nach § 5 Abs. 1c AEG überlagert: Die Aufsichtsbehörde eines EIU übt automatisch auch die Aufsicht über ein die Infrastruktur benutzendes EVU aus, unabhängig davon, ob es sich um bundeseigene oder nichtbundeseigene Eisenbahnen handelt.[46]

Für den Bund erfolgt die Aufgabenwahrnehmung gemäß § 5 Abs. 2 S. 1 AEG i.V.m. dem Bundeseisenbahnverkehrsverwaltungsgesetz (BEVVG)[47]. Nach diesem ist zunächst das Bundesverkehrsministerium zuständig (§ 1 Abs. 1 BEVVG). Zahlreiche Aufgabenfelder werden jedoch nach § 3 BEVVG dem Eisenbahnbundesamt sowie nach § 4 BEVVG der Bundesnetzagentur als Regulierungsbehörde zugewiesen. In den Ländern erfolgt die entsprechende Zuweisung durch die Landesregierung, die die Kompetenzen jedoch wiederum auf das Eisenbahnbundesamt übertragen kann (§ 5 Abs. 2 S. 2 und 3 AEG). Eine Aufgabenübertragung auf öffentliche oder private Stellen ist sowohl durch die Landesregierung (§ 5 Abs. 2 S. 4 AEG) als auch durch das Bundesverkehrsministerium (§ 1 Abs. 1a BEVVG) möglich.

Sowohl für die Erbringung von Eisenbahnverkehrsleistungen als auch für den Betrieb von Infrastruktur ist nach § 6 Abs. 1 AEG eine Genehmigung erforderlich. Diese wird nicht linienbezogen erteilt, sondern als Betriebsgenehmigung ohne Ausschlusswirkung für andere Unternehmen.[48] Während die Genehmigung nach § 6 AEG auf die Prüfung subjektiver Voraussetzungen zielt, wird die Einhaltung objektiv-technischer Voraussetzungen der Inbetriebnahme durch die §§ 7a ff. AEG sichergestellt.[49] Repressive Aufsichtsmaßnahmen richten sich dann nach § 5a AEG.

---

46 *Hermes/Schweinsberg*, in: Hermes/Sellner, AEG, 2006, § 5 Rn. 44–49.

47 Gesetz über die Eisenbahnverkehrsverwaltung des Bundes vom 27.12.1993 (BGBl. I, 2378, 2394), zuletzt geändert durch Gesetz vom 30.7.2009 (BGBl. I, 2497).

48 *Schnieders*, Die Delegation der öffentlichen Dienstleistung des Schienenpersonennahverkehrs: Ein deutsch-französischer Rechtsvergleich, 2010, S. 204.

49 So für § 7a a.F. AEG: *Suckale*, in: Hermes/Sellner, AEG, 2006, § 7a Rn. 4.

In den §§ 17 ff. AEG finden sich schließlich Regelungen zum Planfeststellungsverfahren für Betriebsanlagen von Eisenbahnen, die ergänzend zum Verwaltungsverfahrensgesetz des Bundes gelten.

Neben diesen gewerberechtlichen Zielsetzungen der Gefahrenabwehr zielt das Allgemeine Eisenbahngesetz auf die Herstellung von Wettbewerb ab (§ 1 Abs. 1 S. 1 AEG).[50] Die Deutsche Bahn AG ist nach wie vor marktbeherrschend sowohl im Bereich der Eisenbahninfrastruktur[51] als auch als Anbieterin von Verkehrsleistungen.[52] Um vor dem verfassungsrechtlichen Hintergrund, dass das Netz im Eigentum der Deutschen Bahn verbleibt, dennoch Wettbewerb im Eisenbahnsektor zu schaffen, sieht das Gesetz verschiedene Instrumente vor: Zunächst ist Grundvoraussetzung die Trennung von Netz und Betrieb, die in den §§ 9 f. sowie § 8 AEG einer entsprechenden Entflechtung etwa durch organisatorische Trennung und getrennte Rechnungslegung realisiert wird.[53] Basierend auf dieser Trennung kann dann ein Wettbewerb um den Zugang zum Netz konstruiert werden. Es handelt sich hierbei dann um einen „Wettbewerb um den Markt".[54] Wirkung erlangt dieser jedoch erst durch die § 14 bis § 14g AEG, die einer Diskriminierung beim Netzzugang entgegenwirken sollen, indem § 14 AEG Eisenbahnverkehrsunternehmen einen Anspruch auf Zugang zum Netz gewährt. Um hier weiteren Schutz vor Diskriminierung zu gewähren, wird die Privatautonomie bei der Vereinbarung der Zugangsbedingungen, insbesondere hinsichtlich der Trassenpreisgestaltung, durch zwingende Vorgaben der Eisenbahninfrastrukturbenutzungsverordnung[55] eingeschränkt. Die Kontrolle durch die Bundesnetzagentur, darunter die Ex-Ante-Genehmigung langfristiger Rahmenverträge nach § 14a Abs. 2 AEG, wird in den §§ 14f ff. AEG geregelt.

Da der öffentliche Verkehr in Deutschland traditionell zur Daseinsvorsorge zählt, statuiert das Allgemeine Eisenbahngesetz entsprechend in § 10 eine allgemeine Beförderungspflicht. Flankiert wird diese durch die Genehmigungspflicht von Beförderungsbedingungen der Eisenbahnverkehrsunternehmen nach § 12

---

50 *Hermes*, in: Hermes/Sellner, AEG, 2006, Einführung D, Rn. 34 sowie § 1 Rn. 3–11.

51 98 % Marktanteil des DB-Konzerns am Eisenbahninfrastrukturmarkt im Jahr 2012, vgl. *Bundesnetzagentur*, Marktuntersuchung Eisenbahnen 2013, 2013, S. 20.

52 99 % Marktanteil für den Fernverkehrsbereich sowie im Bereich des SPNV 85 % Marktanteil im Jahr 2012, vgl. *Bundesnetzagentur* (Fn. 51), S. 17.

53 Siehe hierzu: *Fehling* (Fn. 2), Rn. 54 f.

54 Siehe hierzu: *Fehling* (Fn. 2), Rn. 51 ff. sowie auch *Lepsius* (Fn. 2), Rn. 43 und allgemein: *Markert/Möschel*, in: Immenga/Mestmäcker, Wettbewerbsrecht: GWB, 4. Auflage 2007, Anhang 1, Rn. 3 ff.

55 Verordnung vom 3.6.2005 (BGBl. I, 1566).

Abs. 3 S. 1 AEG. Zuständig hierfür sind im Bereich des Schienenpersonennahverkehrs – auch hinsichtlich der Eisenbahnen des Bundes – die Länder (§ 12 Abs. 3 S. 4 AEG). Die ebenfalls zum Oberbegriff der Tarife zählenden Beförderungsentgelte sind nunmehr genehmigungsfrei,[56] müssen jedoch wie alle Tarife gemäß § 12 Abs. 6 AEG veröffentlicht werden und gemäß § 12 Abs. 2 S. 1 AEG bestimmten Transparenzanforderungen genügen. Schließlich verlangt das Gesetz auch für Streckenstilllegungen eine Genehmigung (§ 11 AEG).

Unabhängig von der Genehmigung nach § 6 AEG steht die Auferlegung gemeinwirtschaftlicher Verpflichtungen, auf die gemäß § 15 Abs. 1 S. 1 AEG die Verordnung (EWG) 1191/69[57] – mittlerweile abgelöst durch die Verordnung (EG) 1370/07 (VO 1370/07)[58] – Anwendung findet. Zentraler Anknüpfungspunkt der Verordnung ist der „öffentliche Dienstleistungsauftrag" (Art. 2 lit. i) VO 1370/07). Dieser beinhaltet die Gewährung staatlicher ausschließliche Rechte und/oder Ausgleichsleistungen für die Erfüllung gemeinwirtschaftlicher Verpflichtungen (Art. 3 Abs. 1 VO 1370/07). Relevanz hat dies vor allem für den Schienenpersonennahverkehr, wenn den betroffenen Unternehmen Leistungspflichten auferlegt werden, die sie „unter Berücksichtigung ihres eigenen wirtschaftlichen Interesses nicht oder nicht im gleichen Umfang oder nicht zu den gleichen Bedingungen ohne Gegenleistung übernommen hätten" (Art. 2 lit. e) VO 1370/07). Die Verordnung regelt in Art. 4 bestimmte Mindestanforderungen an den Regelungsinhalt öffentlicher Dienstleistungsaufträge.[59] Im Grundsatz

56 Vgl. hierzu die Begründung zum Zweiten Gesetz zur Änderung des AEG: BT-Drs. 16/4198, S. 1 und 7.

57 Verordnung des Rates über das Vorgehen der Mitgliedstaaten bei mit dem Begriff des öffentlichen Dienstes verbundenen Verpflichtungen auf dem Gebiet des Eisenbahn-, Straßen- und Binnenschiffsverkehrs vom 26.6.1969 (ABl. L 156, S. 1) in der Fassung der Verordnung des Rates vom 20.6.1991 zur Änderung eben dieser Verordnung (ABl. L 196, S. 1).

58 Verordnung des Europäischen Parlaments und des Rates über öffentliche Personenverkehrsdienste auf Schiene und Straße und zur Aufhebung der Verordnungen (EWG) Nr. 1191/69 und (EWG) Nr. 1107/70 des Rates vom 23.10.2007 (ABl. L 315 , S. 1).

59 Diese orientieren sich an den Kriterien, die der EuGH in seiner Altmark-Entscheidung aufgestellt hat: EuGH, Urteil v. 24.7.2003 (RS. C-280/00 – „Altmark-Trans"), Slg. 2003, I-7747, I-7839 f. Vgl. hierzu: *Nettesheim*, Das neue Dienstleistungsrecht des ÖPNV – Die Verordnung (EG) Nr. 1370/2007, NVwZ 2009, 1449 (1450); *Plenge*, Die Bedeutung des EG-Beihilfenrechts für wirtschaftsverwaltungsrechtliche Genehmigungsentscheidungen: Eine Untersuchung am Beispiel personenbeförderungsrechtlicher Genehmigungen nach dem Urteil des Europäischen Gerichtshofs in der Rechtssache „Altmark-Trans", 1. Aufl. 2010, S. 232 ff.

bestimmt die Verordnung in Art. 5 Abs. 1 und Abs. 3, dass für öffentliche Dienstleistungsaufträge ein Vergabeverfahren durchzuführen ist. Da die Verordnung (EG) 1370/07 in Art. 5 Abs. 6 jedoch eine Ausnahme von der Ausschreibungspflicht für Eisenbahnverkehrsleistungen vorsieht, stellt § 15 Abs. 2 AEG die Ausschreibung gemeinwirtschaftlicher Verkehrsleistungen in das Ermessen der Behörde.[60] Dieser Regelung geht jedoch das Gesetz gegen Wettbewerbsbeschränkungen[61] als späteres Recht und abschließende Regelung von Bereichsausnahmen vor, sodass im Ergebnis zukünftig eine Ausschreibungspflicht zumindest für den Schienenpersonennahverkehr besteht.[62]

II. Japan

Richtet man nach diesem kurzen Überblick über das deutsche Recht das Augenmerk auf das japanische Recht, so fallen einige Unterschiede, aber auch Parallelen auf.

1. Verfassungsrecht

Wirft man zunächst einen kurzen Blick in die japanische Verfassung, zeigt sich, dass diese zum Verkehr oder zur Eisenbahn anders als das deutsche Grundgesetz keinerlei Bestimmungen enthält. Im japanischen Zentralstaat stellt sich auch keine der deutschen Kompetenzverteilung zwischen Bund und Ländern vergleichbare Frage. Gesetze werden nur auf zentralstaatlicher Ebene verabschiedet. Den japanischen Gebietskörperschaften – also 47 Präfekturen sowie zahlreiche Städte und Gemeinden – stehen demgegenüber nur Selbstverwaltungsaufgaben zu, die einfachgesetzlich im Selbstverwaltungsgesetz und in Fachgesetzen konkretisiert werden. Die Wahrnehmung eisenbahnrechtlicher Aufgaben ist daher in Japan keine verfassungsrechtliche Frage mehr, sondern eine Frage der einfachgesetzlichen Ausgestaltung.

---

60 *Fehling*, Grundfragen des öffentlichen Nahverkehrs auf der Schiene, in Rodi (Hrsg.), Die Zukunft des öffentlichen Personennahverkehrs, 2009, Berlin, S. 139 (149 f.).

61 Gesetz vom 15.7.2005 (BGBl. I, 2114; 2009 I, 3850), zuletzt geändert durch Gesetz vom 5.12.2012 (BGBl. I, 2403).

62 BGHZ 188, 200 und hierzu *Polster*, Die Zukunft der (Direkt-)Vergabe von SPNV-Aufträgen, NZBau 2011, 209 ff.; *Schröder/Saxinger*, Die Vergabe von Leistungen im Schienenpersonennahverkehr in neuem Licht?, VergabeR 2011, 553 ff. und zum bisherigen Streitstand hinsichtlich des Verhältnisses des § 15 Abs. 2 AEG gegenüber den §§ 97 ff. GWB: *Weyand*, Praxiskommentar Vergaberecht: zu GWB, VgV, VOB/A, VOL/A, VOF, SektVO mit sozialrechtlichen Vorschriften, 3. Aufl. 2011, Rn. 2329 ff. m.w.N.

2. *Einfaches Recht*

Mit der Auflösung der JNR wurde neben dem Gesetz über die Japanische Staatsbahn[63] auch das Gesetz über Regionalbahnen[64] aufgehoben und mit dem Eisenbahnunternehmensgesetz (EUG)[65] im Jahr 1986 ein einheitliches Rechtsregime für alle Eisenbahnen geschaffen. Es stellt heute in Japan das zentrale Regelwerk für wirtschaftsverwaltungsrechtliche Regelungen über Eisenbahnen dar. Ergänzend enthält das Eisenbahnbetriebsgesetz[66] ordnungsrechtliche Anforderungen an Eisenbaheinrichtungen und den Betrieb sowie Bestimmungen über Eisenbahnpersonal und Passagiere sowie die betroffene Öffentlichkeit.

Neben dem Eisenbahnunternehmensgesetz ist im Bereich des Verkehrsträgers Schiene auch das Schienenbahngesetz (SBG)[67] von Bedeutung. Art. 61 EUG bestimmt, dass Eisenbahnschienen nicht auf Straßen verlegt werden dürfen, sondern nur ausnahmsweise mit einer Genehmigung durch den Bauminister. Art. 2 SBG erlaubt dagegen den Bau von Schienenbahnen auf Straßen als Grundprinzip.[68] Diese Abgrenzung entspricht der historischen Trennung zwischen Bau- und Verkehrsministerium, die erst durch die Verwaltungsreform im Jahr 2001 mit der Zusammenführung beider Ministerien im neuen Ministerium für Land, Infrastruktur und Transport (MLIT) überwunden wurde. Eine Integration des Schienenbahngesetzes in das Eisenbahnunternehmensgesetz

---

63 Gesetz Nr. 256 vom 20.12.1943, aufgehoben durch Gesetz Nr. 87 vom 4.12.1986 (*nihon-kokuyû-tetsudô-hô*).

64 Gesetz Nr. 52 vom 10.4.1919, aufgehoben durch Gesetz Nr. 92 vom 4.12.1986 (*chihô-tetsudô-hô*).

65 Gesetz Nr. 92 vom 4.12.1986, zuletzt geändert durch Gesetz Nr. 61 vom 3.6.2011 (*tetsudô-jigyô-hô)*.

66 Gesetz Nr. 65 vom 16.3.1900, zuletzt geändert durch Gesetz Nr. 19 vom 31.3.2006 (*tetsudô-eigyô-hô)*.

67 Gesetz Nr. 76 vom 14.4.1921, zuletzt geändert durch Gesetz Nr. 19 vom 31.3.2006 (*kidô-hô*).

68 Siehe hierzu: *Tetsudô-Jigyô-Hô Kenkyû-Kai, Chikujô-kaisetsu tetsudô-jigyô-hô* [Kommentar zum Eisenbahnunternehmensgesetz]', 1988, S. 16 sowie S. 27; *Nihon-Toshi-Keikaku-Gakkai, Shin-toshi-keikaku Manyuaru II – toshi-shisetsu/kôen ryokochi hen: 6: toshi-kôtsû-shisetsu* [Neues Handbuch für Stadtplanung II – Bände über Stadteinrichtungen sowie öffentliche Parks und Grünflächen – Band 6: Stadtverkehrseinrichtungen], 2003, S. 103 f. Auch wenn sich diese Unterscheidung zwischen beiden Gesetzen ihrem Wortlaut nach bis heute gehalten hat, wird diese Trennlinie nicht immer durchgehalten: Denn nach dem Schienenbahngesetz sind auch sogenannte „neuerrichtete Schienenbahnen" möglich, die nicht auf bestehenden Straßen, sondern auf neuerworbene Privatgrundstücken verlegt werden.

erfolgte jedoch bisher nicht. Auch wenn diese Unterscheidung an die Differenzierung im deutschen Recht zwischen Eisenbahnen und Schienenbahnen nach dem Personenbeförderungsgesetz erinnert, so ist der japanische Begriff der Eisenbahn (*tetsudô*) doch weiter – denn er umfasst neben der „normalen" Eisenbahn auch Sonderformen wie Hängebahnen, Sattelbahnen, sogenannte „Automated Guideway Transit",[69] Oberleitungs-Busse sowie Drahtseil-, Schwebebahnen (Art. 4 der Ministerialverordnung zum Eisenbahnunternehmensgesetz – EUGMV).[70]

Für den japanischen Shinkansen existieren daneben spezielle Gesetze, die die Anwendung des allgemeineren Eisenbahnunternehmensgesetzes teilweise modifizieren.[71]

Zentraler Begriff des Eisenbahnunternehmensgesetzes ist der des „Eisenbahnunternehmens" (*tetsudô-jigyô*), dem das Gesetz drei Kategorien von Unternehmen zuordnet: Unter die erste Kategorie fällt der Transport von Personen oder Gütern mit Eisenbahnen auf eigener Infrastruktur. Die zweite Kategorie von Eisenbahnunternehmen beinhaltet demgegenüber den Transport von Personen und Gütern auf einer Infrastruktur, die nicht im Eigentum des Unternehmens steht, sondern gemietet wird. Diese ersten beiden Kategorien bezeichnet das Gesetz an anderer Stelle (Art. 13 Abs. 1 EUG) auch als Eisenbahnbeförderungsunternehmen. Die dritte Kategorie von Eisenbahnunternehmen umfasst schließlich die Konstruktion von Schienen, um diese an ein Unternehmen der ersten Kategorie zu verkaufen oder an ein Unternehmen der zweiten Kategorie zu vermieten.

In der Regel soll eine Genehmigung für ein Unternehmen der dritten Kategorie zeitgleich mit der entsprechenden Genehmigung für die korrespondierenden Unternehmen der ersten oder zweiten Kategorie erfolgen (Art. 5 Abs. 3 EUG). Will ein Unternehmen der ersten oder der dritten Kategorie Schienen an ein Unternehmen der zweiten Kategorie verpachten, unterliegen die Benutzungsgebühren und andere Konditionen zusätzlich der Erlaubnis des Verkehrsministers (Art. 15 Abs. 1 EUG). Gleiches gilt für den Fall, dass Schienen von einem Unternehmen der dritten Kategorie, das diese errichtet hat, an ein Unternehmen

---

69 Auf Deutsch: vollautomatischer, fahrerloser Betrieb.

70 Verordnung des Transportministers Nr. 6 vom 20.2.1987, zuletzt geändert durch Verordnung des Verkehrsministers Nr. 32 vom 31.3.2011 (*tetsudô-jigyô-hô-shikô-kisoku*). Siehe genauer hierzu: *Tetsudô-Jigyô-Hô Kenkyû-Kai* (Fn. 68), S. 2.

71 Siehe nur das Gesetz über den landesweiten Ausbau des Shinkansen, Gesetz Nr. 71 vom 18.5.1970, zuletzt geändert durch Gesetz Nr. 66 vom 15.6.2011 (*zenkoku-shinkansen-tetsudô-seibi-hô*).

der ersten Kategorie übereignet werden sollen, hinsichtlich des Kaufpreises und anderer Konditionen (Art. 15 Abs. 2 EUG).

Diese Kategorisierung im Eisenbahnunternehmensgesetz beinhaltet die Möglichkeit einer vertikalen Trennung von Netz und Betrieb.[72] Diese ist jedoch, wie die Existenz des Unternehmens erster Kategorie zeigt, nur fakultativ. Hierin besteht ein wesentlicher Unterschied zum deutschen Recht, das aus Wettbewerbsgesichtspunkten eine organisatorische Trennung in § 9 AEG vorschreibt und damit einen Wettbewerb um den Zugang zum Netz ermöglicht. Dies ist in Japan deshalb nicht erforderlich, weil im Nahverkehrsbereich zahlreiche Eisenbahnunternehmen mit jeweils eigener Infrastruktur existieren und insofern ein Wettbewerb zwischen den Netzen besteht.[73] Die Trennung von Netz und Betrieb wird jedoch in Japan als Möglichkeit gesehen, Kosten der Infrastruktur etwa von einem Unternehmen unter öffentlicher Beteiligung zu übernehmen und den Betrieb durch ein Privatunternehmen zu realisieren.[74] Zudem sollte so dem neu gegründeten Güterbeförderungsunternehmen JR Freight ermöglicht werden, – ohne selbst ein eigenes Schienennetz vorzuhalten – die erforderlichen Strecken von den regionalen JR-Unternehmen zu mieten.

Das Genehmigungserfordernis betrifft gemäß Art. 3 Abs. 2 EUG – anders als nach dem deutschen Allgemeinen Eisenbahngesetz – jeweils nur eine bestimmte Linie. Zudem wird die Genehmigung speziell für eine der drei Kategorien von Eisenbahnunternehmen erteilt und kann jeweils auf die Beförderung von Personen oder Gütern beschränkt werden. Genehmigungsbehörde ist der Verkehrsminister.

Art. 8 EUG sieht dann zusätzlich zur Genehmigung für den Beginn von Bauarbeiten eine Baudurchführungserlaubnis vor, die ebenfalls vom Verkehrsminister erteilt wird.

Ferner unterliegt die Festsetzung von Höchsttarifen und -gebühren durch Eisenbahnunternehmen der Genehmigung durch den Verkehrsminister (Art. 16 EUG). Fahrpläne und Kooperationsabkommen zwischen den Unternehmen sind genehmigungsfrei, aber anzeigepflichtig (Art. 17 f. EUG). Einer Genehmigung des Ministeriums unterliegen dann aber wieder der Verkauf, die Vererbung, der Zusammenschluss und die Aufspaltung sowie die Auflösung von Eisenbahnunternehmen (Art. 26 ff. EUG).

---

72 *Narita* (Fn. 26), 32; *Zufall* (Fn. 1), 67.

73 Siehe ausführlich und rechtsvergleichend hierzu: *Zufall* (Fn. 1).

74 *Narita* (Fn. 26), 32; *Wakuda, Yasashii tetsudô no hôki: JR to shitetsu no jitsurei* [Rechtsvorschriften zur Eisenbahn einfach erklärt: JR und Privatbahnen als Beispiel], 1999, S. 22 ff.

Das Gesetz sieht – in etwa vergleichbar dem deutschen Recht – repressive Eingriffsbefugnisse des Verkehrsministeriums im Falle einer Behinderung des Wohlbefindens der Fahrgäste oder des öffentlichen Nutzens vor. Das Ministerium ist etwa befugt, eine Änderung von Tarifen, Fahrplänen oder an Wagen und Infrastruktur zu verlangen (Art. 23 Abs. 1 Nr. 1 bis Nr. 3 EUG). Daneben ist im äußersten Fall auch eine Stilllegungsverfügung bzw. der Widerruf der Genehmigung möglich (Art. 30 EUG). Einen relativ großen Stellenwert nehmen die Bestimmungen über die Sicherheit im Eisenbahnunternehmensgesetz ein (Art. 18–2 bis 19–4 EUG).

Da in Japan die Infrastruktur von zahlreichen Unternehmen gehalten wird, sieht das Gesetz schließlich auch verschiedene Maßnahmen sowie Eingriffsbefugnisse des Ministeriums vor, um das Umsteigen zwischen verschiedenen Linien zu erleichtern oder eine direkte Verbindung durch Passierung der Strecke auch für andere Unternehmen zu ermöglichen (Art. 22–2 f. EUG).

Die staatliche Subventionierung des Schienenpersonennahverkehrs hat in Japan keine dem deutschen Recht vergleichbare systematische Stellung inne. Vielmehr ist sie durch Spezialgesetze nur punktuell vorgesehen.[75] Hierzu gehört etwa das Sondermaßnahmengesetz zur Förderung der Einrichtung von bestimmten Stadteisenbahnen,[76] das Gesetz zum Ausbau von Eisen- und Schienenbahnen[77] sowie das Gesetz über die „Railway Construction, Transport and Technology Agency" (JRTTG).[78]

C. Vergleichende Betrachtung

Auf den bis hierin geleisteten Überblick über das Eisenbahnrecht beider Länder gestützt sollen abschließend einige Punkte einer vergleichenden Betrachtung unterzogen und dabei neben dem ordnungsrechtlichen Rahmen vor allem auf die zu eingangs aufgeworfenen Fragen nach dem Niederschlag des öffentlichen Interesses und der Form des Wettbewerbs eingegangen werden.

---

75 *Usui*, *Kôteki-shikin-josei-hô seigi* [Erläuterungen zum Recht der öffentlichen Subventionen], 2007, S. 471 ff. Siehe außerdem: *Aveline* (Fn. 12), S. 190 ff.; *Dolles/Köster* (Fn. 13), S. 198 f.

76 Gesetz Nr. 42 vom 30.4.1986, zuletzt geändert durch Gesetz Nr. 74 vom 24.6.2011 (*tokutei-toshi-tetsudô-seibi-sokushin-tokubetsu-sochi-hô*).

77 Gesetz Nr. 169 vom 5.8.1953, zuletzt geändert durch Gesetz Nr. 87 vom 26.7.2005 (*tetsudô-kidô-seibi-hô*).

78 Gesetz Nr. 180 vom 18.12.2002, zuletzt geändert durch Gesetz Nr. 63 vom 22.8.2012 (*dokuritsu-gyôsei-hôjin-tetsudô-kensetsu/unyu-shisetsu-seibi-shien-kikô-hô*).

I. Ordnungsrechtlicher Rahmen und Kompetenzverteilung

Die gesetzessystematische Einordnung der Eisenbahn in Abgrenzung zu sonstigen Schienenbahnen stellt zwar in beiden Ländern im Grundsatz auf die Nutzung von Straßen ab. Jedoch ist der japanische Begriff insofern weiter, als er auch Untergrundbahnen als Eisenbahnen behandelt, die in Deutschland aber dem Straßenpersonennahverkehr zugeordnet werden.

So wie das deutsche, ist auch das japanische Eisenbahnrecht aus klassisch ordnungsrechtlichen Elementen konzipiert. So etwa sind die Befugnisse der Aufsichtsbehörden und das Genehmigungssystem durchaus ähnlich ausgestaltet. Im Detail zeigen sich jedoch Unterschiede: So unterliegt in Deutschland der Betrieb von Schienenwegen und die Erbringung von Eisenbahnverkehrsleistungen eines Unternehmens insgesamt dem Genehmigungserfordernis des § 5 AEG, während die entsprechende Genehmigung nach Art. 3 EUG in Japan linienbezogen ist. In Deutschland ist dann zusätzlich ein Planfeststellungsverfahren für die Errichtung von Betriebsanlagen der Eisenbahn erforderlich (§ 18 AEG), während dieses Institut in Japan unbekannt ist und – mangels Konzentrationswirkung – neben einer Baudurchführungserlaubnis (Art. 8 EUG) weitere Konzessionen etwa nach dem Stadtplanungsgesetz erforderlich sind.

Außerdem ist auf die unterschiedliche Verteilung der Kompetenzen in den beiden Ländern hinzuweisen: Weil Japan ein Zentralstaat ist, sind die wesentlichen Kompetenzen hinsichtlich der Eisenbahn dem Verkehrsminister zugewiesen. Demgegenüber wurde in Deutschland eine differenzierte Lösung gewählt, die einerseits an die Unterscheidung zwischen Eisenbahnen des Bundes und nichtbundeseigenen Eisenbahnen anknüpft. Auf der anderen Seite wurden im Zuge der Regionalisierung die den Schienenpersonennahverkehr betreffenden Kompetenzen den Ländern zugewiesen. Nicht zuletzt auch im Einfluss des EU-Rechts zeigt sich die Vielschichtigkeit, die das deutsche Eisenbahnrecht insgesamt prägt.

Ein Schritt in Richtung Regionalisierung findet sich in Japan in der regionalen Aufspaltung der Staatsbahn – ein Weg, den wiederum Deutschland mit der Deutschen Bahn AG so nicht gegangen ist.

II. Öffentliches Interesse und Gemeinwohlorientierung

Vergleicht man die Gemeinwohlorientierung in beiden Rechtsordnungen, so kann man das Vorhandensein eines Rechtsprinzips der Daseinsvorsorge, das schon lange im deutschen Recht anerkannt wird, auch im japanischen Recht nachweisen: Im deutschen Recht hat dieses Prinzip seit jeher strukturelle Bedeutung für den Bereich des Schienenpersonennahverkehrs. Auf der anderen

Seite ist in der japanischen Rechtswissenschaft der Begriff der Daseinsvorsorge bisher kaum verwendet worden – so existiert auch keine allgemeine Beförderungspflicht. Untersucht man jedoch die Vorschriften des japanischen Eisenbahnrechts im Einzelnen, zeigt sich, dass dieses Prinzip auch hier seinen Niederschlag gefunden hat, so etwa in der Begrenzung der Beförderungsentgelte in Art. 16 EUG, in der Anzeigepflicht für Aussetzung bzw. Stilllegung (Art. 28 ff. EUG) und ferner im System der Infrastruktursubventionierung. All dies hat eine dem deutschen Prinzip der Daseinsvorsorge vergleichbare rechtliche Bedeutung.

Jedoch ist vom Standpunkt der tatsächlichen Vorbedingungen her, namentlich vor dem Hintergrund höherer Urbanisierung, der japanische Eisenbahnbetrieb im Nahverkehrsbereich profitabel, während dies in Deutschland angesichts einer dezentralen Städtestruktur bisher nicht erreicht werden konnte. Daher ist in Deutschland die Subventionierung des Schienenpersonennahverkehrs durch die Länder als öffentlicher Dienstleistung die Regel – ihr kommt eine weit größere systematische Bedeutung zu als in Japan.

Dennoch zeigt sich, dass das öffentliche Interesse an der „Eisenbahn" in modernen Staaten sich im Eisenbahnrecht beider Länder auf ähnliche Erwägungen stützt und das Recht demgemäß formte.

III. Marktstruktur und Wettbewerb

Vergleicht man die historische Entwicklung in beiden Ländern, so kam es jeweils zu einer Privatisierung der Staatsbahn. In Deutschland ist verfassungsrechtlich das mehrheitliche Eigentum des Bundes am Schienennetz jedoch weiterhin garantiert. Dies betrifft auch den Schienenpersonennahverkehr, soweit dieser das Netz der Eisenbahnen des Bundes nutzt. Zudem steht der Betrieb der Deutschen Bahn AG derzeit noch im Eigentum des Bundes. In Japan finden sich demgegenüber historisch bedingt auch zahlreiche private Eisenbahnunternehmen mit eigener Infrastruktur im städtischen Nahverkehrsbereich. Hinzu kommt, dass im Zuge der Privatisierung der japanischen Staatsbahn diese regional aufgespalten wurde und die entstandenen JR East, JR West und JR Central, die die japanische Hauptinsel Honshu betreffen, mittlerweile insgesamt vollständig privatisiert wurden.

Es fällt daneben auf, dass heute im Recht beider Länder eine Trennung von Netz und Betrieb vorgesehen ist. Dies hat jedoch unterschiedliche Gründe: In Deutschland war dies aufgrund europarechtlicher Vorgaben und des Verbleibs der bestehenden Infrastruktur bei der Deutschen Bahn erforderlich, um einen Wettbewerb um das Netz zu ermöglichen. Die entsprechende Regelung des Zugangs wird folglich durch das Allgemeine Eisenbahngesetz umfassend ausgestaltet. Während in Deutschland damit ein Wettbewerb um den Markt geschaffen wurde, kann man in Japan von einem Wettbewerb im Markt sprechen.[79] Denn die historisch gewachsenen Strukturen in Japan ließen aus der regionalen Aufspaltung der Staatsbahn eine echte Konkurrenz zu den regionalen Privatbahnen mit seit jeher eigener Infrastruktur entstehen; und dies reichte dann zur Schaffung eines regionalen Wettbewerbs aus.

In Japan war die Trennung von Netz und Betrieb unter Wettbewerbsgesichtspunkten nicht unbedingt erforderlich – zumal hier auch kein Anspruch auf Zugang zu den Netzen festgeschrieben wurde. Vielmehr war es aus Gründen der Wirtschaftlichkeit das Ziel, die Nutzung der Infrastruktur durch andere Eisenbahnunternehmen gesetzlich zu ermöglichen.[80]

IV. Schlussfolgerung

Die grundlegenden Gemeinsamkeiten des Eisenbahnrechts in Deutschland und Japan sind somit insbesondere Elemente des klassischen Ordnungsrechts, Regelungen, die dem Gedanken der Daseinsvorsorge entspringen, sowie die Unterscheidung zwischen Straßen- und Eisenbahnen.

Jedoch bedingt auch der Unterschied zwischen Zentral- und Bundesstaat die unterschiedliche Handhabung eisenbahnrechtlicher Kompetenzen in beiden Ländern. Verschiedene Eigentumsstrukturen hinsichtlich des Eisenbahnnetzes, die Trennung oder Integration von Betrieb und Infrastruktur – wenn man all dies als Vorbedingungen betrachtet, versteht man das Relief des Eisenbahnrechts in beiden Ländern.

Sowohl in Japan als auch in Deutschland wurde ein Wettbewerb realisiert, der eine Antwort auf die Forderung nach Liberalisierung und Privatisierung gibt. Jedoch variieren Marktstruktur und Gestalt des Wettbewerbs aufgrund der unterschiedlichen historisch bedingten Eigentumsstrukturen in den beiden Ländern erheblich. Oder mit anderen Worten: Es sind die sozialökonomischen Vorbedingungen, die erst die Grundlage für die Steuerungswirkung des Rechts bilden und damit die Ausgestaltung des Eisenbahnrechts bestimmen.

Es wird daher auch in Zukunft Aufgabe des Eisenbahnrechts sein, das öffentliche Interesse etwa in Form staatlicher Subventionen mit dem Ideal der Privatisierung zusammenzuführen und letztlich ein Gleichgewicht zwischen Profitabilität und Gemeinwohlorientierung sicherzustellen. Der Vergleich des deutschen und japanischen Rechts auf diesem Gebiet vermag hierzu einen wichtigen Beitrag zu leisten.

---

79 Siehe hierzu auch: *Zufall* (Fn. 1).

80 Vgl. zur früheren Rechtslage *Wakuda* (Fn. 74), S. 22 f.

Kazushige Doi

Die internationale Wiedergutmachungs-bewegung im Strafrecht und relevante Instrumente in Japan*

I. Einleitung

Das Strafrecht regelt allein die Sanktionen durch den Staat gegenüber dem Straftäter, d.h. das Verhältnis zwischen dem Staat und dem Täter, während die Wiedergutmachung für das Opfer allein dem Zivilrecht obliegt.[1] Dieser klassische Trennungsgedanke von Straf- und Zivilrecht wird für „eine der großen juristischen Errungenschaften des 19. Jahrhunderts" gehalten[2] und gilt dazu als Merkmal der *modernen* Strafrechtspflege.[3]

Aus rechtspolitischer Sicht ist die strenge Trennung zwischen dem Zivil- und dem Strafrecht jedoch in Frage zu stellen. *Claus Roxin* weist hierzu darauf hin, dass die Verteilung der Konfliktregelung auf verschiedene Rechtsgebiete unnötig den Erledigungsaufwand vergrößere, den der Straftäter, das Deliktsopfer sowie die Gesellschaft tragen müssen.[4] Diese funktionelle Betrachtung wird von zwei kriminalpolitischen Wenden in der letzten Hälfte des 20. Jahrhunderts getragen: zum einen von (1) der Desillusion gegenüber dem *Behandlungsgedanken*, der von *Franz von Liszt* in dem sog. *Marburger Programm* von 1882 konzipiert worden war und seitdem in der Strafrechtspraxis in vielen Ländern eine Leitkraft hatte: zum anderen von (2) der Verstärkung des Opferschutzes, dem seit

---

* Ich danke Herrn Ass. iur. *Michael Pfeifer* recht herzlich für das sorgfältige Korrekturlesen und die wertvollen Kommentare.

1 Vgl. *Hirsch,* Zur Stellung des Verletzten im Straf- und Strafverfahrensrecht, in: Dornseifer u.a. (Hrsg.), GS Armin Kaufmann, 1989, S. 699 (708 f.); *ders.*, Wiedergutmachung des Schadens im Rahmen des materiellen Strafrechts, ZStW 102 (1990), 534 (540 f.); ursprünglich, s. *Binding,* Die Normen und ihre Übertretung, 1. Bd., 4. Aufl., 1922 (Neudruck 1965), S. 286.

2 *Roxin,* Die Wiedergutmachung im strafrechtlichen Sanktionensystem, in: Badura/Scholz (Hrsg.), FS Lerche, 1993, S. 301.

3 *Maeno,* Shûfuku teki shihô towa (Über die *restorative justice*), in: Fujioka (Hrsg.), Higaisha to kagaisha no taiwa ni yoru kaifuku o motomete (Zur Wiedergutmachung durch Dialog von Opfer und Täter), 2005, S. 13 (14 f.).

4 *Roxin,* Zur Wiedergutmachung als einer „Dritten Spur" im Sanktionensystem, in: Arzt u.a. (Hrsg.), FS Baumann, 1992, S. 243 (247).

den 50er Jahren des letzten Jahrhunderts in der Wissenschaft und Gesellschaft allmählich mehr Beachtung zukommt. Diese Ansätze schlagen sich in der „*Wiedergutmachungsbewegung*" nieder, nach der die Einbeziehung der Wiedergutmachung in das Strafrecht weltweit als eines der wichtigsten kriminalpolitischen Themen erkannt wird.[5]

Aus dieser Entwicklung ist die These abzuleiten, dass zwei unterschiedliche, manchmal auch sich gegenseitig ausschließende Schwerpunkte bei der Ausgestaltung von Instrumenten zur Wiedergutmachung denkbar sind: *Täter-* und *Opferinteresse.*

Eine solche Überlegung wird gerade in der Abgrenzung der alternativen Vorgehensweise im § 46a des deutschen Strafgesetzbuches (im Folgenden: allein StGB) angedeutet: Täter-Opfer-Ausgleich (§ 46a Abs. 1 Nr. 1) und Schadenswiedergutmachung (Abs. 1 Nr. 2). Diese Vorschrift stellt den symbolischen Erfolg der umfassenden Reformdiskussionen zur konstruktiven Tatverarbeitung seit den 1980er Jahren in Deutschland dar.[6] Im Vergleich dazu wurden die relevanten Rechtsinstitutionen in Japan im Zug der Opferschutzreformen seit dem Jahr 2000 eingeführt und sind daher entsprechend stark vom Opferschutzbedürfnis geprägt. Dazu gehören (1) die Aufnahme eines Vergleichs in das Strafverfahrensprotokoll (Keiji wakai) sowie (2) die Schadensersatzanordnung (Songai baishô meirei).[7]

---

5 *Roxin* (Fn. 2), S. 313; *ders.*, Strafrecht AT, Bd. I, 4. Aufl., 2006, § 3 C Rn. 72, die Einfügung der Wiedergutmachung in das Sanktionensystem stehe noch „auf der Tagesordnung". Zu den zwei Ansätzen der Wiedergutmachungsströmung: *Baumann* u.a., Alternativ Entwurf Wiedergutmachung, 1992, S. 10 (20 f.); *Laue*, Symbolische Wiedergutmachung, 1999, S. 13; *Pielsticker*, § 46 a StGB, 2004, S. 20, 24; im Zusammenhang mit der Restitution in den USA, vgl. auch *Weigend*, „Restitution" in den USA, in: Eser/Kaiser/Madlener (Hrsg.), Neue Wege der Wiedergutmachung im Strafrecht, 1990, S. 111 (113). Außerdem nennen *Rössner* und *Bannenberg* „die Legitimationskrise des Strafrechts als spezifisches Resozialisierungsinstrument" sowie „die Personalisierung des Konflikts und Opferbezugs im Strafrecht" wie auch die internationale Bewegung der *restorative justice* als entscheidende Kräfte für die Umgestaltung der Kriminalpolitik, s. *Rössner/Bannenberg*, Das System der Wiedergutmachung im StGB unter besonderer Berücksichtigung von Auslegung und Anwendung des § 46a StGB, in: Graul/Wolf (Hrsg.), GS Meurer, 2002, S. 157 (158).

6 Zum Reformbedürfnis des materiellen Rechts und des Verfahrensrechts, vgl. *Baumann* u.a. (Fn. 5), S. 11; *Schöch*, Empfehlen sich Änderungen und Ergänzungen bei den strafrechtlichen Sanktionen ohne Freiheitsentzug? Gutachten C für den 59. Deutschen Juristentag, 1992, C 12.

7 Hinsichtlich immaterieller Wiedergutmachung kommt noch die Opferbeteiligung am Strafverfahren (*Higaisha sanka*, § 316–33 ff. JStPO) hinzu. Während der Schutz der Verletzten vor Verleumdung bei der Nebenklage in Deutschland (§ 395 ff.

In diesem Beitrag sollen zunächst (II) die zwei Ansätze und die daraus resultierende Täter- und Opferorientierung der Wiedergutmachung dargestellt werden. Danach soll (III) ein Überblick über die neuen relevanten Instrumente im japanischen Strafrecht vermittelt werden. Daran anschließend wird (IV) deren begrenzter Beitrag zur Opferentschädigung aufgezeigt und demgegenüber für eine neue Ausrichtung als weitere Reform plädiert.

Im Folgenden soll das Wort „Wiedergutmachung" im weiteren Sinne verwendet werden. Darunter sind sowohl materielle als auch immaterielle Leistungen in dem Bemühen um einen Ausgleich mit dem Opfer zu verstehen. Dabei beziehen sich die Betrachtungen vor allem auf das Erwachsenenstrafrecht.

II. Die zwei Ansätze der Wiedergutmachungsbewegung: Täter- oder Opferorientierung

1. Zwei kriminalpolitische Ansätze zur Integration der Wiedergutmachung

a) Desillusion gegenüber dem Behandlungsgedanken und Alternative zum Freiheitsentzug

Bei historischer Betrachtung findet der erste Ansatz sich im Zweifel an der Resozialisierung der Straftäter durch eine stationäre Behandlung. Man weist zunehmend deutlich darauf hin, dass Sanktionen mit nachweisbarer und genereller Besserungswirkung bislang nicht auffindbar gewesen seien.[8] Die Frage sei eher, ob die Zwangsbehandlung in Strafvollzugsanstalten nicht die Gefahr mit sich bringe, die Persönlichkeit des Täters zu verbiegen und ihn zu *entsozialisieren*.[9]

StPO) im Vordergrund steht, interessiert die Opferbeteiligung in Japan sich eher für die Genugtuung des Opfers. *Okamoto*, Higaisha sanka no seido (Institution der Opferbeteiligung), Hôritsu no hiroba Bd. 60 Nr. 11, 2007, S. 27; zu Einzelheiten, vgl. *Mizuno*, Die Beteiligung des Verletzten im japanischen Strafverfahren, Jahresblätter für japanische und deutsche Forschung in Japan, Nr. 5, 2010, 15 ff.; *T. Yoshida*, Beteiligung des Tatopfers am Strafverfahren in Japan, in: Heinrich u.a. (Hrsg.), FS Roxin zum 80. Geburtstag, 2011, S. 1863 (1866 ff.); zur Nebenklage, *Herrmann*, Die Entwicklung des Opferschutzes im deutschen Strafrecht und Strafprozessrecht, ZIS 2010, 236 (241); *Safferling*, Die Rolle des Opfers im Strafverfahren, ZStW 122 (2010), 87 (94 f.).

8 *Baumann* u.a. (Fn. 5), S. 10.

9 *Roxin*, Die Wiedergutmachung im System der Strafzwecke, in: Schöch (Hrsg.), Wiedergutmachung und Strafrecht, 1987, S. 37 (51). Zur Gefahr der Entsozialisierung bzw. Etikettierung, vgl. auch *Streng*, Strafrechtliche Sanktionen, 3. Aufl. 2012, Rn. 69.

Dieser Zweifel führte seinerzeit zum wachsenden Interesse an konstruktiven und nichtstationären Reaktionen auf Straftaten.[10]

In diesem Zusammenhang erhofft man eine spezialpräventive Wirkung der Wiedergutmachung, die die Rehabilitation und Resozialisierung des Täters fördert. Unternimmet der Täter einen Täter-Opfer-Ausgleich bzw. eine Schadenswiedergutmachung, so soll er sich zuerst mit seiner Tat und dem Schaden, und schließlich mit der Person des Verletzten auseinandersetzen.[11] Durch diesen Prozess zur Verantwortungsübernahme wird der Täter das subjektive Recht des Opfers und das zugrunde liegende objektive Recht anerkennen.[12]

Auch im Hinblick auf die Generalprävention ist die Wiedergutmachung als gesellschaftlich bereichernd zu erachten. Denn die Wiederherstellung des durch die Tat gestörten Rechtsfriedens soll die Wiederanerkennung der Rechtsstellung des Opfers voraussetzen. Sowohl das Opfer als auch die Allgemeinheit werden den sozialen Konflikt erst dann als reguliert und damit die Straftat als erledigt ansehen, wenn der Schaden möglichst weit und zügig kompensiert wird.[13]

---

10 Vgl. *Roxin* (Fn. 9), S. 51; *ders.* (Fn. 2), S. 303; *Baumann* u.a. (Fn. 5), S. 10. Die „Ernüchterung der früheren Behandlungseuphorie" (s. *Roxin*, FS Lerche, S. 303) ist vor allem in der Wende vom Medizinmodell *(medical model)* zum Gerechtigkeitsmodell *(justice model)* in der Kriminalpolitik auf Bundesebene der USA 1975 zugespitzt. Damit hat sich die Aufgabe der Kriminalkontrolle von Resozialisierung hin zur Vergeltung und Sicherung durch Verwahrung verändert, was zur Überfüllung der Strafvollzugsanstalten bzw. Kostenexplosion bei den Kontrollinstitutionen führte. Zur Lösung dieser Probleme war die Idee der nichtstationären Sanktionen vertreten worden, die den Straftäter in der Gemeinschaft belässt, sofern kein Sicherheitsrisiko besteht. Dazu, s. *T. Fujimoto,* Hi kôkin sochi to shite no higai bensho meirei seido (Wiedergutmachungsinstitutionen als nichtstationäre Maßnahmen), Hikaku hô zasshi (Zeitschrift für Rechtsvergleichung) Nr. 95, 1996, 1 (3 f.) ; auch *Weigend* (Fn. 5), S. 111; *Baumann* u.a. (Fn. 5), S. 127.

11 *Roxin* (Fn. 9), S. 50 f.; *ders.* (Fn. 2), S. 303; *Baumann* u.a. (Fn. 5), S. 26 f.; *Schöch* (Fn. 6), C 65; *Streng,* in: Nomos Kommentar StGB Bd. 1, 3. Aufl. 2010, § 46 a Rn. 2.

12 Vgl. *Baumann* u.a. (Fn. 5), S. 25 f.

13 *Roxin* (Fn. 2), S. 303 f. Dazu vgl. auch *Schöch* (Fn. 6), C 64 f.; *Pielsticker* (Fn. 5), S. 47 f.; *Freund/Garro Carrera,* Strafrechtliche Wiedergutmachung und ihr Verhältnis zum zivilrechtlichen Schadensersatz, ZStW 118 (2006), S. 76 (84 f.); NK-*Streng* (Fn. 11), § 46 a Rn. 2. Hierbei geht es allein um die positive Generalprävention. Die negative Generalprävention, die Abschreckung der Allgemeinheit durch Strafe, wird dagegen bei der Bestrafung keine große Bedeutung mehr zugemessen. Denn, wie *Roxin* zu Recht meint, hängt eine abschreckende Wirkung weniger „vom Gesetz und von der Verurteilung" ab als „von der Intensität der polizeilichen Überwachung und Ermittlung", s. *Roxin,* ebenda; auch NK-*Streng,* ebenda.

Christian Laue formuliert dies als „*Tilgungswirkung*“ der Wiedergutmachung im Hinblick auf die überindividuelle Störung im Rechtsbewusstsein der Allgemeinheit.[14]

Daraus ergibt sich, dass die Wiedergutmachung die Strafe zumindest teilweise ersetzen und das herkömmliche Sanktionensystem ergänzen kann. Die Tat verliert insofern nachträglich an *Strafbedürftigkeit* und die den Täter belastende Leistung zugunsten des Opfers macht daher die Strafverhängung überflüssig.[15] Hierbei wird die Wiedergutmachung im Strafrecht schließlich als Maßnahme zur Reintegration des Täters in die Gesellschaft verstanden.

b) Internationale Opferschutzbewegung und Genugtuung des Opfers

Stärker noch fördert die internationale Opferschutzbewegung auf der anderen Seite die Integration der Wiedergutmachung. Im Trend der „*Wiederentdeckung des Verletzten*“[16] bzw. der „*Renaissance des Opfers*“[17] im Strafverfahren hat man den Blick wieder verstärkt auf die Deliktsopfer gelenkt, die bislang am Rande der Strafjustiz geblieben waren. Als erster Schritt wurden staatliche Opferentschädigungskassen errichtet[18] und ferner Verbesserungen der Rechtsstellung des Opfers im Strafverfahren vorgenommen, etwa zum Schutz vor sekundärer Viktimisierung und durch Opferbeteiligung am Strafverfahren.[19]

Weiterhin kam in Betracht, die Entschädigung mit dem Strafverfahren zu kombinieren. Dies betrifft das Adhäsionsverfahren (z. B. *action civil* in Frankreich

---

14 *Laue* (Fn. 5), S. 70 ff.; s. auch *Pielsticker* (Fn. 5), S. 48.

15 *Schöch* (Fn. 6), C 64; *Pielsticker* (Fn. 5), S. 48; *Freund/Garro Carrera* (Fn. 13), S. 85; NK-*Streng* (Fn. 11), § 46 a Rn. 2, die Tat verliere nachträglich „nicht nur an Strafbedürftigkeit, sondern auch an Strafwürdigkeit“, was sich „auf der Ebene der Strafzumessungsschuld“ mildernd auswirke. Diesbezüglich ist umstritten, ob die Wiedergutmachung weiterhin auch auf die Tatschuld Einfluss ausübt. Das befürwortet, vgl. NK-*Streng*, ebenda; verneint, *Freund/Garro Carrera* (Fn. 13), 79; *Schöch*, Die „unterbelichtete“ Schadenswiedergutmachung gemäß § 46a StGB, in: Bernsmann/Fischer (Hrsg.), FS Rissing van Saan, 2011, S. 639 (643), der allerdings die Reduzierung der Strafzumessungsschuld annimmt.

16 *Schöch*, Die Rechtsstellung des Verletzten im Strafverfahren, NStZ 1984, 385.

17 *Eser*, Zur Renaissance des Opfers im Strafverfahren, in: Dornseifer u.a. (Hrsg.), GS Armin Kaufmann, 1989, S. 723 (733); *Schöch* (Fn. 6), C 56. In den USA wird diese Bewegung als Victim's Rights Movement bezeichnet, s. *Baumann* u.a. (Fn. 5), S. 20.

18 In Deutschland durch das Opferentschädigungsgesetz von 1976; zur Entschädigungskasse in den USA, vgl. *Weigend* (Fn. 5), S. 113 f.; *Baumann* u.a. (Fn. 5), S. 127 f.

19 Im geltenden deutschen Recht wird die Nebenklage (§§ 395 ff. StPO) geregelt. Dazu vgl. *Safferling* (Fn. 7), 94 f.

und §§ 403 ff. StPO) und die Verfahrenseinstellung unter der Auflage der Wiedergutmachung (z. B. § 153a Abs. 1 Nr. 1 StPO).[20] Diese Regelungen können aber zur Verwirklichung der Kompensation des Opfers nur einen geringen Beitrag leisten.[21] Daher wurden auch im *materiellen* Strafrecht Möglichkeiten zur Strafmilderung, wie § 46a StGB, wegen der Wiedergutmachung geschaffen.

Die Idee ist, dass eine solche Begünstigung bei der Strafbemessung den Täter veranlasst, den durch seine Tat herbeigeführten Schaden *freiwillig* zu ersetzen. Der Täter-Opfer-Ausgleich ermöglicht dem Opfer, sich an der „Rechtsfolgenfindung" zu beteiligen und seine Sicht zum Tatgeschehen „direkter und ausführlicher als im form- und rollengebundenen Gerichtsverfahren" einzubringen.[22]

Hierbei zielt die Wiedergutmachung darauf ab, dass der „Individualkonflikt zwischen Täter und Opfer"[23] eine umfassende, d. h. sowohl finanzielle als auch psychische Lösung findet und das „*Genugtuungsbedürfnis* des Opfers" befriedigt wird.[24]

2. Täter- oder opferorientierte Ausgestaltung der Wiedergutmachung

Täter- und Opferinteresse stehen zwar zum Teil zueinander in Bezug, aber nicht immer in Einklang.[25] Wenn man die Resozialisierung des Täters bei der Wiedergutmachung hervorhebt, so birgt dies die Gefahr in sich, die Opferanliegen zurücktreten zu lassen und diese auf einen reinen Nebeneffekt des täterfreundlichen Resozialisierungsprozesses zu reduzieren.[26]

Daraus geht hervor, dass man sich bei der gesetzlichen Umsetzung zunächst damit auseinandersetzen muss, auf welches Interesse der Schwerpunkt gelegt werden soll.[27] Diese Grundentscheidung bestimmt, ob die Rechtsinstitute für die Wiedergutmachung *eher täter-* oder *eher opferorientiert* ausgestaltet werden:

---

20 Vgl. *Baumann* u.a. (Fn. 5), S. 12 f.; NK-*Streng* (Fn. 11), § 46 a Rn. 5 f.

21 Vgl. *Baumann* u.a. (Fn. 5), S. 13; *Schöch* (Fn. 6), C 57, insbesondere zu den Grenzen des Adhäsionsverfahrens C62 f.; ebenso skeptisch *Safferling* (Fn. 7), 96.

22 *Kilchling*, Aktuelle Perspektiven für Täter-Opfer-Ausgleich und Wiedergutmachung im Erwachsenenstrafrecht, NStZ 1996, 309.

23 *Safferling* (Fn. 7), 88 f., der allerdings darlegt, dass diesem Aspekt im Strafverfahren immer noch gegen den Rechtsbruch sekundäre Bedeutung zugemessen wird.

24 NK-*Streng* (Fn. 11), § 46 a Rn. 2 f.; ausführlich *ders.* (Fn. 9), Rn. 28. Ferner ist durch den Prozess auch „die Wiedereingliederung des Opfers in die Gesellschaft (Opferresozialisierung)", s. *Safferling* (Fn. 7), 90, zu fördern.

25 *Pielsticker* (Fn. 5), S. 20.

26 *T. Fujimoto*, (Fn. 10), 10.

27 Vgl. *Pielsticker* (Fn. 5), S. 32.

ihre primäre Legitimation ist einerseits aus „dem Wegfall von Strafbedürfnissen bei bestimmten Verhaltensweisen" herzuleiten und wird sich andererseits auf „die Befriedigung von Opferinteressen" stützen.[28]

Bei der Einführung des § 46a StGB 1994 hat der deutsche Gesetzgeber beide Interessen in Erwägung gezogen. Anhand der Zielsetzung des Reformgesetzes beabsichtigte dieser ursprünglich „den Belangen der Opfer von Straftaten stärkeres Gewicht" zu verleihen.[29] Versucht wurde allerdings auch, dieses Ziel mit der Verantwortungsübernahme des Täters zu vereinen, um die „friedensstiftende Wirkung eines herkömmlichen Strafverfahrens" zu ergänzen.[30] Die Opfer- und die Täterperspektive spiegeln sich folglich in den alternativen Vorgehensweisen in § 46a StGB wider: Der Täter-Opfer-Ausgleich (Abs. 1 Nr. 1) verlangt einen kommunikativen Prozess zum Ausgleich, dessen Verlauf meistens von Opferwillen abhängig ist. Die Schadenswiedergutmachung (Abs. 1 Nr. 2) stellt dagegen auf materielle Leistungen durch den Täter ab, die seine Verantwortungsübernahme manifestieren.[31] Aus dieser Ausgestaltung ergeben sich freilich nur sehr vage Erkenntnisse über die bei den beiden Alternativen *gemeinsame* Grundausrichtung.[32]

III. Wiedergutmachungsinstrumente in der japanischen Rechtspflege

1. Charakteristika des japanischen Strafverfahrens und die strenge Trennung von Straf- und Zivilrecht

Auch Japan kannte das Adhäsionsverfahren bereits in der alten Strafprozessordnung von 1922, die viel von der *inquisitorischen* deutschen Reichsstrafprozessordnung aufnahm. Aber dieses in kontinentaleuropäischen Ländern traditionelle Rechtsinstitut wurde nicht in die geltende japanische Strafprozessordnung von 1948 übernommen. Entsprechend der Verfassungsänderung in der amerikanischen Besatzungszeit wurde auch hier ein Wechsel zum *adversatorischen* Prozessmodell vollzogen.[33] Seitdem ist das japanische Rechtssystem

28 *Pielsticker* (Fn. 5), S. 27 f.

29 BT-Drs. 12/6853, 21.

30 BT-Drs. 12/6853, 21.

31 Vgl. BGH NStZ 1995, 492 (493).

32 *Pielsticker* (Fn. 5), S. 28 f.

33 Zur Entstehungsgeschichte der japanischen Strafprozessordnung, vgl. *Herrmann*, Die Japanisierung des westlichen Rechts im japanischen Strafrecht und Strafverfahrensrecht, in: Coing u.a.(Hrsg.), Die Japanisierung des westlichen Rechts, 1990, S. 397;

im Rechtsvergleich lange von einer strikten Trennung von Straf- und Zivilrecht beherrscht worden.[34]

Dieser Stillstand stützte sich vor allem auf das *Opportunitätsprinzip*, dessen Reichweite auch in Deutschland trotz des dominierenden *Legalitätsprinzips* (§ 170 Abs. 1 StPO) mittlerweile beachtlich erweitert worden ist.[35]

Dieser Grundsatz entstand viel früher als die Umgestaltung der Verfahrensstruktur aus justizökonomischen und spezialpräventiven Gründen in der Praxis und ist heute im § 248 der japanischen Strafprozessordnung verankert.[36] Gem. § 248 jap. StPO[37] steht die Erhebung der Anklage ohne gerichtliche Kontrolle im freien Ermessen des zuständigen Staatsanwalts, selbst soweit ein hinreichender

---

ausführlich, *Iijima*, Die Entwicklung des strafrechtlichen Unrechtsbegriffs in Japan, 2004, S. 25 ff. Hierbei wird das japanische Strafverfahrensrecht als „Kompromissmodell" (*Herrmann*, S. 413) bzw. „Mischform" (*Iijima*, S. 27) beschrieben. Zur Mischung oder Hybridisierung der Verfahrensordnungen in letzter Zeit, vgl. *Weigend*, Internationale Entwicklungen bei der Stellung des Verletzten im Strafverfahren, in: Barton/Kölbel (Hrsg.), Ambivalenzen der Opferzuwendung des Strafrechts, 2012, S. 29 (32), die Aufteilung der prozessualen Welt in inquisitorische und adversatorische Länder sei heute nicht mehr so leicht möglich wie vielleicht noch vor 100 Jahren; dazu vgl. auch *Taguchi*, Keiji soshô shutai ron josetsu (Überblick über die Diskussion zu Prozessprojekten im Strafverfahren), Mitsui u.a. (Hrsg.), Suzuki Shigetsugu sensei koki shukuga ronbun shû (FS Shigetsugu Suzuki) Bd. 2, 2007, S. 79 (93 f.).

34 *K. Nagata*, Keiji seisai to shite no higai benshô meirei I (Schadensersatzanordnung als Strafsanktion I), Hôgaku ronsô Bd. 153 Nr. 1, 2003, S. 72 (81).

35 Zum aktuellen Stand in Deutschland, s. *Jehle*, Die wachsende Bedeutung außergerichtlicher Erledigung von Strafverfahren im europäischen Vergleich, in: Jehle u.a. (Hrsg.), Rezeption und Reform im japanischen und deutschen Recht, 2008, S. 207 (214 ff.): Das ideale und reguläre Verfahren nach der deutschen Strafprozessordnung sei inzwischen in der Praxis die „Ausnahme" geworden; dazu vgl. auch *K. Kato*, Konsensuales Strafverfahren, in: Rosenau/Kim (Hrsg.), Straftheorie und Strafgerechtigkeit, 2010, S. 31 (32).

36 *Tamiya*, Keiji soshô hô (Strafverfahrensrecht), Neuaufl., 1996, S. 173; *Taguchi*, Keiji soshô hô (Strafverfahrensrecht), 6. Aufl., 2012, S. 156 f.; *S. Watanabe*, Kensatsu kan no sotsui sairyô (Das Ermessen des Staatsanwalts bei der Strafverfolgung), in: Inoue/Sakamaki (Hrsg.), Keiji soshô hô no sôten (Streitpunkte im Strafverfahrensrecht), 2013, S. 110.

37 § 248 jap. StPO lautet: Es kann von der Erhebung der öffentlichen Klage abgesehen werden, wenn die Verfolgung angesichts des Charakters des Täters, seines Alters, seiner Verhältnisse, der Schwere der Tat und seines Verhaltens bzw. dessen Nachwirkung in der Gesellschaft sowie der Umstände nach der Tat für entbehrlich zu halten ist (übersetzt vom Verfasser). Vgl. auch *H. Nakamura*, Die japanische Strafprozeßordnung, 1970, S. 63.

Tatverdacht vorliegt (*Kiso yûyo*).[38] Zum Teil wird dieses Ermessen auch bereits auf Kriminalbeamten bei der Ermittlungsarbeit übertragen (*Bizai shobun*, § 193 Abs. 1 jap. StPO).[39] Diesbezüglich ist weitgehend anerkannt, dass Entschuldigung und Entschädigung durch den Täter bei der Ermessensausübung großes Gewicht beigemessen werden.[40]

Auch das Gericht misst bei der Strafzumessung einem Vergleich zwischen Täter und Opfer große Bedeutung bei.[41] Der Vergleich ist maßgeblich vor allem für die Aussetzung einer Freiheitsstrafe zur Bewährung. Das Gericht hält den Verteidiger daher praktisch zur Vergleichsverhandlung an.[42]

Davon ausgehend sind die meisten japanische Juristen sogar innerhalb der internationalen Wiedergutmachungsströmung im Bezug zur Institutionalisierung der relevanten Maßnahmen eher zurückhaltend.[43] *Makoto Ida* etwa äußerte sich dahingehend, die sorgsame Berücksichtigung des Opferinteresses durch den japanischen Staatsanwalt scheine die Beteiligung des Verletzten am Strafverfahren weitgehend überflüssig zu machen.[44]

---

38 *Ida*, Die heutige japanische Diskussion über das Straftatsystem, 1991, S. 43; *Kato* (354), S. 32, der den Ermessensspielraum als nahezu unbegrenzt darstellt. *Hirano* weist dagegen auf einen empirischen Befund hin, dass die Ermessensausübung der Strafrechtsorgane in Japan „in hohem Grade strukturiert" und „vorhersehbar" sei. *Hirano*, Die Japanisierung des westlichen Rechts im japanischen Strafrecht und Strafprozessrecht, in: Coing u.a. (Hrsg.), Die Japanisierung des westlichen Rechts, 1990, S. 387 (391). Statistik von 2012: Die Verdächtigen in den vom Staatsanwalt durchermittelten anklagefähigen Verfahren wegen der Straftaten im allgemeinen Strafrecht außer fahrlässigen Körperverletzungen bzw. Tötungen in Autounfällen 375,070 Personen; die Anklagequote 40.7 %; die Quote der Einstellung ohne Anklageerhebung 48 %, vgl. Hanzai hakusho (Weißbuch Kriminalität) 2013, Graph 2-2-3-2, http://hakusyo1.moj.go.jp/jp/60/nfm/n_60_2_2_2_3_0.html, abgerufen am 12.6.2014.

39 *Tamiya* (Fn. 36), S. 157; *Taguchi* (Fn. 36), S. 150 f.

40 *Ida* (Fn. 38), S. 44; *N. Takahashi*, Keihô ni okeru songai kaifuku no shisô (Wiedergutmachungsidee im Strafrecht), 1997, S. 196; *Miyazaki*, Keiji tetsuzuki to songai no kaifuku (Strafverfahren und Wiedergutmachung), Hôritsujihô Nr. 883, 1999, 43 (46).

41 *Asada*, Umstände vor und nach der Tat als Strafzumessungstatsachen, in: Frisch (Hrsg.), Grundfragen des Strafzumessungsrechts aus deutscher und japanischer Sicht, 2011, S. 151 (156); *Harada*, Ryôkei handan no jissai (Praxis der Strafzumessung), 3. Aufl. 2008, S. 14 f.

42 *Ogawa*, Keiji tetsuzuki ni okeru wakai ni kansuru shomondai (Zu Fragen bezüglich des Vergleichs im Strafverfahren), Hanrei taimuzu Nr. 1199, 2006, 4 (7 f.).

43 Vgl. *Ida*, Keiji seisaku to bengoshi no yakuwari (Kriminalpolitik und Aufgaben der Rechtsanwälte), Jiyû to seigi Bd. 41 Nr. 9, 1990, 13 (15); *Fujimoto* (Fn. 10), S. 28.

44 *Ida* (Fn. 37), S. 44.

2. Opferschutzreform und Wiedergutmachungsinstrumente in Japan

a) Opferschutzreform in Bezug auf Wiedergutmachung

Seit den 1990er Jahren wurde jedoch immer stärker kritisiert, dass die Opfer lediglich als Beweismittel behandelt wurden und dass ihre Anliegen im Strafverfahren nur wenig geachtet wurden. In Reaktion hierauf erließ der Gesetzgeber im Jahr 2000 zunächst das sog. Opferschutzgesetz (OSG)[45], durch welches (i) die Aufnahme eines Vergleichs in das Strafverfahrensprotokoll (*Keiji wakai*, §§ 19 ff. OSG) ermöglicht wurde. Dieses Gesetz erfuhr im Jahr 2007 eine Reform durch das im Jahr 2004 verabschiedete Opfergrundgesetz[46], mit dem die (ii) Schadensersatzanordnung (*Songai baishô meirei*, §§ 23 ff. OSG) eingeführt wurde.

b) Einzelinstrumente

aa) Aufnahme eines Vergleichs in das Strafverfahrensprotokoll

Das Opfer oder seine Erben und der Angeklagte bzw. seine gesetzliche Vertreter können beim Strafgericht beantragen, einen Vergleich über mit der Tat im Zusammenhang stehende zivilrechtliche Ansprüche in das Protokoll aufnehmen zu lassen (§ 19 Abs. 1 OSG). Durch die Protokollierung wird dieser als *Prozessvergleich* angesehen (§ 19 Abs. 4 OSG), der einen *Vollstreckungstitel* darstellt.[47] Die deutsche Strafprozessordnung sieht eine ähnliche Möglichkeit für das Adhäsionsverfahren vor (§ 405 Abs. 1 StPO).

Allerdings setzt dieser Antrag voraus, dass das Opfer und der Angeklagte sich grundsätzlich unabhängig von Staatsanwalt und Gericht um eine Verabredung bemühen. Das Gericht soll die vereinbarte Wiedergutmachung nur protokollieren. Ferner müssen die beiden Parteien zu einem Verhandlungstermin erscheinen und den Antrag gemeinsam stellen (§ 19 Abs. 1 OSG). Dieses Mittel ist letztendlich in dem Fall nicht verwendbar, in dem der Angeklagte die Tat bestreitet oder falls das Opfer keinen Vergleich abschließen will.[48]

---

45 Hanzai higaisha tô no kenri rieki no hogo o hakaru tame no keiji tetsuzuki ni huzui suru sochi ni kansuru hôritsu (Gesetz Nr. 75 vom 19.5.2000), die letzte Reform am 12.6.2013.

46 Hanzai higaisha tô kihon hô (Gesetz Nr. 162 vom 8.12.2004).

47 *Ogawa* (Fn. 38), S. 4. Im Jahr 2011, 30 Fälle; im Jahr 2012, 38 Fälle, vgl. Hanzai higaisha hakusho (Weißbuch Deliktsopfer) 2013, S. 33.

48 *Kawaide/Kim*, Keiji seisaku (Kriminologie), 2012, S. 307.

bb) Schadenersatzanordnung

Um diese Lücken auszufüllen, wurde die Schadenersatzsanordnung geschaffen.

Das Opfer oder seine Erben können bis zum Schluss der Hauptverhandlung im Strafverfahren bei dem Strafgericht einen Antrag stellen, dem Angeklagten die Leistung von Schadensersatz für die Straftat anzuordnen (§ 23 Abs. 1 OSG).[49] Wenn der Angeklagte verurteilt wird, muss derselbe Spruchkörper ein neues Verfahren zur Anordnung sofort beginnen (§ 30 Abs. 1 OSG). Die erste Sitzung soll an die Verurteilung anschließen und noch am selben Tag stattfinden,[50] dabei wird das relevante Strafverfahrensprotokoll *von Amts wegen* eingesehen (§ 30 Abs. 4 OSG). Dies bildet eine Ausnahme vom Verhandlungsgrundsatz im Zivilprozess.[51] Der Beschluss der Anordnung stellt schließlich ebenfalls einen Vollstreckungstitel dar und das Gericht kann die darauf ergehende Entscheidung für vorläufig vollstreckbar erklären (§ 32 Abs. 2 OSG).[52]

Der größte Vorteil besteht darin, dass die im Strafverfahren gebildete *Beweiswürdigung* der Straftat durch *ein und denselben Spruchkörper* in einem anschließenden, besonderen Zivilprozess vorgenommen wird.[53] Damit soll dem Opfer die Darlegung der den Anspruchsgrund gestaltenden Tatsachen praktisch

---

49 Es ist in Japan verboten, bei der Klageerhebung die Ermittlungsakten bzw. sonstige, eventuell ein Vorurteil des Gerichts verursachende Materialien beizulegen oder deren Inhalt anzuführen (§ 256 Abs. 6 jap. StPO). Darin zeigt sich das Prinzip des Ausschlusses der Vorurteile. Vgl. *Hirano* (Fn. 38), S. 392; *Ida* (Fn. 38), S. 40. Somit werden Angaben im schriftlichen Antrag auf die Schadenersatzanordnung nach dem Opferschutzgesetz bzw. nach den durch den Obersten Gerichtshof erstellten Bestimmungen beschränkt (§ 23 Abs. 3 OSG). In der Praxis wird ein kurz formulierter Tatkomplex in der Anklageschrift *(Kôso jijitsu),* als Anspruchsgrund angeführt. *Wada*, Keiji songai baishô meirei no gaiyô to ôsaka chihô saiban sho (honchô) ni okeru unyô jôkyô ni tsuite (Überblick über Schadensersatzanordnung und Umsetzung im Distriktgericht Osaka), Hanrei taimuzu Nr. 1344, 2011, 4 (10).

50 *Baba,* Hanzai higaisha tô no kan-i jinsoku na higai no kaifuku ni mukete (Zur vereinfachten und beschleunigten Wiedergutmachung zugunsten der Deliktsopfer oder ihrer Erben), Hôritsu no hiroba Bd. 60 Nr. 11, 2007, 37 (43).

51 *Wada* (Fn. 49), 6 Fn. 8.

52 Statistik von 2008 bis 2011: Antrag 695 Fälle; Anerkennung 326 Fälle; Vergleich 114 Fälle; Verweisung an das ordentliche Zivilgericht: 81 Fälle; Rücknahme 78 Fälle; Anerkenntniserklärung 22 Fälle; Ablehnung 9 Fälle; Abweisung 2 Fälle; Verzicht 1 Fall, vgl. Hanzai higaisha hakusho (Weißbuch Deliktsopfer) 2012, 33.

53 *Baba* (Fn. 50), 43; *Okumura,* Hanzai higaisha to songai baishô meirei (Deliktsopfer und Schadensersatzanordnung), Keiji hô jânaru Nr. 9, 2007, S. 22 (29); *Kawaide,* Songai kaifuku no tame no keiji tetsuzuki no seika no riyô (Verwendung der Ergebnisse im Strafverfahren zur Wiedergutmachung), Keihô zasshi Bd. 47 Nr. 3, 2008, 61 (64).

erspart werden; es muss nur noch die Schadenssumme belegen. Was die Feststellungen über die Straftat angeht, soll so eine einheitliche Lösung für Straf- und Zivilprozess erreicht werden.[54] Außerdem muss der Beschluss spätestens im vierten Termin ergehen (§ 30 Abs. 3 OSG). Das Opfer kann seinen Anspruch hierbei im vereinfachten und beschleunigten Verfahren wahrnehmen.

Die Verfahrensbeschleunigung wirkt allerdings nicht nur zugunsten des Opfers, sondern ist auch für den Angeklagten verfassungsrechtlich geboten. Die japanische Verfassung regelt die Gewährleistung eines beschleunigten Verfahrens ausdrücklich als *Recht des Angeklagten* (Art. 37 Abs. 1 jap. Verfassung) – vergleichbar der Verhandlung innerhalb einer angemessenen Frist in Art. 6 Abs. 1 EMRK. Daraus folgt, dass das Gericht von einer Entscheidung absehen und den Rechtsstreit automatisch an das ordentliche Zivilgericht verweisen kann, wenn die Prozessrechte der beiden Parteien sonst nur schwer zu gewährleisten wären (§ 38 Abs. 1, Abs. 4 i. V. m. § 34 Abs. 1 OSG).[55] Darüber hinaus beschränkt der Anwendungsbereich sich auf schwere vorsätzliche Taten, wie etwa solche gegen das Leben, die körperliche Unversehrtheit und die sexuelle Selbstbestimmung (§ 23 Abs. 1 OSG). Fahrlässige Taten und Vermögensdelikte werden ausgeschlossen, da die Bestimmung von anzurechnendem Mitverschulden bzw. die Schadensberechnung selbst einiger Zeit bedürfte.[56] Um diese komplizierten Aspekte in das Strafverfahren nicht einzuführen und mit der Unschuldsvermutung in Einklang zu bringen, werden Straf- und Zivilprozess hier deutlich getrennt.[57] Dies ist ein Unterschied zu den sonst verbreiteten Adhäsionsverfahren. Man sieht die Schadensersatzanordnung in Japan insofern als weltweit einzigartig an.[58]

IV. Schlussbetrachtung

Die hier genannten Wiedergutmachungsinstrumente in Japan ergänzen einander. Durch deren Einführung wurde die japanische Rechtspflege auf den ersten Blick in die Lage versetzt, auf unterschiedliche Opferbelange im Einzelfall besser

54 *Kawaide* (Fn. 53), 64.

55 *Wada* (Fn. 49), 7 f. Die Klage auf den Schadensersatz wird auch in dem Fall als erhoben angesehen, in dem eine der beiden Parteien einen rechtmäßigen Einspruch gegen dem Beschluss einlegt (§ 34 Abs. 1 OSG).

56 *Okumura* (Fn. 53), S. 25 f.

57 *Okumura* (Fn. 53), S. 28; *Wada* (Fn. 49), S. 6.

58 *Okumura* (Fn. 53), S. 23; *Kawaide* (Fn. 53), S. 62 f.; *Wada* (Fn. 49), S. 6.

reagieren zu können als bisher.[59] In den letzten Opferschutzreformen stellt die Schadensersatzsanordnung das vorläufige Endergebnis bezüglich der Institutionalisierung der strafrechtlichen Wiedergutmachung in Japan dar.

Allerdings scheint mir fraglich, ob sich mit diesem neuen Rechtsinstitut die Entschädigung des Opfers wirklich fördern lässt. Das besondere Verfahren zielt darauf ab, Ergebnisse im Strafverfahren auch für die Bestimmung des Schadensersatzes zu verwenden, während man gleichzeitig an der strengen Unterscheidung von Straf- und Zivilrecht festhält. Dieser Aufbau führt dazu, dass *sowohl* die Bestrafung *als auch* die Entschädigung vollständig durchgesetzt werden und der Täter *einseitig* angegriffen wird.[60]

Jedoch ist hier zu beachten, dass die Wiedergutmachung durch den Täter oft schon durch dessen Inhaftierung und den Strafvollzug verhindert wird.[61] Diese aus der Strafverfolgung resultierende Schwierigkeit der Wiedergutmachungsleistung wirkt vor allem in Japan auch auf das Leben des Täters nach dem Strafvollzug und damit das Opfer-Täter-Verhältnis stark nach. Denn der Täter wird bei schwereren Delikten nicht selten durch harte *informelle „Sanktionen"* aufgrund der mit der Tat verbundenen *Schande* aus der die japanische Gesellschaft immer noch beherrschenden Eingliederung in Gruppen dauerhaft ausgeschlossen.[62] Deshalb scheint mir für Japan vielmehr zu gelten, dass sich viele Täter bereits hierdurch ausreichend bestraft fühlen und die Erbringung einer Entschädigungsleistung ablehnen würden, da diese einer weiteren Bestrafung gleich käme.[63]

Daraus ergibt sich, dass man die Bemühungen der Täterseite um die Konfliktbeilegung nur schwer berücksichtigen kann, ohne die Strafe als einziges Mittel der Strafjustiz möglichst weit zurückzudrängen. Die Wiedergutmachung im

---

59 *Okumura* (Fn. 53), S. 30; *Kawaide* (Fn. 53), S. 3; *Wada* (Fn. 49), S. 15.

60 Im Zusammenhang mit dem der Schadenersatzanordnung zugrundeliegenden Adhäsionsverfahren, *Hirano,* Keihô no kinô teki kôsatsu (Funktionelle Betrachtung des Strafrechts), 1984, S. 219 f.; s. auch *Miyazaki* (Fn. 40), 46.

61 *Hirano* (Fn. 60), 222; *Fujimoto* (Fn. 10), S. 15.

62 Zur Gruppenorientierung des Individuums und der informellen Sozialkontrolle in Japan, *Miyazawa,* Informelle Sozialkontrolle in Japan, in: Vogler (Hrsg.), FS Jescheck, 1985, S. 1159 (1162 f.); *Kühne/Miyazawa,* Kriminalität und Kriminalitätsbekämpfung in Japan, 2. Aufl., 1991, S. 63 ff.; *Ida* (Fn. 38), S. 45; *Asada* (Fn. 41), S. 156 f.; *Streng,* Strafrechtsexport als Strafrechtsimport, in: Streng/Kett-Straub (Hrsg.), Strafrechtsvergleichung als Kulturvergleich, 2012; S. 1 (19 f.). Zu den kulturellen Grundlagen, vgl. *Rahn,* Rechtsdenken und Rechtsauffassung in Japan, 1990, S. 52 f.

63 Vgl. *Sessar,* Schadenswiedergutmachung in einer künftigen Kriminalpolitik, in: Kerner u.a. (Hrsg.), FS Leferenz, 1983, S. 145 (154), *Roxin* (Fn. 9), S. 42.

Strafrecht sollte m. E. daher eigentlich als Sanktion ohne Freiheitsentzug,[64] d.h. nicht opfer-, sondern *täterorientiert* ausgestalten werden.

Anders als die Schadenersatzanordnung ist die Aufnahme eines Vergleichs in das Strafverfahrensprotokoll mit der Idee der autonomen Tatverarbeitung verknüpft. Allerdings bewirkt dieses Instrument als solches keine aktive Förderung der autonomen Tatverarbeitung durch Staatsanwaltschaft und Gericht.[65] Hier ist vielmehr bemerkenswert, dass die Praxis bei der Opportunitätseinstellung und der Strafzumessung die Wiedergutmachung als Alternative zur Bestrafung stillschweigend annimmt. Davon ausgehend sieht *Ryuichi Hirano* den Trennungsgedanken als „*Tatemae*" an, welches das formale „Prinzip" oder den „Grundsatz" des Handelns bedeutet, der für alle annehmbar ist, aber nur die *äußere* Wirklichkeit der japanische Gesellschaft darstellt.[66] Hierbei ist die strenge Trennung von Straf- und Zivilrecht bereits im Ansatz in Frage zu stellen, die von den meisten japanischen Juristen immer noch als für das moderne Rechtssystem selbstverständlich gehalten wird. In dieser Ansicht zeigt sich vielmehr *Honne*, welches die reale *innere* Wirklichkeit der wahren individuellen Gefühle ist.[67]

Es ist Zeit, von dem weitgehend eingehalten Trennungsprinzip bewusst abzuweichen, wie etwa im deutschen *Alternativentwurf Wiedergutmachung* geschehen.[68] Die Bedeutung bzw. Reichweite des Grundsatzes sollte überdacht werden, damit der Wiedergutmachung eine gesetzliche Position im japanischen Strafrecht eingeräumt wird. Man sollte heute die *Wiedereingliederung des Täters und der Opfer in die Gesellschaft* als Aufgabe des Strafrechts verstehen. Genau hiermit lässt sich *Rechtsfrieden* erzielen.[69]

---

64 Vgl. *Schöch* (Fn. 6), C. 14 f.

65 Vgl. *Ogawa* (Fn. 42), 5 f.

66 *Hirano* (Fn. 60), S. 216; s. auch *Miyazaki* (Fn. 40), 46. Zum *Tatemae-Honne*-Denkmuster, *Rahn* (Fn. 62), S. 52 ff.; *ders.*, § 1 Recht und Rechtsmentalität in Japan, in: Baum/Drobnig (Hrsg.), Japanisches Handels- und Wirtschaftsrecht, 1994, S. 1 (9 f.).

67 Vgl. *Rahn* (Fn. 62), 54.

68 *Baumann* u.a. (Fn. 5), S. 11.

69 *Winter/Matt, Restorative Justice* und Täter-Opfer-Ausgleich in Deutschland, NK 2012, S. 73; dazu vgl. auch *Doi,* Wozu bestrafen wir Straftäter?, in: Japanisch-Deutsches Zentrum Berlin (Hrsg.), 5. Deutsch-japanisch-koreanisches Stipendiatenseminar, 2012, S. 19 (27 ff.); *Miyazaki* (Fn. 40), 46 f.

Abbildung 1: Aufnahme eines Vergleichs in das Strafverfahrensprotokoll.

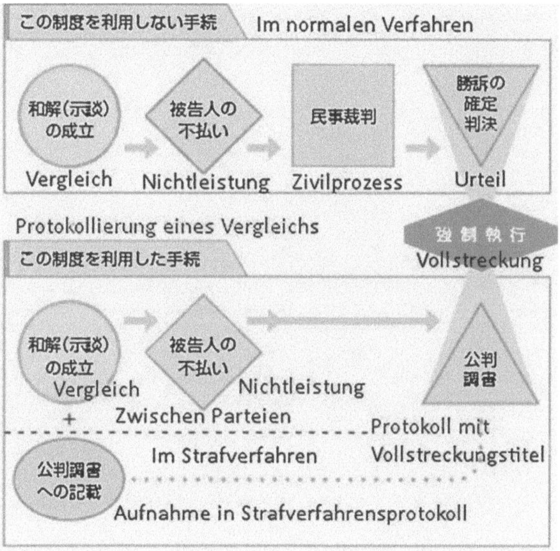

Quelle: Naikaku fu (Kabinettenministerium), Hanzai higaisha hakusho (Weißbuch Deliktsopfer) 2007.

Abbildung 2: Schadenersatzanordnung.

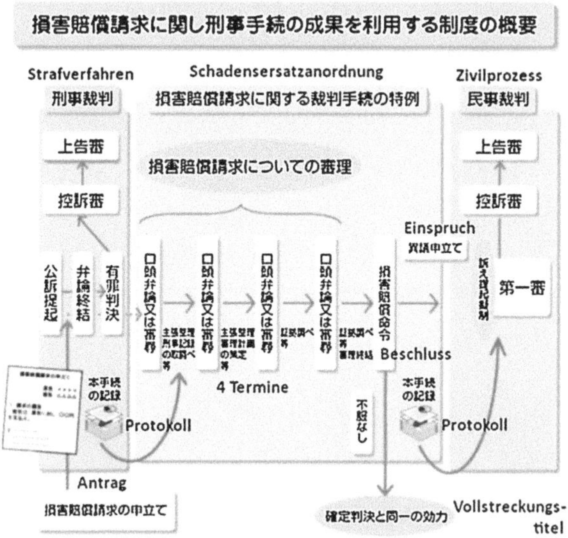

Quelle: Hômu shô (Justizministerium) HP

Yu Amada

Die Lehre des ärztlichen Heileingriffs im Strafrecht – Problemübersicht aus der Perspektive des deutschen und japanischen Rechts –*

A. Einleitung

Im Strafrecht wurde die ärztliche Heilbehandlung bzw. der ärztliche Heileingriff[1] bisher als ein Prüfstein der Verbrechenslehre behandelt, wie z. B. die Lehre vom Tatbestand, Rechtsgut und Ausschluss der Rechtswidrigkeit, weil ein solcher Heileingriff die wichtige Problematik beinhaltet, dass notwendigerweise in den menschlichen Körper und in die Gesundheit eingegriffen wird. In Deutschland haben namhafte Strafrechtler diesen Problemkreis konkret besprochen und diskutiert.

Dagegen gibt es weniger Diskussionen dazu in Japan, weil die japanische Strafjustiz bisher für § 248 jStPO das Opportunitätsprinzip angewandt hat, und es bisher keine Strafrechtsjudikatur gibt, in der es unmittelbar um das Problem

* Diese Untersuchung wurde teilweise unterstützt von der Japan Society for the Promotion of Science, Grant-in-Aid for Research Fellows, 24/4390 (2013).

1 In der Strafrechtswissenschaft werden die Begriffe „Heilbehandlung" bzw. „Heileingriff" nicht gerade einheitlich verwendet, doch die Definitionen in der deutschen Rechtsprechung, der Literatur und den Reformvorschlägen weisen manche Übereinstimmung auf, und auch dieses Referat beruft sich grundsätzlich auf folgende Begriffsbestimmung: Eine Heilbehandlung muss, ausgehend von einer Erkrankung oder der Vorbeugung, medizinisch erforderlich, d.h. indiziert sein und gemäß den Regeln der ärztlichen Kunst oder der „Übung/Grundsätze eines gewissenhaften Arztes" mit der Einwilligung des Patienten vorgenommen sein. Dieses Referat behandelt deshalb z. B. den unmittelbar auf den Körper gerichteten Eingriff wie chirurgische Operationen und die auf das Innere des Körpers gelenkte Behandlungen als Strahlenbehandlungen, Chemotherapien bzw. die Verabreichung von Medikamenten. Im Folgenden sollen dagegen ärztliche Behandlungen aus *rein* kosmetischen Gründen, zu *lediglich* experimentellen Zwecken, Abtreibung und Schwangerschaftsabbruch, ein bestimmter nur geringfügiger Eingriff wie das Pulsfühlen oder die Blutdruckmessung nicht behandelt werden. Vgl. dazu *Tag*, Der Körperverletzungstatbestand im Spannungsfeld zwischen Patientenautonomie und Lex artis, 2000, S. 38 ff., 185 ff.; *Duttge*, in: Prütting (Hrsg.), Fachanwaltskommentar Medizinrecht, 2. Aufl. 2012, § 223 StGB, Rn. 9.

ärztlicher Behandlung geht.[2] Die Literatur hat sich dementsprechend mit diesem Problemkreis nicht genügend beschäftigt. In den letzten Jahren wurden ärztliche Behandlungen aber strafrechtlich verfolgt und damit hat man die Ausgangsbasis einer strafrechtswissenschaftlichen Erörterung des ärztlichen Eingriffs geschaffen.

In diesem Referat sollen die verschiedenen Theorien zur strafrechtlichen Beurteilung des ärztlichen Heileingriffs anhand des deutschen und japanischen Strafrechts vorgestellt werden und dann der Stand der Diskussionen im japanischen Recht dargestellt werden. Ich möchte dies deshalb in drei Schritten tun: Zuerst sind die deutsche Rechtsprechung und die sie stützende Literatur vorzustellen, sodann einige der in den bisherigen Diskussionen besprochenen Problematiken im Vergleich mit dem japanischen Recht abzuklären (B.). Ferner verdient die sich der deutschen Rechtsprechung entgegensetzende Literatur einige Erläuterungen (C.), und abschließend soll ein kurzer Überblick auf künftige Aufgaben in Japan geworfen werden (D.)

B. Die Rechtfertigungslösung: Überblick über die Rechtsprechung und die Literatur

I. Überblick über die Rechtsprechung

Seit einer Ausgangsentscheidung des Reichsgerichtes aus dem Jahr 1894[3] sei der ärztliche Heileingriff auch dann als Körperverletzung im Sinne von § 223

2 Im Fall des Krankenhauses Fujimi (in den Jahren 1978 u. 1979) wurde allerdings gegen Ärzte, die ohne wirksame Einwilligung bei ungefähr 30 Patientinnen eine Entfernung von Gebärmutter und Eierstöcken vorgenommen hatten, wegen vorsätzlicher Körperverletzung Strafantrag gestellt. Die Staatsanwaltschaft entschied aber, keine Anklage wegen vorsätzlicher Körperverletzung im Sinne von § 204 jStGB zu erheben. Die Ärzte wurden wegen der Straftat der Behandlungsbeihilfe durch einen Unqualifizierten (§ 43 und § 60 Abs. 1 in Verbindung mit § 31 Abs.1 und § 32 derzeitiges Gesetz für Gesundheitspflegerin, Geburtshelferin und Krankenpflegerin) angeklagt und verurteilt. Vgl. Urteil des OLG Tokio v. 23.2.1989, Hanrei Taimuzu 691, 152.

3 RGSt 25, 375: Anlass war die Anklage wegen § 223 Abs. 1 RStGB nach der Amputation des Fußknochens eines siebenjährigen Mädchens mit tuberkulösen Wurzelknochen. Der Vater hatte sein Einverständnis zur Operation verweigert. Nach der Entscheidung des RG wollte man mit dem Wortlaut „körperlich misshandelt“ im Sinne von § 223 RStGB „alle unmittelbar und physisch dem körperlichen Organismus zugefügten *Verletzungen*“ zusammenfassen (RGSt 25, 375 (378)) und ein gegen den Willen des Sorgeberechtigten durchgeführter operativer Eingriff an einem Kind fällt unter den Tatbestand der Körperverletzung. Vgl. dazu *Stooss*, Chirurgische Operation und ärztliche Behandlung, 1898, S. 108 ff.

Abs. 1 dStGB zu bewerten, wenn er in heilender Absicht zur Verbesserung oder Erhaltung des Körperzustandes, bei medizinischen Indikationen und lege artis durchgeführt wurde und durch die Einwilligung des Patienten (oder seines Vertreters) gerechtfertigt ist.[4] Die deutsche Rechtsprechung ist von dieser Rechtfertigungslösung ausgegangen und hat dementsprechend zu Inhalt und Umfang der Aufklärungspflicht des Arztes konstatiert, dass der Patient grundsätzlich vor Abgabe einer wirksamen Einwilligung „Wesen, Bedeutung und Tragweite" des bevorstehenden Heileingriffs erfasst haben müsse.[5] Dazu bedürfe es einer umfassenden Aufklärung durch den Arzt, insbesondere über damit verbundene Risiken sowie Belastungen und mögliche Behandlungsalternativen.[6] Kann die tatsächliche Einwilligung des Patienten dagegen nicht erlangt werden, wenn sie z. B. bei „Gefahr im Verzug" nicht oder nicht rechtzeitig eingeholt werden kann, ist komplementär auf die mutmaßliche Einwilligung des Patienten abzustellen.

Bis heute gibt es dagegen praktisch keine Strafrechtsjudikatur in Japan, die sich mit der strafrechtlichen Beurteilung des ärztlichen Heileingriffs unmittelbar befasst. Dies bedeutet aber nicht, dass Fälle von eigenmächtiger Heilbehandlung in Japan nicht auftreten, weil sie als zivilrechtliche[7] oder nebenstrafrechtliche Fälle, wie jAMG bzw. Arztrecht,[8] behandelt werden. Das japanische Strafgericht

4 Z. B. BGHSt 11, 111; BGH MedR 1996, 22 (24); BGHSt 43, 306; BGH NJW 2011, 1088 (1089 f.). Vgl. auch BGH NJW 1956, 1106; BGHZ 29, 33; 29, 46; 29, 176. Näher *Schroth*, Ärztliches Handeln und strafrechtlicher Maßstab. Medizinische Eingriffe ohne und mit Einwilligung, ohne und mit Indikation, in: Roxin/Schroth (Hrsg.), Handbuch des Medizinstrafrechts, 4. Aufl. 2010, S. 21 (24 f.).

5 BGH NStZ 1981, 351. Siehe auch § 40 Abs. 1 S. 3 Nr. 3a dAMG.

6 BGH NJW 1956, 1106; 1972, 335.

7 So das Mammakrebsurteil, das eine Schadensersatzpflicht mit der unwirksamen Einwilligung der Patientin und der damit verbundenen Entfernung ihrer Mamma begründete (Urteil des LG Tokio v.19.5.1971, Kakyū-Minshū 22–5/6, 626); das Zungenkrebsurteil, das eine Schadensersatzpflicht wegen der teilweisen Entfernung der Zunge entgegen der Einwilligung des Patienten feststellte (Urteil des LG Akita, Filiale Ōmagari v. 27.3.1973, Hanrei Jihō 718, 98); Urteil über die Universitätsklinik Tokio (Zeugen Jehovas), bei dem die Schadensersatzpflicht nicht auf die Durchführung der Operationen mit einer Bluttransfusion als solche, sondern auf die Verletzung des Persönlichkeitsrechtes aus § 13 Verfassung aufgrund der Verletzung der Aufklärungspflicht des Arztes gründet (Urteil des Obersten Gerichtshofes v. 29.2.2000, Minshū 54–2, 582).

8 Z. B. das Blue boy Urteil, das nicht medizinisch indizierte transsexuelle Operationen wegen § 28 des derzeitigen Dominanzschutzgesetzes (heute: Mutterschutzgesetz) unter Strafe stellte (Urteil des OLG Tokio v. 11.11.1970, Kō-Keishū 23–4, 759); Urteil

nahm dazu nicht zwingend Stellung, es hat aber die Rechtfertigungslösung vertreten.[9]

In den letzten Jahren hat das japanische Strafgericht eine beachtenswerte Entscheidung darüber getroffen: Das Oberlandesgericht Fukuoka hat letzthin zum Fall, bei dem die angeklagte Krankenpflegerin die Nägel der Patienten mit einem Nagelzwicker abgerissen und sie demzufolge körperlich verletzt hatte, die Angeklagte dennoch freigesprochen, weil ihre Tathandlung zwar den Straftatbestand vorsätzlicher Körperverletzung erfüllt, aber die Rechtswidrigkeit ausgeschlossen wird.[10]

II. Überblick über die Literatur

Zunächst möchte ich zwei überwiegende Begründungen der Rechtfertigungslösungen vorstellen.

Zuerst nenne ich die Begründung nach der Einzelaktstheorie, wonach die strafrechtliche Bewertung des ärztlichen Heileingriffs auf den unmittelbaren Eingriff als solchen, auf die einzelne Maßnahme abstellen müsse, weil etwa ein operativer Eingriff, wenn auch nur vorübergehend, regelmäßig zu einer Verschlechterung des biologisch-körperlichen Zustandes oder zu Substanzverletzungen führt.[11]

Zweitens kann ich die kriminalpolitische Begründung nennen, wonach dann, wenn man den ärztlichen Eingriff aus dem Anwendungsbereich des Tatbestands der Körperverletzung ausschließen würde, der Patient dann dementsprechend wegen der Strafbarkeitslücke nicht geschützt wäre. Wenn der ärztliche Heileingriff keinen Körperverletzungstatbestand erfüllt, wird der Arzt weder wegen eines Körperverletzungsdeliktes noch wegen einer Freiheitsberaubung (§ 239

---

des OLG Tokio v. 4.8.1997, Kō-Keishū 50–2, 130, das den Angeklagten wegen nicht sachgemäßer kosmetischer Operationen mit Einwilligung des Verletzten aufgrund des Arztrechts verurteilte.

9 Dagegen: *Ida*, Vorlesung zum Strafrecht Allgemeiner Teil (Kōgi keihō-gaku sōron), 2008, S. 329.

10 Urteil des OLG Fukuoka v. 16.9.2010, Hanrei Taimuzu 1348, 246. In diesem Fall geht es allerdings um die Nagelpflegemaßnahme, es wäre deswegen unklar, ob diese Theorie des OLG Auswirkungen auf allgemeine ärztliche Eingriffe, und zwar Heileingriffe, hat.

11 *Oppenheim*, Das ärztliche Recht zu körperlichen Eingriffen an Kranken und Gesunden, 1892, S. 9 f., 17 f.; *v. Liszt*, Lehrbuch des Deutschen Strafrechts, 16. u. 17. Aufl. 1908, S. 134; *Weber*, in: Arzt/Weber/Heinrich/Hilgendorf, Strafrecht Besonderer Teil Lehrbuch, 2. Aufl. 2009, § 6 Rn. 96 ff.

dStGB) oder Nötigung (§ 240 dStGB) bestraft. Es ist jedoch eventuell strafrechtsdogmatisch schwierig, den eigenmächtigen Heileingriff und die daraus entstehende Selbstbestimmungsverletzung des Patienten mit solchen Freiheitsdelikten zu erfassen. Durch die Rechtfertigungslösung behauptet man deshalb, den ärztlichen Heileingriff im Rahmen der Körperverletzungstatbestände zu erfassen und damit das Recht auf Selbstbestimmung des Patienten zu garantieren. Die deutschen Strafrechtsreformarbeiten haben dagegen wiederholt vorgeschlagen, dass der Gesetzgeber Vorschriften zur eigenmächtigen Heilbehandlung ähnlich des öStGB[12] schafft.[13]

Übrigens ist die herrschende Meinung in Japan die Rechtfertigungslösungen.[14] Angesichts der einfachen beschreibenden Vorschrift des Körperverletzungsdelikts (§ 204 jStGB) behauptet man damit,[15] dass die substanzverletzende

12 Siehe § 110 öStGB.

13 Vgl. dazu *E. Schmidt*, Der Arzt im Strafrecht, 1939, S. 117 ff.; *Schreiber*, Zur Reform des Arztstrafrechts, in: Weigend u.a. (Hrsg.), FS Hirsch, 1999, S. 713; *Riedelmeier*, Ärztlicher Heileingriff und allgemeine Strafrechtsdogmatik, 2004, S. 20 ff.

14 Vgl. z. B. *Machino*, Das Selbstbestimmungsrecht des Patienten und das Recht (Kanja no jiko kettei-ken to hō), 1986, S. 116 ff.; *Kai*, Die Reise in das Medizinstrafrecht I (Ijikeihō e no tabi), neue überarbeitete Aufl. 2006, S. 29 (32); *Kimio Kobayashi*, Prinzipien für die Rechtfertigung der Heilbehandlung (Chiryō-kōi no seitō-ka genri), 2007, S. 106 ff.; *Hitoshi Otsuka*, Grundriss des Strafrechts: Allgemeiner Teil (Keihō gaisetsu sōron), 4. Aufl. 2008, S. 423 f.; *Fukuda*, Strafrecht Allgemeiner Teil (Keihō sōron), 5., völlig überarbeitete Aufl. 2011, S. 177 f.

15 § 204 jStGB (Körperverletzung) hat folgenden Wortlaut: „Wer einen anderen körperlich verletzt, wird mit Freiheitsstrafe bis zu fünfzehn Jahren oder mit Geldstrafe bis zu 500.000 Yen bestraft.“ In der Literatur wurde die Bedeutung von „Körperverletzung“ hierbei entweder (a) als Beeinträchtigung menschlicher physiologischer Funktion, (b) als Verletzung körperlicher Unversehrtheit des Menschen oder (c) als Beeinträchtigung menschlicher biologischer Funktion sowie erhebliche Veränderung der äußeren Erscheinung des Körpers angesehen. Die japanische Rechtsprechung hat grundsätzlich Auffassung (a) vertreten. Im Übrigen enthält das jStGB keine Vorschriften über den Versuch der Körperverletzung (wie § 223 Abs. 2 dStGB), über die gefährliche Körperverletzung (wie § 224 dStGB) und über die Einwilligung (wie § 228 dStGB). Vgl. *Takahashi*, Lehrbuch des Strafrechts. Besonderer Teil (Keihō kakuron), 2011, S. 45 f.; *Nishida*, Strafrecht Besonderer Teil (Keihō kakuron), 6. Aufl. 2012, S. 41. Zur Entstehungsgeschichte der Körperverletzungsdelikte des § 204 jStGB, vgl. *Yabunaka*, Der strafrechtliche Körperverletzungsbegriff und psychische Schäden –Unter Einbeziehung der Diskussion in der Entstehungsgeschichte des § 204 StGB (Keihō 204 jyō no seiritsu-katei ni miru shōgai gainen), Journal of Law and Political Studies (Hōgaku Seijigaku Ronkyū), Nr. 98 (2013), 37.

Maßnahme die körperliche Integrität des Menschen „körperlich verletzt" im Sinne von § 204 jStGB und diese Verletzung dann das körperlich-biologische Wohlbefinden verletzt.[16]

Zusätzlich kann man eine Vorschrift des § 35 jStGB nennen. § 35 jStGB ist wie folgt gefasst: „Eine Handlung aufgrund eines Gesetzes oder als berechtigte Berufstätigkeit wird nicht bestraft". Mit dieser Vorschrift lautet die herrschende Lehre in Japan, dass durch den ärztlichen Eingriff tatbestandsmäßig eine Körperverletzung vorliegt, diese durch die wirksame Einwilligung des Patienten jedoch gerechtfertigt ist. Da das dStGB keine Vorschrift wie § 35 jStGB enthält,[17] hat man einen anderen Rechtfertigungsgrund zu prüfen, um die ärztliche Behandlung zu rechtfertigen, den man insoweit als übergesetzlichen Rechtfertigungsgrund ansehen muss.[18] Diese Begründung sollten wir unter D. näher betrachten.

III. Zwischenergebnis

In diesem Kapitel wurden die Grundstrukturen der Rechtfertigungslösung sowie die beiden zugehörigen verschiedenen Begründungen untersucht. Manche Vertreter der Rechtfertigungslösung in Japan neigen aufgrund des wichtigsten Arguments des Wortlauts von § 204 jStGB zur Einzelaktstheorie. Man kann aber unter dem Wortlaut Körperverletzungsdelikte im Sinne von Gesundheitsschädigungen verstehen und es wäre dann relativ leicht, die Körperverletzung auf die Gesundheitsschädigung zu beschränken, weil das japanische Strafgesetzbuch Tätlichkeiten (§ 208 jStGB) neben der Körperverletzung (§ 204 jStGB) regelt.[19]

---

16 *Muto*, Die ärztliche Heilbehandlung und deren Tatbestandsmäßigkeit der Körperverletzung (Chiryō-kōi to shōgai no kōseiyōken-gaitōsei), Graduate School Law Review, Hōken-Ronshū (Waseda Universität), Nr. 54 (1990), 243 (260); *Ida*, Zum Begriff der Körperverletzung (Shōgai no gainen wo megutte), Criminal Law Journal (Keiji-hō Journal) Nr. 6 (2007), 110 (S. 112 Fn. 15).

17 Siehe dazu auch § 14 schwStGB.

18 *Y. Sato*, Zur Tatbestandsmäßigkeit der Heilbehandlung (Chiryō-kōi no shōgai kōseiyōken-gaitōsei ni tsuite), Hokkaido Law Review (Hokudai Hōgaku Ronshū) 56–2 (2005), 321 (343 f.); *Tasaka*, Rechtfertigung der Heilbehandlung im Strafrecht (Keihō ni okeru chiryō-kōi no seitō-ka), Doshisha Law Review (Dōshisha Hōgaku), 58–7 (2007), 263 (382). Zur derzeitigen Situation in Japan vgl. *Y. Tanaka*, Bedeutungen und Grenzen der Einwilligung im Strafrecht –unter besonderer Berücksichtigung von ärztlichen Behandlungen, in: Riesenhuber/Takayama/Bälz (Hrsg.), Funktionen des Vertrages, 2013, S. 137 (139 f.).

19 § 208 jStGB (Tätlichkeiten) hat folgenden Inhalt: „Wer gegen jemanden Tätlichkeiten verübt, die keine Schädigung des Körpers des Menschen zur Folge haben, wird mit

Schließlich geht es um die Frage nach dem Rechtsgut der Körperverletzungen, die durch die „tätliche Beleidigung“, die Tätlichkeiten oder die Nötigung strafrechtlich begrenzt wurden, der Standpunkt des Wortlauts wäre deswegen nicht maßgebend.[20]

C. Die Tatbestandslösungen und deren Variationen

I. Vorbemerkung

Die Verfechter der Tatbestandslösung sprechen sich dagegen aus, die medizinische Behandlung unter die Körperverletzungstatbestände zu subsumieren, und gehen davon aus, dass die positiven, auf den Körper des Patienten hin gerichteten ärztlichen Verhaltensweisen nicht zu den tatbestandlichen negativen Verhaltensweisen gezählt werden sollen.[21] Die Tatbestandsmäßigkeit der Körperverletzung durch die ärztliche Handlung bedeutet auch die Gleichstellung des medizinisch Tätigen mit dem Messerstecher oder Raufbold, wenn es eine tatbestandsmäßige, aber gerechtfertigte Handlung sei.[22] Ein den Gesundheits- und Körperzustand verbessernder ärztlicher Heileingriff sei deshalb nicht in seinen Einzelakten, sondern in einer Gesamtschau zu betrachten,[23] und unter

---

Freiheitsstrafe bis zu zwei Jahren bzw. Geldstrafe bis zu 300.000 Yen oder mit Haftstrafe bzw. Geldbuße bestraft.“ Diese Vorschrift habe praktisch eine Rolle als Versuch der Körperverletzung gespielt. Vgl. *S. Watanabe*, in: Otsuka u.a. (Hrsg.), Großkommentar zum Strafgesetzbuch Bd. 10 (Dai Kommentar), 2. Aufl. 2006, S. 378 ff.; *H. Saeki*, Straftaten gegen die körperliche Unversehrtheit (Shintai ni taisuru tsumi), Hōgaku Kyōshitsu Nr. 358 (2010), 119; *Y. Matsubara*, Straftaten gegen die körperliche Unversehrtheit (1) (Schintai ni taisuru tsumi sono-ichi), Hōgaku Seminar Nr. 685 (2012), 104.

20 *H. Saeki*, Autonomie und Selbstbestimmung in der Unrechtslehre (Ihō-ron ni okeru jiritsu to jiko-kettei), Journal of Criminal Law (Keihō Zasshi) 41-2 (2002), 74 (76).

21 So *Binding*, Lehrbuch des Gemeinen Deutschen Strafrechts, Besonderer Teil, Erster Band, 2. Aufl. 1902, S. 56; *Kahl*, Der Arzt im Strafrecht, 1909, S. 20; *Bockelmann*, Rechtliche Grundlagen und rechtliche Grenzen der ärztlichen Aufklärungspflicht, NJW 1961, 945 (946). Vgl. auch *Makino*, Strafrecht Allgemeiner Teil, Bd. 1/2 (Keihō sōron jō-kan), völlig überarbeitete Aufl. 1958, S. 484; *Fujiki*, Vorlesung zum Strafrecht. Allgemeiner Teil (Keihō kōgi sōron), 1975, S. 127; *Oya*, Vorlesung zum Strafrecht. Allgemeiner Teil (Keihō kōgi sōron), 4., völlig neubearbeitete Aufl. 2012, S. 259 f.

22 Siehe auch Stellungnahme der deutschen Gesellschaft für Chirurgie, in: Gutachten und Stellungnahmen zu Fragen der Strafrechtsreform mit ärztlichem Einschlag, 1958, S. 141; *K. H. Bauer*, Rechtsfragen in der Chirurgie, Universitätstage (1964), 199.

23 Vgl. *Rosenau*, Begrenzung der Strafbarkeit bei medizinischen Behandlungsfehlern?, in: Rosenau/Hakeri (Hrsg.), Der medizinische Behandlungsfehler, 2008, S. 215 (217).

Berücksichtigung des Gesamtinteresses, der Zwecksetzung oder sozialen Sinnhaftigkeit zu beurteilen.[24]

Die Vertreter der Tatbestandslösungen vertreten allerdings im Detail unterschiedliche Standpunkte: vor allem geht es dabei um die Diskussionen, die das Rechtsgut des Körperverletzungsdeliktes betreffen (II.), sowie um die strafrechtliche Bedeutungen des Erfolgs der Heilbehandlung (II.).

II. Über die Rechtsgüter des Körperverletzungsdeliktes

1. Bezugspunkt

Zunächst handelt es sich um die Frage, wie die Individualrechtsgüter sowie die darin enthaltene Verfügungsfreiheit des Rechtsgutsträgers im Rahmen des ärztlichen Eingriffs erfasst werden sollen. Im Unterschied zur Judikation messen die Tatbestandslösungen der Autonomie des Patienten und damit seiner Einwilligung in die Heilbehandlung keine einheitliche Bedeutung zu.[25] Hauptsächlich wurden zwei verschiedenen Meinungen zur Bedeutung der Einwilligung des Patienten in die ärztliche Heilbehandlung und das damit verbundene Selbstbestimmungsrecht geäußert:

Eine in der Literatur vertretene Ansicht geht dahin, der Schutzbereich des § 223 dStGB sei nur die körperlich-biologische Unversehrtheit, und weder die seelische Gesundheit noch die Freiheit der Person.[26] Bei dieser Ansicht wird darauf verwiesen, dass die Implikation des Selbstbestimmungsrechtes in den Tatbestand der Körperverletzung eine „Verwässerung" der §§ 223 ff. dStGB bedeutet, die gegen den Bestimmtheitsgrundsatz aus Art. 103 Abs. 2 GG verstoße.[27]

Die andere Ansicht bezüglich des Rechtsgutes der Körperverletzungsdelikte geht dahin, das Selbstbestimmungsrecht der Rechtsgutsträger über ihren Körper sei mit umfasst, in den Rechtsgütern der §§ 223 ff. dStGB stecke mithin nicht

---

24 Vgl. z. B. *Beling*, Die strafrechtliche Verantwortlichkeit des Arztes bei Vornahme und Unterlassung operativer Eingriffe, ZStW 44 (1924), 220 (226 f., 229); *E. Schmidt* (Fn. 13), S. 75 f. Aber auch *Kanazawa*, Medizin und Strafrecht. Zur eigenmächtigen Heilbehandlung (Iryō to keihō. Sendanteki chiryō-kōi wo megutte), in: Nakayama u.a. (Hrsg.), Gendai keihō kōza Bd. 2, 1979, 125 (136 f.).

25 *Tag* (Fn. 1), S. 20.

26 *Grünwald*, Heilbehandlung und ärztliche Aufklärungspflicht, in: Göpinger (Hrsg.), Arzt und Recht, 1966, S. 125 (138); *Gössel/Dölling*, Strafrecht Besonderer Teil 1, 2. Aufl. 2004, § 12 Rn. 73. Vgl. auch *Sone*, Theorien der Rechtfertigung im Strafrecht (Keihō ni okeru seitō-ka no riron), 1980, S. 105 ff.

27 *Niese*, Ein Beitrag zur Lehre vom ärztlichen Heileingriff, in: Bockelmann u.a. (Hrsg.), FS E. Schmidt, 1961, S. 364 (366); *Bockelmann*, Strafrecht des Arztes, 1968, S. 70 f.

nur die objektive sowie biologische Unversehrtheit, sondern auch die Verfügungsfreiheit des Menschen. Jeder Eingriff in solche Güter sei damit eine Beeinträchtigung des im Art. 2 Abs. 2 GG garantierten Rechtsgutes der körperlichen Integrität der Person.[28] Im Ergebnis sei eine Trennung der menschlichen biologischen Körperlichkeit von ihrer Verfügungsfreiheit nicht möglich.

2. *Stellungnahme*

Meiner Ansicht nach ist es nicht überzeugend möglich, den Körper vom körperbezogenen Selbstbestimmungsrecht des Rechtsgutsträgers zu trennen, weil die Individualrechtsgüter ohne Selbstbestimmungsrecht unbedeutend wären und erst die „Einheit von Leib, Seele und Geist" eine eigenständige, durch GG bzw. Verfassung geschützte Persönlichkeit ergibt.[29] Daneben könnte gegebenenfalls festgestellt werden, dass niemand das durch persönliche Wertvorstellungen geprägte Interesse besser beurteilen kann als der Betroffene selbst.[30] Insbesondere im medizinischen Bereich kann nur der Patient selbst die Entscheidung treffen, welches Risiko er für sein Leben und seinen Körper in Kauf nehmen möchte.

Dass die Trennung von Selbstbestimmungsrecht und geschütztem Rechtsgut nicht möglich ist, bedeutet dennoch nicht automatisch eine Rechtsgutsverletzung, wenn man die Verletzung des Selbstbestimmungsrechts festgestellt hat.[31] Es bedarf also irgendeiner Rechtstheorie (wie z. B. dem Körperlichkeitsbezug), um den Schutzbereich des Tatbestands der Körperverletzung zu beschränken, insofern man eine durch die §§ 223 ff. dStGB bzw. die §§ 204 ff. jStGB geschützte objektive sowie biologische Integrität und eine darin stehende Verfügungsfreiheit des Rechtsgutsträgers anerkennt.

---

28 *Tag* (Fn. 1), S. 65 f.; *Roxin*, Strafrecht Allgemeiner Teil Band I, 4. Aufl. 2006, § 13 Rn. 13 f.; *W. Bauer*, Die strafrechtliche Beurteilung des ärztlichen Heileingriffs, 2008, S. 141 f. Vgl. auch *Horn/Wolters*, in: SK-StGB, Bd. II, BT, 64. Lfg. 2005, § 223 Rn. 35 ff. Im deutschen Zivilrecht vertritt übrigens *Brüggemeier*, Deliktsrecht, 1986, Ziff. 701 mit der „Lehre vom doppelten Schutzgut" eine ähnliche Meinung in Bezug auf das Rechtsgut „Körper" im Sinne des § 823 Abs. 1 dBGB. Diese Ansicht wäre reich an Anregungen für Japan.

29 BVerfGE 56, 54 (73 ff.). Vgl. auch BVerfGE 52, 131 (170 ff.).

30 *Tag* (Fn. 1), S. 440 f. Siehe ferner *C. Schmitt*, Freiheitsrechte und institutionelle Garantien der Reichsverfassung (1931), in: Verfassungsrechtliche Aufsätze aus den Jahren 1924–1954, 1958, S. 140 (167).

31 *Saeki* (Fn. 20), S. 75.

III. Über die strafrechtliche Beurteilung des Erfolgs eines ärztlichen Heileingriffs

1. Erfolgreicher Heileingriff

Zweitens geht es um die strafrechtliche Beurteilung der gelungenen und misslungenen ärztlichen Behandlung. Nach der sog. Erfolgstheorie bewertet man also den ärztlichen Eingriff aufgrund seines Erfolges oder Misserfolges. Eine gelungene Heilbehandlung würde dabei nicht vom Tatbestand der §§ 223 ff. dStGB erfasst, unabhängig von der tatsächlichen Einwilligung des Patienten. Dabei gelte also, dass eine erfolgreiche oder eine den körperlich-biologischen Zustand des Patienten verbessernde Behandlung das von den §§ 223 ff. dStGB geschützte Rechtsgut nicht verletze, und damit bedürfe es der strafrechtlichen Berücksichtigung einer solchen ärztlichen Behandlung nicht.[32]

2. Misslungener ärztlicher Eingriff

Bei missglückter Behandlung findet man dagegen verschiedene Meinungen. Nach einer Auffassung erfüllt zwar die fehlgegangene Behandlung den objektiven Tatbestand, ein Verletzungsvorsatz wird aber durch die Heilungsabsicht oder den Heilzweck verneint, womit der subjektive Tatbestand entfällt.[33] Einer anderen Auffassung nach wird beim misslungenen Eingriff der wirksamen Einwilligung des Patienten tatbestandsausschließende Wirkung beigemessen.[34] Ferner behauptet man, dass bei Einhaltung der durch die lege artis vorgegebenen Sorgfaltspflichten keine Fahrlässigkeit vorliege,[35] sowie die körperverletzende bzw. den Tod herbeiführende, aber ordnungsgemäß durchgeführte Behandlung des Arztes im Rahmen des „erlaubten Risikos" oder der „Sozialadäquanz" sei.[36, 37]

---

32 Z. B. *Arthur Kaufmann*, Die eigenmächtige Heilbehandlung, ZStW 73 (1961), 341 (372 f.); *Bockelmann* (Fn. 27), S. 69; *Hirsch*, in: LK-StGB, 10. Aufl. 1989, vor § 223 Rn. 3, 5 f. Vgl. auch *Kanazawa* (Fn. 24), S. 136 ff.

33 So *Bockelmann* (Fn. 27), S. 67 f.

34 *Gössel/Dölling* (Fn. 26), § 12 Rn. 83 ff.

35 So *Hirsch* (Fn. 32), vor § 223 Rn. 5 f.

36 *Kaufmann* (Fn. 32), S. 373.

37 Siehe auch die sog. modifizierte Erfolgstheorie von *Eser*. Vgl. dazu *Eser*, Medizin und Strafrecht – Eine schutzgutorientierte Problemübersicht, ZStW 97 (1985), 1; *Eser/Sternberg-Lieben*, in: Schönke/Schröder, StGB, 28. Aufl. 2010, § 223 Rn. 27 ff. Vgl. auch *Saeki* (Fn. 20), S. 77.

Dagegen führt man einen anderen Begründungsansatz an, der unabhängig vom Heilungserfolg ist. Danach soll die indizierte, lege artis durchgeführte Heilbehandlung – unabhängig von ihrem Erfolg – den äußeren Tatbestand der Körperverletzung (bzw. der Tötung) nicht erfüllen. Nach Ansicht von *Engisch* werden z. B. die Tatbestände der §§ 223 u. 229 dStGB für die ärztliche Handlung kraft des Prinzips des überwiegenden Interesses ausgeschlossen. Bei einer solchen Beurteilung des Körperinteresses (Verbesserung, Steigerung oder Erhaltung des Gesundheitszustandes) hat die Interessenabwägung zum Zeitpunkt der Handlung aus *ex-ante* Sicht zu erfolgen.[38] Auch *Eberhard Schmidt* berücksichtigt nicht die tatsächliche Wirkung als solche und zieht für solche Fälle Grundsätze der unechten Unterlassungsdelikte heran. Nach seiner Ansicht sei der aus *ex ante* Sicht lege artis behandelnde Arzt seiner Garantenpflicht im vollen Umfang nachgekommen, was schon zum Tatbestandsausschluss führe.[39]

IV. Zwischenresultat

In diesem Kapitel wurden die Tatbestandslösungsansätze sowie die verschiedenen Streitpunkte aus der Sicht des deutschen Strafrechts vorgestellt. Die Fragestellung dieser Ansätze an sich ist zwar relativ verständlich, die Variationen der Tatbestandslösungen sind aber im Gegensatz zu den Rechtfertigungslösungen sehr verschiedenartig.

In einem weiteren Kapitel wird nun eine Besonderheit in den japanischen Diskussionen im Zusammenhang mit § 35 jStGB beleuchtet.

D. Bestimmung der berechtigten Berufstätigkeit und die ärztliche Heilbehandlung

I. Zu § 35 jStGB

Wie bereits erwähnt, ist die herrschende Theorie in Japan die Rechtfertigungslösung, die vom § 35 jStGB gestützt wird. Im Folgenden wird nun die allgemeine Auslegung dieser Vorschrift erklärt:

Nach der heute überwiegenden Auffassung stellte der Wortlaut „eine Handlung (…) als berechtigte Berufstätigkeit" im Sinne von § 35 jStGB diejenige Handlungen dar, die aus der Sicht der Verordnungen, Gewohnheiten oder Sitten als rechtmäßige berufliche Ausübung angesehen wird. Der Anwendungsbereich des § 35 jStGB sei danach nicht nur die berechtigte Berufshandlung, sondern auch die

---

38 *Engisch*, Ärztlicher Eingriff zu Heilzwecken und Einwilligung, ZStW 58 (1939), 1 (5 f.).

39 *E. Schmidt* (Fn. 13), S. 69 ff., 78 ff.

allgemeine regelmäßige Handlung, die als Rechtfertigungsgrund behandelt wird. Die Frage, ob eine konkrete Handlung berechtigte Berufstätigkeit ist, muss aus den Gesamtrechtsordnungen wesentlich, effektiv und konkret beurteilt werden.[40]

In der Literatur wurde allerdings die Ansicht vertreten, dass § 35 jStGB gestrichen werden sollte, weil die Rechtmäßigkeit berechtigter Berufstätigkeit überhaupt selbstverständlich ist und es deshalb keiner solchen ausdrücklichen Vorschrift bedarf.[41] Die bis heute überwiegend in Japan vertretene Auffassung spricht sich dagegen für die Erhaltung des § 35 jStGB aus, denn diese Vorschrift zeigt die Prinzipien materieller Rechtswidrigkeit an und gibt damit einen gesetzlichen Hinweis zu den Auslegungen sog. übergesetzlicher Ausschließungsgründe der Rechtswidrigkeit.[42]

II. § 35 jStGB und die ärztliche Heilbehandlung

Die herrschende Meinung in Japan hat die ärztliche Heilbehandlung – neben der beruflichen Tätigkeit wie z. B. von Rechtsanwälten oder Journalisten – für einen Anwendungsfall des § 35 jStGB angesehen. Damit stellte die ärztliche Heilbehandlung eine tatbestandsmäßige Körperverletzung dar, die jedoch als berechtigte Berufstätigkeit in Verbindung mit § 35 jStGB gerechtfertigt ist, insofern die betreffende ärztliche Maßnahme in Absicht der Erhaltung bzw. Verbesserung des Gesundheits- und Körperzustands des Patienten erfolgt (medizinische Indiziertheit), kunstgerecht ausgeführt wird (medizinische Kunstgerechtigkeit) und aufgrund einer wirksam erteilten Einwilligung des Patienten durchgeführt wird.[43]

---

40 Vgl. dazu *Fukuda*, in: Dando (Hrsg.), Kommentar zum Strafgesetzbuch (Chūshaku keihō) (2) I, 1968, S. 95 ff.; *Furuta*, in: Otsuka u.a. (Hrsg.), Großkommentar zum Strafgesetzbuch Bd. 2 (Dai Kommentar), 2. Aufl. 1999, S. 242 ff.

41 *Machino*, Berufshandlung als Ausschließungsgründe der Rechtswidrigkeit (Ihō-sokyaku jiyū toshite no gyōmu kōi), in: Hiraba u.a. (Hrsg.), FS Dandō Bd. 1 (Dandō Shigemitsu hakase koki shukuga rombun-shū), 1983, S. 201 (224). Zur Diskussion um § 14 schwStGB, vgl. *Stratenwerth*, Schweizerisches Strafrecht Allgemeiner Teil I, 4. Aufl. 2011, § 10 Rn. 90 ff.

42 *Fukuda*, Allgemeine Prinzipien des Rechtswidrigkeitsausschlusses und gesetzgeberische Probleme (Ihō-sokyaku no ippan-teki genri to rippō-ka no mondai-ten), in: Dando u.a. (Hrsg.), Verbrechen und Strafe Bd. 1/2 (Hanzai to keibatsu, jō-kan) (FS Chihiro Saeki), 1986, S. 320 (333 f.); *F. Uchida*, Die Entstehung des § 35 Japanisches Strafgesetzbuch von 1907 (Keihō 35-jō no seitei), Kanagawa Law Review (Kanagawa Hōgaku) 30–1 (1995), S. 131 (139 f.).

43 Die herrschende Lehre in Japan ist überwiegend von *Engisch* beeinflusst: *Engisch*, Die rechtliche Bedeutung der ärztlichen Operation, in: Stich/Bauer (Hrsg.), Fehler und Gefahren bei chirurgischen Operationen, Bd. II, 4. Aufl. 1958, S. 1521 (1523). Siehe

So selbstverständlich die Beurteilung der Rechtmäßigkeit der ärztlichen Heilbehandlung auf den ersten Blick erscheint, wirkt sie aber bei näherer Betrachtungen so unklar: Warum die medizinische Indiziertheit, medizinische Kunstgerechtigkeit und die Einwilligung des Patienten für die Rechtfertigung der ärztlichen Heilbehandlung überhaupt erforderlich sind, wie sich ihre Inhalte und Grenzen definieren, und schließlich, wie diese Merkmale für den gerechtfertigten Heileingriff funktionieren sollen,[44] ist deshalb anhand von weiteren Auslegungsmethoden zu klären. Da man § 35 jStGB eine „nützliche (?) Vorschrift“[45] nennt und durch sie diesen Problemkreis flexibel lösen kann, wird heute überwiegend die Position der Rechtfertigungslösung eingenommen.[46] Offensichtlich bedeutet dies dennoch, dass sich die herrschende Lehre mit den Auslegungsproblemen von § 35 jStGB und den daraus erstehenden Rechtfertigungslösungen nicht überzeugend beschäftigen kann, ohne sich mit deren Inhalt und Wesen näher zu befassen.

Diese Auslegung wäre allerdings zwingend notwendig: In der Tat ist die Bewertung materieller Rechtswidrigkeit der ärztlichen Behandlungen nur abhängig von der Rechtsauslegung, weil § 35 jStGB lediglich eine bestätigende Vorschrift sei, die eine Handlung ohne materielle Rechtswidrigkeit nicht bestraft.[47] Dann wäre es aber angezeigt, untergeordnete Kriterien des § 35 jStGB anzugeben, und zwar ihre Handhabung im Rahmen der Lehre vom ärztlichen Heileingriff anzuzeigen. Dabei geht es um die Frage, wie die Abwägungsmerkmale (wie Heilzweck, Indikation, lege artis und Einwilligung) dem § 35 jStGB untergeordnet werden sollen.

III. Aufgabe und Überblick

Bei der vorangehenden Prüfung des Ausschlusses der Rechtswidrigkeit in Verbindung mit § 35 jStGB wird man allerdings eine andere Problematik überprüfen müssen: In Japan wurde bisher der sich auf die Tatbestandsmäßigkeit der Körperverletzung im Sinne der §§ 204 ff. jStGB beziehende Problembereich

auch *Bai*, Ein Schritt zur Medizinrechtswissenschaft (Iji-hōgaku e no ayumi), 1970, S. 7 Fn. 4; *Machino* (Fn. 14), S. 3; *Kai* (Fn. 14), S. 32 ff.

44 *Tasaka* (Fn. 18), S. 282.

45 *Fujimoto*, Über Probleme der ärztlichen Operationen und des Körperverletzungsdelikts (1) (Ishi no shujutsu to shintai shōgai-zai no mondai ni tsuite (1)), Chuo Law Review (Hōgaku Shimpō) 41 – 2 (1931), 1 (11).

46 *Sato* (Fn. 18), S. 344.

47 Vgl. *Imai*, in: Nishida/Yamaguchi/Saeki (Hrsg.), Kommentar zum Strafgesetzbuch (Chūshaku keihō), Bd. 1: Allgemeiner Teil (§§ 1–72), 2010, S. 378.

missachtet. Die bis heute in Japan überwiegend vertretene Auffassung hat das Gebiet des ärztlichen Heileingriffs lediglich als ein Typus des § 35 jStGB behandelt. Die herrschende Lehre in Japan hängt also zu sehr von der Existenz des § 35 jStGB ab, und es erscheint fraglich, ob die Diskussion über die Tatbestandsmäßigkeit der Körperverletzung und deren Wesen ernsthaft erfolgte.

Im Ergebnis ist (auch in Japan) die Kernfrage die nach dem geschützten Rechtsgut der Straftaten gegen die körperliche Unversehrtheit im Sinne von §§ 204 ff. jStGB.[48] Auch auf diesem Problemgebiet könnte man dann aus dem deutschen Recht noch viel lernen.[49]

E. Fazit

Im diesen Referat wurde die Lehre des ärztlichen Heileingriffs im Strafrecht anhand des deutschen und japanischen Rechts untersucht und die Auslegungen der Körperverletzungsdelikte sowie die Vorschrift über die berechtigte berufliche Handlung besprochen. Da dieser Problemkreis um den ärztlichen Heileingriff im japanischen Recht zwei verschiedene Vorschriften und deren Auslegungen betrifft, ergeben sich also Besonderheiten und Schwierigkeiten. Natürlich bin ich mir in diesem Referat bewusst, dass ich viele Fragen über die ärztliche Heilbehandlung nur kurz streifen konnte. Trotzdem hoffe ich, dass ich einen gewissen Überblick über die gegenwärtige Rechtslage zur Heilbehandlung in Japan vermitteln konnte. Mit dem Versprechen einer intensiven Beschäftigung mit diesen Aufgaben in der näheren Zukunft möchte ich dieses kleine Referat beenden.

48 *Kai* (Fn. 14), S. 31.

49 Die deutsche Strafrechtswissenschaft hat einen großen Einfluss auf die japanische Strafrechtswissenschaft ausgeübt und das gleiche gilt auch von der Gesetzgebungs- und Auslegungsgeschichte der Körperverletzungsdelikte. Vgl. *Yabunaka*, Der strafrechtliche Körperverletzungsbegriff und psychische Schäden: Unter Einbeziehung der Diskussion in Deutschland (Doitsu-keihō ni okeru shōgai-gainen to seishinteki-shōgai), Journal of Law and Political Studies (Hōgaku Seijigaku Ronkyū), Nr. 99 (2013), 37 (39).

Masamitsu Tomikawa

Vermögensschaden im Rahmen des japanischen Betrugstatbestandes

A. Einführung

In der heutigen Zeit wird die Vorverlagerung der Bestrafung wegen Betruges in Japan in Zusammenhang mit dem Vermögensschaden für problematisch gehalten. Ebenso wird in Deutschland der Vermögensschaden zurzeit sehr stark diskutiert. Diese Diskussion bezieht sich darauf, ob ein Vermögensschaden bereits in einer sog. konkreten Vermögensgefährdung liegt. Darüber hinaus hat der Bundesgerichtshof (BGH) in neuerer Zeit nach der ökonomischen Betrachtungsweise ohne Bezugnahme auf diesen Begriff einen Vermögensschaden in der Gefährdung eines Vermögens selbst gesehen.[1] Diese Entscheidung wird zum Teil von der Literatur kritisiert, weil dieser Rechtsfigur „die Gefahr einer Überdehnung des Betrugstatbestandes hin zum Gefährdungsdelikt immanent ist".[2]

In Japan tritt das Problem der Vorverlagerung im Zusammenhang mit dem Kriterium „Sozialzweck" auf: Kann die Verfehlung eines Sozialzweckes, den das Opfer im Geschäftsverkehr mit dem Täter erreichen wollte, auch einen Vermögensschaden im Sinne des Betruges begründen? Dieser Beitrag erörtert den Diskussionsstand in Japan und die verschiedenen Ansichten in der Literatur.

B. Struktur des japanischen Betrugstatbestandes

I

Zunächst muss beachtet werden, dass die gesetzliche Formulierung des Betruges an sich jedoch anders ist als die deutsche: In § 246 Abs. 1 J-StGB heißt es: „Wer einen anderen täuscht und dadurch zur Übertragung einer Vermögenssache veranlasst, wird mit Zuchthausstrafe bis zu zehn Jahren bestraft" (sog. Sachbetrug); in § 246 Abs. 2 J-StGB: „Der Absatz 1 gilt auch für denjenigen, der

---

1 BGH NJW 2011, 2675 f.; BGHSt 53, 199, 202 ff.; BVerfGE 126, 170, 221 ff.; BVerfGE 130, 1, 42 ff.

2 *Duttge*, in: Dölling/Duttge/Rössner (Hrsg.), Gesamtes Strafrecht Handkommentar, 3. Aufl. 2013, § 263 Rn. 69.

durch die in Absatz 1 geregelte Weise sich oder einem Dritten zu Unrecht einen Vermögensvorteil verschafft" (sog. Interessenbetrug).[3]

Trotz der unterschiedlichen Formulierungen des Gesetzestextes sind die meisten Merkmale im japanischen und deutschen Betrugstatbestand sehr ähnlich. Wie in Deutschland gehören auch in Japan die Täuschung, der täuschungsbedingte Irrtum und die irrtumsbezogene Vermögensverfügung des Opfers zum objektiven Tatbestand. Der einzige Unterschied liegt in der Frage, ob der Vermögensschaden gesetzlich ausdrücklich gefordert wird. Im Gegensatz zum deutschen Betrugstatbestand ist die Übertragung einer Vermögenssache oder die Verschaffung eines Vermögensvorteils als gesetzliches Tatbestandsmerkmal im Gesetzestext der japanischen Norm beschrieben, aber nicht die Schädigung des Gesamtvermögens eines anderen. Der Unterschied zwischen §§ 246 Abs. 1 und Abs. 2 J-StGB liegt nach h.M. nur im Gegenstand und er führt nicht dazu, dass der Vermögensvorteil des Täters in § 246 Abs. 2 J-StGB den Vermögensnachteil oder -schaden des Opfers bedeutet.[4]

II

Das Erfordernis des Vorliegens des Vermögensschadens wird trotzdem in der Literatur sehr stark vertreten. Nach dieser Ansicht setzt die Strafbarkeit des Betruges irgendeine Verletzung des Vermögens des Opfers, d.h. einen Vermögensschaden voraus, denn der Betrugstatbestand schütze auch das Rechtsgut Vermögen des Opfers gegen Schädigung anderer; wenn der Eintritt des

---

3 Genauer: „Der Absatz 1 gilt auch für denjenigen, der durch die in Absatz 1 geregelte Weise sich oder einem Dritten einen *unrechten* Vermögensvorteil verschafft." Nach herrschender Meinung bedeutet dies aber nicht, dass der erlangte Vermögensvorteil an sich unrechtlich ist, sondern dass die Weise des Erlangens des Vermögensvorteils unrechtlich ist; RG (Taishinin), Urteil vom 4. 10. 1938, Hôritsu shinbun (Gesetzzeitung), Bd. 4333, 17; *M. Maeda* u.a. (Hrsg.), Jôkai keihô (Kommentar für Strafrecht), 2. Aufl. 2007, S. 729.

4 Vgl. dazu z. B. *N. Takahashi*, Strafrecht BT, 2011, S. 288. Deshalb gehört nur die Übertragung der Vermögenssache in § 246 Abs. 1 J-StGB und die Verschaffung des Vermögensvorteils in § 246 Abs. 2 J-StGB außer den oben genannten drei objektiven Merkmalen formal zum Tatbestand des Betruges. In Japan ist der Betrug erst dann vollendet, wenn der Besitz einer Sache oder der Vorteil in der Tat an den Täter oder einen Dritten übergeht. Die bloße Verfügungshandlung seitens des Opfers ist noch nicht genug, um die Vollendungsstrafbarkeit zu bejahen. Vgl. etwa *M. Maeda* u.a. (Fn. 3), S. 724.

Vermögensschadens beim Betrug unnötig sei, würde man einen Tatbestand, der kein Rechtsgut schützen würde, anerkennen, was gegen das Rechtsgutschutzprinzip des Strafrechts verstoße.[5]

Darüber hinaus gilt es zu bedenken, dass ein Problem im Zusammenhang mit dem Vermögensschaden beispielsweise bei Erhalt einer Kompensation entstehen kann. Wenn das Opfer für seine Leistung eine gleichwertige Gegenleistung vom Täter bekommt, ist der Vermögensschaden zu verneinen, weil dann keine Verminderung der Vermögenslage eintritt. Zu dieser Konstellation gibt es in der Rechtsprechung in Japan zwei interessante Entscheidungen. Im ersten Fall verkaufte A dem P ein Medikament zum angemessenen Preis unter Vorspiegelung der Tatsache, dass er Arzt wäre, obwohl er in Wahrheit keine ärztliche Approbation besaß (sog. „Arzt-Betrüger"-Fall).[6] Das Gericht sprach den Angeklagten frei, weil „der Käufer durch den Kauf des betreffenden Medikaments keinen vermögensunrechten Schaden erlitten hat und der Angeklagte dadurch keinen unrechten Vorteil erlangt hat". Im zweiten Fall verkaufte V an K ein Massagegerät zum angemessenen Preis, indem er K vortäuschte, dieses Gerät wirke gegen Kinderlähmung, obwohl es in Wirklichkeit dagegen gar nicht wirksam war (sog. „Massagegerät"-Fall).[7] In diesem Fall nahm das Gericht dagegen die Strafbarkeit wegen Betruges mit der Begründung an, dass der Tatbestand dann verwirklicht sei, „wenn eine Partei bei Kenntnis der Wahrheit nicht bezahlt hätte, auch wenn der Täter eine dem Preis angemessene Ware geleistet hat".

Auf den ersten Blick scheinen die beiden Entscheidungen einander zu widersprechen, denn bei der ersten Entscheidung wurde die Tatbestandsverwirklichung aufgrund des Fehlens des Vermögensschadens verneint, aber bei der zweiten trotz fehlenden Vermögensschadens angenommen.

Diesen scheinbaren Widerspruch in der Rechtsprechung zu lösen, war die erste Aufgabe der Literatur. Nun folgt eine Darstellung, wie das tatbestandliche Erfordernis des Vermögensschadens von der Literatur begründet wird.

---

5 *Nishida,* Keihô kakuron (Strafrecht BT), 6. Aufl. 2012, S. 203 f.; *M. Hayashi,* Strafrecht BT, 2. Aufl. 2007, S. 247.

6 RG Urteil vom 21. 12. 1928, Keisyû (Entscheidungssammlung des RG in Strafsachen) 7, 772.

7 OGH (Saikô saibansyo) Beschluss vom 28. 9. 1959, Keisyû (Entscheidungssammlung des OGH in Strafsachen) Bd. 13 Nr. 11, 2993.

C. Erforderlichkeit des Vermögensschadens in Literatur und Rechtsprechung

I

In Japan wird der Vermögensschaden des Opfers nur bei Untreue (§ 247 J-StGB) im Gesetzestext ausdrücklich als Tatbestandsmerkmal genannt.[8] Ein solches Delikt, bei dessen Begehung sich die Gesamtvermögenslage des Opfers verringert, wird in Japan den Delikten gegen das Gesamtvermögen zugeordnet. Dagegen werden als Delikte gegen das Einzelvermögen Straftatbestände gezählt, die bereits den Verlust einer Vermögenssache oder eines Vermögensvorteils genügen lassen, aber keine Verminderung des Gesamtvermögens verlangen. Die traditionelle Auffassung vertritt, dass der Betrug als ein Delikt gegen das Einzelvermögen eingeordnet werden muss und daher der Verlust einer Vermögenssache oder eines Vermögensvorteils stets zugleich den Eintritt des Vermögensschadens des Betruges selbst bedeutet (sog. Lehre vom formalen Einzelvermögen).[9]

Gegen diese Meinung wird der Einwand vorgebracht, dass mit ihr eine zu weitreichende Ausdehnung der Strafbarkeit erfolgen kann. Nicht wenige Auffassungen wollen eine andere Begriffsbestimmung des Vermögensschadens zugrunde legen und versuchen damit, die Strafbarkeit wegen Betruges einzuschränken. Beispielsweise vertritt eine Mindermeinung, dass der Vermögensschaden eigentlich bei allen Vermögensdelikten und Eigentumsdelikten — sogar bei Diebstahl — zu fordern sei (sog. Lehre vom Gesamtvermögen).[10] Auch nach der überwiegenden Lehre sei der Betrug zwar anders als die Untreue als ein Delikt gegen das Einzelvermögen einzuordnen, aber die Strafbarkeit wegen Betruges ist nur dann zu bejahen, wenn der Verlust einer Vermögenssache oder

8 § 247 J-StGB [Untreue]: „Wenn jemand, der ein fremdes Geschäft für einen Fremden besorgt, gegen dessen Auftrag handelt und dadurch *dem Fremden einen Vermögensschaden zufügt*, um sich oder einem Dritten einen Vermögensvorteil zu verschaffen sowie das Vermögen des Fremden zu beschädigen, wird mit Zuchthausstrafe bis zu fünf Jahren oder mit Geldstrafe unter 500.000 Yen bestraft"

9 *Dandô*, Keihô kôyô kakuron (Grundlagen für das Strafrecht BT), 3. Aufl. 1990, S. 619; *Fukuda*, Keihô kakuron zentei (Strafrecht BT, vollständige Überarbeitung), 3. erweiterte Aufl. 2002, S. 250; *Ohtsuka*, Keihô Gaisetsu Kakuron (Übersicht über das Strafrecht BT), 3. erweiterte Aufl. 2005, S. 255.

10 *M. Hayashi* (Fn. 5), S. 240 ff., S. 243 f.; *M. Bae*, Sagizai ni okeru zaisanjô no songai (Vermögensschaden bei Betrug), Hôsei kenkyû (Forschungen über Recht und Politik), Bd. 78 Nr. 2, 1192.

eines Vermögensvorteils eine wesentliche und materielle Schädigung des Opfers verursache (sog. Lehre vom materiellen Einzelvermögen).[11]

Andererseits bezieht eine andere Meinung eine Einwilligungslehre in ihre Argumentation mit ein. Danach sei der Betrug verwirklicht, wenn ein rechtsgutsbezogener Irrtum bestehe. Da das Vermögen nicht als Wert an sich geschützt werde, sondern als Wert durch Austausch oder Nutzung des Vermögens, ist dann keine Rechtsgutsverletzung gegeben, wenn der Zweck des Vermögensaustausches verwirklicht wird und sich daher der Irrtum des Opfers nicht auf das Rechtsgut bezieht (sog. Lehre vom rechtsgutbezogenen Irrtum).[12]

II

Es ist dagegen nicht einfach, herauszustellen, wie der Vermögensschaden in der japanischen Rechtsprechung aufgefasst wird. In der bisherigen Rechtsprechung hat der Oberste Gerichtshof (OGH) in keiner Entscheidung die Erforderlichkeit des Vermögensschadens ausdrücklich genannt.

Insbesondere gab es in den letzten Jahren einige Entscheidungen, die die Lehre vor neue Frage stellten.[13] Im Jahr 2007 hat der OGH in einem Fall die Strafbarkeit wegen Betruges bejaht, bei dem der Angeklagte bei der Eröffnung eines Sparkontos auf seinen Namen die Absicht verschwieg, das Kontobuch und die Bankkarte für das Konto einem anderen zu verkaufen.[14] Diese Verkaufshandlung ist nach einem speziellen Gesetz verboten.[15] Der Bankangestellte übergab dem Angeklagten das Kontobuch und die Bankkarte unter der falschen Vorstellung,

---

11 *Nishida* (Fn. 5), S. 203 f.; *N. Takahashi* (Fn. 4), S. 315 ff.; *M. Maeda*, Keihou kakuron kougi (Vorlesung für das Strafrecht BT), 5. Aufl. 2011, S. 287.

12 *Yamaguchi*, Strafrecht BT, 2. Aufl. 2011, S. 267; *Saiki*, Sagizai no Riron teki Kôzô (Die theoretische Struktur des Betruges), in: Riron keihougaku no saizensen (Vorderste Linie der theoretischen Strafrechtswissenschaft) II, Yamaguchi/Saiki/Ida (Hrsg.), 2006, S. 105; *Hashizume*, Sagizai seiritsu no genkai ni tsuite (Über die Grenzen des Betruges), in: FS Uemura, Bd. 1, 2011, S. 175 ff.

13 *Kuzuhara*, Sachenbetrug ohne Vermögensschaden?, in: Freund/Murmann/Bloy/Perron (Hrsg.), FS Frisch, 2013, S. 825 (826 ff.). führt diese neue Rechtsprechungssituation in Japan auf Deutsch genauer aus.

14 In Japan kann man entweder mit einer Bankkarte oder mit einem Kontobuch und dem eigenen Namensstempel das entsprechende Konto benutzen. Das Kontobuch ist dem des Sparbuchs in Deutschland ähnlich.

15 §§ 3 Abs. 1, Abs. 4, Honnin kakunin hô (Gesetz zur Bestätigung der persönlichen Identität) a.F. Zum aktuell geltenden Gesetz vgl. § 27 Hanzai syûeki iten bôshi hô (Gesetz zur Verhinderung der Übergabe der durch Straftaten erwirtschafteten Einnahmen).

der Angeklagte würde sie selbst benutzen (sog. „Kontobuch"-Fall). In diesem Fall hat der OGH die Strafbarkeit wegen Betruges wie folgt begründet: „Unter diesen Umständen enthält die Antragsstellung auf Kontoeröffnung schon die Willenserklärung, dass der Antragsteller dieses Konto selbst benutzen will. Deswegen stellt das Verschweigen der Absicht, das Kontobuch und die Bankkarte an einen Dritten weiterzugeben, die Täuschungshandlung im Sinne des Betrugstatbestandes dar. Daher erfüllt es eindeutig den Betrug gemäß § 246 J-StGB, dass der Angeklagte durch diese Täuschungshandlung das Kontobuch und die Bankkarte erlangt hat".[16] In dieser Konstellation kann es also darum gehen, ob die Herausgabe des Kontobuchs und der Bankkarte das Vermögen des Opfers schädigt, weil das Kontobuch und die Bankkarte selbst nur Legitimationspapiere sind und das Erschwindeln von Legitimationspapieren wie eines Reisepasses nach h. M. keinen Betrug darstellt.[17]

In einer mit diesem Fall vergleichbaren Konstellation hat der OGH im Jahr 2010 die Strafbarkeit wegen Betruges bejaht: Der Angeklagte erhielt eine Bordkarte auf seinen Namen, wobei er die Absicht verschwieg, einem Dritten die Karte zu überlassen, damit dieser an seiner Stelle die Reise antreten kann (sog. „Bordkarten"-Fall).[18] Auch in diesem Fall ist es ebenfalls fraglich, ob ein Vermögensschaden beim Opfer eingetreten ist, da der Angeklagte den entsprechenden Betrag bezahlte und daher die Vermögenslage des Opfers nicht vermindert erscheint.

D. Kriterien zur Feststellung des Vermögensschadens

I

Allerdings lautet die wichtigste Frage nicht nur, ob und wie der Vermögensschaden zum Tatbestand des Betruges gehört, vielmehr ist es von wesentlicher Bedeutung, durch welche Kriterium sich der Vermögensschaden feststellen lässt.

In Deutschland sieht man dieses Kriterium grundsätzlich im Vergleich der Vermögenslagen unmittelbar vor und nach der Vermögensverfügung (sog. Gesamtsaldierungsprinzip).[19] Nach diesem Prinzip ist es für die Strafbarkeit erforderlich, dass die Vermögenslage des Opfers unmittelbar nach der Vermögensverfügung vermindert wird.

16 OGH Beschluss vom 17. 7. 2007, Keisyû Bd. 61 Nr. 5, 521.

17 Vgl. dazu z. B. OGH Beschluss vom 25. 12. 1952, Keisyû Bd. 6 Nr. 12, 1387.

18 OGH Beschluss vom 29. 7. 2010, Keisyû Bd. 64 Nr. 5, 829.

19 Vgl. dazu etwa *Duttge* (Fn. 2), § 263 Rn. 37, 55 ff.; *Rengier*, Strafrecht BT Teil 1, 15. Aufl. 2013, §13, Rn. 156; BGHSt 53, 199, 201 f.

Eine solch objektive wirtschaftliche Bewertungsweise wird dagegen in Japan kaum vertreten. Vielmehr werden unterschiedliche Faktoren jeweils von verschiedenen Perspektiven herangezogen, um das Vorliegen des Vermögensschadens zu beurteilen.[20]

Nach der überwiegenden Ansicht ist bei der Prüfung des Vermögensschadens das vom Opfer Geleistete nicht damit, was das Opfer *tatsächlich* erhalten hat, sondern damit zu vergleichen, was das Opfer erlangen *wollte*.[21] Mit diesem Kriterium könnte man die oben angeführte scheinbare Widerspruchslage zwischen dem „Arzt-Betrüger"- und dem „Massagegerät"-Fall wie folgt analysieren: „Der Getäuschte wollte beim ‚Arzt-Betrüger'-Fall gerade dieses Medikament erlangen. Aber die Täuschung des Täters über seine ärztliche Approbation kann insofern noch keinen Vermögensschaden begründen, als der Preis des Medikaments dem Marktpreis entsprach und die erforderliche Wirksamkeit hatte."[22] Dagegen *wollte* das Opfer beim „Massagegerät"-Fall „mehr Wert als den Kaufpreis erlangen, und damit kann der Vermögensschaden bejaht werden."[23] Man könnte in diesem Fall den Vermögensschaden auch durch das weitere Argument annehmen, dass „das Veranlassen zu einer Verfügungshandlung, deren Zweck nicht erreicht werden kann, einen Vermögensschaden begründet."[24] Diese Ansichten können so zusammengefasst werden, dass die Zwecksetzung durch das Opfer das entscheidende Kriterium darstellt.[25] Dieses Kriterium ist daher der sog. Zweckverfehlungslehre in Deutschland ähnlich.[26]

---

20 Dagegen wird bei Untreue der rein wirtschaftliche Aspekt berücksichtigt. Nach der Rechtsprechung besteht der Vermögensschaden bei Untreue dann, wenn „der Vermögenswert des Betreffenden unter wissenschaftlicher Berücksichtigung der Vermögenslage durch die Handlung des Täters vermindert worden oder der zuzunehmende Wert tatsächlich nicht zugenommen hat" (OGH Beschluss vom 24. 5. 1983, Keisyû Bd. 37 Nr. 4, 437).

21 *Nishida* (Fn. 5), S. 204.

22 *Nishida* (Fn. 5), S. 204.

23 *Nishida* (Fn. 5), S. 204.

24 *Matsumiya*, Keihô kakuron kôgi (Vorlesung für Strafrecht BT), 3. Aufl. 2012, S. 257.

25 Diese Berücksichtigung gehört eigentlich zu der sog. Lehre vom rechtsgutbezogenen Irrtum. Aber sie wird auch von der sog. Lehre vom materiellen Einzelvermögen aufgegriffen. Im diesen Sinne zeigen die beide Lehren keinen wesentlichen Unterschied. Dazu vgl. *Hashizume* (Fn. 12), S. 181.

26 Nach dieser Lehre sei der Vermögensschaden insbesondere bei der bewussten Selbstschädigung noch zu bejahen, wenn infolge der Täuschung der verfolgte Zweck unter Berücksichtigung seines sozialen Sinnes verfehlt wird. Dazu vgl. etwa *Cramer/Perron*, in: Schönke/Schröder, StGB, 28. Aufl. 2010, § 263 Rn. 102.

Allerdings begründet nicht jede Verfehlung des Zwecks, den ein Opfer jeweils erreichen wollte, einen Vermögensschaden, weil „die Strafbarkeit des Betruges insofern sehr weit ausgedehnt wird, wenn jeder Zweck mit dem Betrugstatbestand zu schützen wäre".[27] Wenn man sich beispielsweise bei Geldspenden durch die Täuschung des Spendensammlers über den Verwendungszweck der Spenden irrt, könnte diese Zweckverfehlung für einen Vermögensschaden gehalten werden. Aber wenn der Sammler wahrheitswidrig behauptet, die Nachbarn hätten bereits hohe Beträge gespendet, ist kein Vermögensschaden zu bejahen.[28]

Daher versucht die überwiegenden Ansicht im Schrifttum die Grenze zwischen einem für die Strafbarkeit relevanten Zweck und bloßen Erwartung des Opfers zu ziehen. Dabei ist zu fragen, ob der Zweck strafrechtlich schutzwürdig ist.

II

Mit diesem Kriterium der Zweckverfehlung versucht man die Ergebnisse der oben unter C II. genannten zwei Entscheidungen des OGH zu rechtfertigen. Aber dabei ist es fraglich, ob auch eine Verfehlung des *sozialpolitischen* Zweckes zu einem Vermögensschaden führen kann. Dafür bildet der sog. „Minderjährigen"-Fall ein prägnantes Beispiel: Ein Minderjähriger, der vortäuscht, er sei bereits volljährig, kauft eine Sache wie etwa Zigaretten oder Alkohol, die nur an Erwachsene verkauft werden darf, zu einem angemessenen Preis. Zwar könnte ein beabsichtigter Zweck des Verkäufers auch darin bestehen, dass er diese Sache nicht an Minderjährige abgibt, um die gesunde Entwicklung von Kindern nicht zu gefährden. Die meisten Ansichten verneinen aber in diesem Fall die Strafbarkeit wegen Betruges, weil diese Motivation als bloßer Sozialzweck dem Rechtsgut des Betrugstatbestands — individuelles Vermögen — nicht entspricht.[29] Deswegen wird der Vermögensschaden hier verneint, obwohl der Zweck des Verfügenden nicht erreicht wird.[30]

---

27 *Saiki* (Fn. 12), S. 108.

28 *Yamaguchi* (Fn. 12), S. 269; Dagegen hat das BayObLG (NJW 1952, 798) in diesem Fall die Strafbarkeit wegen Betruges bejaht.

29 Z.B. *Saiki,* Sagizai (Betrug) 1, Hôgaku Kyôshitsu (Rechtswissenschaftlicher Vorlesungsraum), Bd. 372, 113.

30 Dagegen wird eine Gegenmeinung vertreten, dass der Vermögensschaden in diesem Fall bestehen kann; *M. Kimura,* Sagizai ni okeru songaigainen to syobatsuhanni no henka (Vermögensschadensbegriff des Betruges und die entsprechende Veränderung der Strafbarkeit), Hôsô Jihô (Juristische Zeitschrift), Bd. 60 Nr. 4, 1; *I. Maeda,* Anmerkung zu OGH Beschluss vom 17. 7. 2007, Hôsô Jihô, Bd. 62 Nr. 10, 119.

Aber nach dieser Ansicht dürfen nicht alle Sozialzwecke unberücksichtigt bleiben, denn der Sozialzweck kann möglicherweise — wie beispielsweise beim „Geldspende"-Fall — zum Bestandteil des Vertrags gehören. Daraus folgt, dass der bloße „sozialpolitische Zweck (oder Sozialzweck)" grundsätzlich von der überwiegenden Lehre als nicht strafrechtlich schutzwürdig gewertet wird. Eine Ausnahme ist dann anzunehmen, wenn dieser betreffende Zweck nach einem Gesetz oder der Verkehrsanschauung u.a. zu einem Teil des Vertrags geworden ist.

Das gleiche Problem besteht zwar im oben genannten „Kontobuch"-Fall und dem „Bordkarten"-Fall. Im „Kontobuch"-Fall kann scheinbar kein Vermögensschaden gesehen werden, weil in Japan sowohl die Eröffnung eines Kontos als auch die Herausgabe des Kontobuchs und der Bankkarte unentgeltlich erfolgen und die Banken im Voraus keine Gegenleistung von den Kunden erwarten. In diesem Sinne hat die Konstellation Ähnlichkeit mit dem Spendenbetrug und damit ist eine Lösung über das Kriterium der Zweckverfehlung denkbar. Hier ist zunächst zu fragen, welcher Zweck seitens der Bank durch die Ausgabe verfolgt werden sollte.

Es gibt zwei Möglichkeiten, darauf zu antworten: Einerseits liegt es nahe, dass der Zweck der Bank in der Gewinnung von neuen Kunden liegt. Da der Zweck in diesem Fall erreicht wurde, gibt es keine Zweckverfehlung. Aber andererseits erschöpft sich der Zweck der Bank nicht nur darin, wenn man den Umstand berücksichtigt, dass eine Bestätigung der persönlichen Identität bei der Kontoeröffnung heutzutage auch gesetzlich vorgeschrieben ist. Daher „kann der von der Bank hier verfolgte Zweck auch noch darin bestehen, dass ein Kontobuch nur jemandem, der seine persönliche Identität bestätigt, herausgegeben wird".[31] Damit kann man die falsche Bestätigung der persönlichen Identität als eine Zweckverfehlung ansehen, also einen Vermögensschaden annehmen.[32] Allerdings wird diese Bestätigung deshalb gefordert, weil der Missbrauch eines Sparkontos durch Verbrecherorganisationen, die beispielsweise Straftaten der Geldwäsche verwirklichen, verhindert werden soll. Sie richtet sich also auf die Erreichung eines sozialpolitischen Zweckes. Aufgrund der Bedeutung dieses Gesetzeszweckes der Identitätsbestätigung kann darin aber mehr als ein bloßer Sozialzweck gesehen werden.

---

31 *Yamaguchi,* Shin hanrei kara mita keihô (Analyse der neueren strafrechtlichen Rechtsprechung), 2. Aufl. 2008, S. 234.

32 Gegen diese Meinung erhebt sich der Einwand, dass der Betrug, der eigentlich ein individuelles Rechtsgut schützen soll, auf dieser Weise zum Delikt gegen ein Sozialrechtsgut (Allgemeinrechtsgut) wird; vgl. dazu etwa *Saiki* (Fn. 29), 113.

Im „Bordkarten"-Fall wurde die preisentsprechende Gegenleistung erbracht und daher kann man scheinbar die Übergabe der Bordkarte nicht als Vermögensschaden werten. Um einen Vermögensschaden in diesem Fall zu bejahen, kann auch das Kriterium der Zweckverfehlung herangezogen werden. Darüber hinaus hat der OGH die Strafbarkeit wegen Betruges mit dem folgenden Argument gestützt: „Der Grund dafür, dass die Bestätigung der persönlichen Identität gefordert wird, liegt darin, dass das Einsteigen eines anderen Passagiers als desjenigen, dessen Name auf dem Flugticket steht, für die betreffende Fluggesellschaft in Bezug auf ihr Geschäft im Lufttransport wichtig ist [...]. Denn eine andere Person an Bord zu lassen, beinhaltet die Gefahr, dass die Sicherheit des Fluges erheblich gestört wird, und die Fluggesellschaft ist von der kanadischen Regierung verpflichtet, bei der Ausgabe einer Bordkarte in angemessener Weise dafür zu sorgen, dass eine illegale Einreise verhindert wird. [...] Unter diesen Umständen soll die Tatsache, ob der Passagier, der die Ausgabe der Bordkarte verlangt, selbst an Bord geht, beim zuständigen Angestellten für die Entscheidung über diese Ausgabe wichtig sein".[33] Man kann hier die Verfehlung des Sozialzweckes von erheblicher Art darin sehen, dass die Fluggesellschaft zur Sicherheit des Fluges und zur Vermeidung der illegalen Einreise eine andere Person als den eigentlichen Passagier nicht an Bord lassen wollte.[34] Dieser Zweck wird folglich bei Abschluss des Vertrags seitens der Fluggesellschaft verfolgt und dessen Verfehlung kann daher den Vermögensschaden begründen.

III

Die Lösung der Entscheidungen des OGH werden in der Literatur nicht nur mit dem Kriterium der Zweckverfehlung, sondern auch noch mit einem anderen Argument begründet. Danach tritt ein Vermögensschaden zwar nicht direkt durch den Verlust einer Vermögenssache oder eines -vorteils selbst ein, aber infolgedessen als etwas Sekundäres (sog. Sekundärschaden). Im „Kontobuch"-Fall bliebe die Gefahr für die Bank, möglicherweise Schadensersatz an diejenigen zahlen zu müssen, die durch die Benutzung des betreffenden Kontobuchs aufgrund eines deliktischen Handelns des Täters eine Vermögensschädigung erleiden. Deshalb „kann diese Gefahr einen möglichen Vermögensschaden für die Bank darstellen."[35] Oder weiter: Wenn man berücksichtigt, dass Verbrecherorganisationen heutzutage Sparkonten, die sie in gesetzeswidriger Weise eröffnen, für die Begehung von

---

33 OGH Beschl. v. 29. 7. 2010, Keisyû Bd. 64 Nr. 5, 829.

34 Vgl. dazu etwa *Hashizume* (Fn. 12), S. 190.

35 *Nishida* (Fn. 5), S. 208.

Straftaten benutzen, „wird den Banken eine wirtschaftlich schwere Last aufgeladen, um Maßnahmen gegen dieses Phänomen zu ergreifen. Im betreffenden Fall ist es denkbar, mit dieser Last einen Vermögensschaden zu begründen."[36]

Zudem könnte man auch auf die gleiche Weise im „Bordkarten"-Fall einen Vermögensschaden bejahen: „Es gibt die Möglichkeit, dass unvorhergesehene Kosten bei der Fluggesellschaft eintreten können, sodass sie die Gefahr für die Sicherheit des Fluges und die einer illegalen Einreise vermeiden muss."[37] Zudem müsste die Fluggesellschaft an die kanadische Regierung den Geldbetrag (maximal 3.000 €) bezahlen, wenn die illegale Einreise der Fluggesellschaft zuzuschreiben wäre. Daher sei es möglich, dass diese Kosten einen Vermögensschaden begründen.

Vor diesem Hintergrund wird in der Literatur die Auffassung vertreten, dass man durch die Zweckverfehlung und den möglicherweise eintretenden Sekundärschaden einen Vermögensschaden bei den beiden genannten Fällen feststellen kann.

E. Fazit

I

Aus diesen Ausführungen ergibt sich, dass das Element des Vermögensschadens von den meisten Ansichten im japanischen Schrifttum als notwendig angesehen wird und bei dieser Prüfung das Kriterium der Zweckverfehlung eine zentrale Rolle spielt. Danach liegt der Vermögensschaden vor, wenn dieser Zweck Bestandteil des betreffenden Vertrags ist und daher eine strafrechtliche Schutzwürdigkeit anzuerkennen ist. Es ist aber hier fraglich, ob man strafrechtlich schutzwürdige und nicht-schutzwürdige Zwecke hinreichend deutlich abgrenzen kann.[38] Diese Antwort ergibt sich daraus, dass die Schlussfolgerung von den Ansichten, die für die Erforderlichkeit des Vermögensschadens vertreten, meistens identisch mit der sog. Lehre vom formalen Einzelvermögen ist, die wie dargestellt, einen formalen Verlust selbst schon für den Vermögensschaden hält.[39] Dies bedeutet, dass die Begrenzung der Strafbarkeit auch dann nicht zu

---

36 *M. Hayashi,* Sagizai no genjô (Die heutige Situation des Betruges), in: Hanrei keihô (Rechtsprechung des Strafrechts), 2011, S. 293 (299).

37 *W. Ito,* Sagizai ni okeru sagikoui no igi (Die Bedeutung der Betrugshandlung im Betrugstatbestand), Hanrei select (Ausgewählte Rechtsprechung) 2010, S. 36.

38 Dazu vgl. etwa *Dölling,* JuS 1981, 570 f.; *Hilgendorf,* JuS 1994, 468.

39 Vgl. dazu *Y. Watanabe,* Sagizai ni okeru jisshitsu teki kobetsu zaisansetsu no sakusô (Probleme der Lehre vom materiellen Einzelvermögen beim Betrug), Yokohama

erfolgen ist, wenn man den Inhalt des Begriffes Vermögensschaden in Betracht auf die Unterscheidung des schutzwürdigen und nicht-schutzwürdigen Zweckes fruchtbar macht.

Deswegen verliert das Element des Vermögensschadens in Japan bereits die Funktion, die Strafbarkeit des Betruges sachgerecht einzuschränken. Zwar begründen einige japanische Lehren den Vermögensschaden nicht nur mit der Zweckverfehlung, sondern auch mit der Entstehung eines Sekundärschadens. Darin kann man die Bemühung sehen, ihr Argument mit einem wirtschaftlichen Schaden zu verbinden. Wird dieser sekundäre Schaden jedoch auch als Vermögensschaden anerkannt, kann diese Funktion des Vermögensschadens wieder aufgehoben werden, denn eine solche sekundäre Schadensgefahr lässt sich theoretisch und tatsächlich überall finden. Diese Schadensgefahr ist noch zu abstrakt.

II

Deshalb sollte man einen anderen Weg suchen. Die Feststellung des Vermögensschadens muss zwar auch die Frage berücksichtigen, welcher Zweck in der jeweiligen Geschäftsverbindung erreicht werden soll, denn da das Rechtsgut des Betruges sich auf das individuelle Vermögen richtet, muss das Opfer selbst in der Lage sein, darüber zu entscheiden, welche Vermögenssache und welcher Vermögensvorteil für es individuell wichtig sind. In diesem Sinne enthält das Rechtsgut des Betruges schon einige Aspekte der Dispositionsfreiheit.[40] Sogar der Sozialzweck muss strafrechtlich schutzwürdig sein, wenn das Opfer im Geschäftsverkehr auch diese Art von Zweck für bedeutsam hält.[41]

---

kokusai keizai hôgaku (Internationale wirtschaftsrechtliche Rechtswissenschaft an der staatlichen Yokohama Universität), Bd. 20 Nr. 3, 121 (161).

40 Diese Auffassung stimmt mit der sog. personalen Vermögenslehre überein. Vgl. dazu *Otto,* Grundkurs Strafrecht BT, 8. Aufl. 2009, § 38 Rn. 4.

41 Das OLG München fällte neulich eine Entscheidung unter Bezugnahme auf die Zweckverfehlungslehre (OLG München = wistra 2014, 33). Danach bemisst sich die Entstehung eines Schadens „in erster Linie objektiv nach dem Prinzip einer bilanzierende Gesamtbewertung". Es sei aber ausnahmsweise zu berücksichtigen, „ob diese Sache nach der Auffassung eines sachlichen Beurteilers nicht oder nicht in vollem Umfang für den von ihm vertraglich vorausgesetzten Zweck oder in anderer zumutbarer Weise verwendet werden kann". Dabei begründe die Verfehlung des Zweckes, „der dem Verfügenden in der konkreten Situation notwendig und sinnvoll erscheint, sei es, dass er einen sozialen, sei es, dass er einen indirekten wirtschaftlich relevanten Zweck verfolgt", einen Vermögensschaden.

Diese Meinung birgt allerdings die Gefahr, die Strafbarkeit erheblich auszudehnen. Schließlich ist es noch denkbar, ein anderes Kriterium in Betracht zu ziehen. Man kann dies in der Selbstverantwortlichkeit des Opfers sehen. Die Strafbarkeit wegen Betruges sollte erst dann bestehen, wenn das Opfer für den Schaden im Geschäftsverkehr nicht verantwortlich ist. Versucht eine Partei einen Vorteil gegenüber der anderen im Geschäftsverkehr zu erringen, darf das Opfer nicht strafrechtlich geschützt werden, wenn es in naiver Weise erwartet, dass das eigene Vermögen nicht geschädigt würde. Deshalb ist vorauszusetzen, dass der Schaden nicht in den Verantwortungsbereich des Opfers fällt.[42]

In der Rechtsprechung lässt sich zwar die Tendenz zur Erweiterung der Strafbarkeit erkennen.[43] Um diese Ausdehnung der Strafbarkeit zu vermeiden, versuchen mehrere Lehren in Japan insbesondere deutlich zu machen, welche Zweckverfehlung im Rahmen des Vermögensschadens strafrechtlich schutzwürdig ist. Aber diese Lösungswege sind nicht nur durch den Vermögensschaden, sondern auch durch weitere Kriterien, namentlich etwa durch die Selbstverantwortlichkeit des Opfers, auf verschiedene Weise zu finden. Damit kann man eine sachgerechte Rechtsanwendung erreichen.

---

42 Dazu vgl. z. B. *Kasiske*, Die konkludente Täuschung bei § 263 StGB zwischen Informationsrisiko und Informationsherrschaft, GA 2009, 360; *Tomikawa*, Chintaisyaku kêyaku ni okeru bôryokudan haijo jôkô to sagizai no sêhi ni tsuite (Der Betrug durch den Verstoß gegen die „yakuza"-ausschließende Klausel im Mietvertrag), Daigakuin kenkyû nenpô (Forschungsjahresbericht des Forschungskurses), Bd. 42, 151 (163 ff.).

43 Der OGH hat am 28. 3. 2014 und 6. 4. 2014. neue Entscheidungen in einer Konstellation gefallen, bei der der Täter als Mitglied des „Yakuza" (japanische kriminelle Organisation) durch das Schweigen der Tatsache, dass er zum Yakuza gehört, den Vertrag z.B. wie Kontoeröffnung oder Benützung eines Golfplatzes abgeschlossen hat. In der Tat hat die Bank und der Betreuer des Golfplatzes im AGB klar dargestellt, dass sie mit einem solchen Mitglied keinen Vertrag abschließen wollen. Der OGH hat in zwei Fälle die jeweiligen Angeklagten freigesprochen, aber in anderen zwei verurteilt.

Diese Entscheidungen kann man in der Internetseiten des OGH (nur auf Japanisch) lesen: http://www.courts.go.jp/search/jhsp0020Recent?hanreiSrchKbn=02&recentInfoFlg=1, abgerufen am 9. 6. 2014.

Jennifer Junker

Das Recht der Arbeitnehmerüberlassung in Japan[1]

Die Arbeitnehmerüberlassung richtet sich in Japan nach dem „Gesetz zur Sicherung der ordnungsgemäßen Durchführung von Arbeitnehmerüberlassungsgeschäften und zum Schutz von Leiharbeitnehmern" (労働者派遣事業の適正な運営の確保及び派遣労働者の保護等に関する法律),[2] welches erstmals am 1.7.1986 in Kraft getreten ist. Sämtliche Überarbeitungen des Gesetzes in den Jahren 1986 bis 2007 waren fortwährend von dem Bestreben geprägt, die Arbeitnehmerüberlassung zu liberalisieren.[3] Diese Liberalisierung war jedoch mit einem unzureichenden Schutz der Leiharbeitnehmer verbunden. Die erneute Wirtschaftskrise führte schließlich Ende 2008 zu einem enormen Anstieg der Arbeitslosigkeit, insbesondere bei den Leiharbeitnehmern. Sämtliche Reformbemühungen in den kommenden Jahren scheiterten. Erst in der Plenarsitzung am 28.3.2012 wurde eine umfassende Änderung des Arbeitnehmerüberlassungsgesetzes beschlossen. Die aktuellen Änderungen traten zum 1.10.2012 in Kraft.[4] Sie werden vor allem von dem Ziel getragen, den Einsatz von Leiharbeitnehmern wieder zu beschränken und eine Ersetzung von Vollzeitarbeitskräften durch Leiharbeitnehmer zu verhindern.[5]

Eine umfassende Darstellung des japanischen Arbeitnehmerüberlassungsrechtes würde den vorgegebenen Rahmen sprengen.[6] Die folgenden Ausführungen beschränken sich daher auf einige relevante Unterschiede zum deutschen Recht und heben insbesondere die Neuerungen aus dem Jahr 2012 hervor.

---

1 Dieser Aufsatz stellt in weiten Teilen eine Zusammenfassung der Dissertation der Autorin dar.

2 Im Folgenden: Japanisches Arbeitnehmerüberlassungsgesetz, kurz: JAÜG.

3 Ausführlicher Überblick über die Entwicklung des japanischen Arbeitnehmerüberlassungsgesetzes mit weiteren Nachweisen in *Junker,* Das Recht der Arbeitnehmerüberlassung in Japan, 1. Aufl. 2013, S. 69 ff.

4 *Baker & McKenzie,* Amendments to the Worker Dispatch Act for Employers Using Temporary Workers, 2012, http://bakermckenzie.co.jp/e/material/dl/supportingyourbusiness/newsletter/employment/ClientAlert_201209_Labor_Amendment_to_Worker_Dispatch_Act_E.pdf, abgerufen am 9.2.2014.

5 *Baker & McKenzie* (Fn. 4).

6 Für eine umfassende Darstellung *Junker* (Fn. 3), S. 81 ff.

Erster Teil: Anwendungsbereich des JAÜG

Das JAÜG gilt nur für solche Unternehmen, welche die Überlassung von Arbeitnehmern an andere Unternehmen mit Wiederholungsabsicht betreiben.[7] Eine darüber hinausgehende Gewinnerzielungsabsicht wird vom Ministerium für Gesundheit, Arbeit und Soziales nicht gefordert.[8] Somit fallen auch religiöse und soziale Einrichtungen in den Anwendungsbereich des JAÜG.[9]

Japan hat sich für einen Anwendungsbereich entschieden, der zwischen dem alten und dem neuen Anwendungsbereich des deutschen Arbeitnehmerüberlassungsgesetzes (AÜG) liegt.[10]

Während in Deutschland bis 2010/2011 sowohl Wiederholungs- als auch Gewinnerzielungsabsicht vorliegen mussten,[11] findet seit Erlass der Leiharbeitsrichtlinie und deren Umsetzung ins nationale Recht das AÜG Anwendung auf sämtliche Unternehmen, die eine wirtschaftliche Tätigkeit ausüben.[12] Der Bundesrat sieht daher seit 2011 den Anwendungsbereich des AÜG auch für solche Unternehmen oder Institutionen als eröffnet an, die einmalig auf dem Markt auftreten und/oder ohne Gewinnerzielungsabsicht handeln.[13]

Zweiter Teil: Einstellungsarten

In Deutschland hat der Gesetzgeber das unbefristete Arbeitsverhältnis zwischen Leiharbeitnehmer und Verleiher als Regelform vorgesehen.[14] Will der Verleiher nur einen befristeten Arbeitsvertrag abschließen, so ist er an die (tarifdispositiven) Regelungen des Teilzeit- und Befristungsgesetzes (TzBfG) gebunden.[15] Diesbezüglich wird angemerkt, dass der befristete Einsatz im Entleiherbetrieb trotz der Aufhebung des Synchronisationsverbotes im Jahr 2003 keinen Befristungsgrund im Sinne des § 14 Abs. 1 Satz 2 Nr. 1 TzBfG darstellt.

---

7 Ministerium für Gesundheit, Arbeit und Soziales, 第1 労働者派遣事業の意義等, S. 15, http://www.mhlw.go.jp/general/seido/anteikyoku/jukyu/haken/youryou/dl/1.pdf, abgerufen am 9.2.2014.

8 Ministerium für Gesundheit, Arbeit und Soziales (Fn. 7), S. 15.

9 Ministerium für Gesundheit, Arbeit und Soziales (Fn. 7), S. 15.

10 Vgl. *Junker* (Fn. 3), S. 102 f.

11 Siehe *Junker* (Fn. 3), S. 100 m. w. N.

12 Vgl. BRDrs. 847/10, 7; *Junker* (Fn. 3), S. 99 f.

13 Vgl. BRDrs. 847/10, 7; *Junker* (Fn. 3), S. 100.

14 *Schüren*, in Schüren/Hamann, Arbeitnehmerüberlassungsgesetz, 4. Aufl. 2010, Einleitung Rn. 250.

15 *Schüren* (Fn. 14), Einleitung Rn. 254.

Das JAÜG sieht dagegen zwei Möglichkeiten zur Einstellung von Leiharbeitnehmern vor; eine davon ermöglicht die Synchronisation von Überlassungs- und Arbeitsvertrag.

A. Registrierungsprinzip

Nach dem sogenannten Registrierungsprinzip (登録型, *tôroku gata*)[16] werden die Leiharbeitnehmer zunächst in einer Kartei aufgenommen. Ein Arbeitsvertrag wird erst dann abgeschlossen, wenn eine konkrete Nachfrage besteht.[17] Die Dauer des Arbeitsverhältnisses wird dabei an die Dauer des Überlassungsvertrages angepasst.[18] Für Verleihunternehmen, die Leiharbeitnehmer nach dem Registrierungsprinzip einstellen, gelten die Vorschriften über die allgemeine Arbeitnehmerüberlassung (Art. 5 bis 15 JAÜG).

Verleihunternehmen, die nach dem Registrierungsprinzip agieren, müssen vor Aufnahme der Tätigkeit beim Ministerium für Gesundheit, Arbeit und Soziales eine entsprechende Lizenz erwerben. Verstößt der Verleiher gegen das Lizenzerfordernis, kommt nach derzeitiger Rechtslage kein Arbeitsverhältnis zwischen dem Entleiher und dem Leiharbeitnehmer zustande. Das JAÜG sieht bislang noch für Verstöße gegen das Lizenzerfordernis die Verhängung einer Freiheitsstrafe von bis zu einem Jahr oder einer Geldbuße bis 1.000.000 Yen vor, Art. 59 Nr. 2 JAÜG. Zum 1.10.2015 wird sich jedoch die Rechtslage ändern: Der Entleiher, welcher mit einem Verleihunternehmen ohne gültige Lizenz einen Überlassungsvertrag abschließt, wird in Zukunft so gestellt werden, als hätte er dem Leiharbeitnehmer bei Abschluss des rechtswidrigen Überlassungsvertrages

16 Vgl. *Shire*, Stability and Change in Japanese Employment Institutions: The Case of Temporary Work, ASIEN 2002, 21 (26); *Imai*, The Rise of Temporary Employment in Japan: Legalisation and Expansion of a Non-Regular Employment Form, S. 12, 2004, http://www.uni-due.de/in-east/fileadmin/publications/gruen/paper62.pdf, abgerufen am 9.2.2014, *Coe/Johns/Ward*, The Japanese Staffing Market: Industry Practices and Regulatory Change, S. 2, 2006, http://www.sed.manchester.ac.uk/geography/research/gotsu/outputs/workingbriefs/download/gotsu_wb16.pdf, abgerufen am 9.2.2014; *Coe/Johns/Ward*, Transforming the Japanese labour market: deregulation and the rise of temporary staffing, S. 7,11,2009, http://www.sed.manchester.ac.uk/geography/research/gotsu/outputs/workingpapers/download/gotsu_wp11.pdf, abgerufen am 9.2.2014.

17 Vgl. *Goka/Sato*, Agency temporary work and government policy in contemporary Japan, in: Burgess/Connell (Hrsg.), International Perspectives on Temporary Agency Work, 1. Aufl. 2004, 112 (117).

18 Vgl. *Goka/Sato* (Fn. 17), S. 117.

einen Arbeitsvertrag angeboten.[19] Der japanische Gesetzgeber hat somit eine dem § 10 Abs. 1 Satz 1 AÜG vergleichbare Vorschrift geschaffen.

Die gescheiterten Änderungsvorschläge in den letzten Jahren sahen die Abschaffung des Registrierungsprinzips vor.[20] In der überarbeiteten Fassung des JAÜG vom 28.3.2012 wurde das Registrierungsprinzip jedoch vorerst beibehalten. Berücksichtigt man, dass im Jahr 2010 84,03 Prozent[21] aller Einstellungen nach dem Registrierungsprinzip erfolgten und 49,51 Prozent[22] dieser Leiharbeitnehmer anschließend einen unbefristeten Arbeitsvertrag erhielten, erscheint eine Abschaffung des Registrierungsprinzips auch eher bedenklich.

B. Beschäftigungsprinzip

Der Verleiher kann den Leiharbeitnehmer auch auf der Grundlage eines befristeten oder unbefristeten Arbeitsvertrages unabhängig vom Bestehen einer aktuellen Überlassungsnachfrage einstellen (Beschäftigungsprinzip, 常用型, *jôyô gata).*[23] Der Verleiher trägt in diesem Fall das Risiko, den Arbeitnehmer auch dann vergüten zu müssen, wenn er ihn zeitweise nicht vermitteln kann.[24] Auf solche Verleihunternehmen finden die Regelungen der speziellen Arbeitnehmerüberlassung (Art. 16 bis 22 JAÜG) Anwendung.

Im Gegensatz zu den Überlassungen nach dem Registrierungsprinzip bedarf die Durchführung von speziellen Arbeitnehmerüberlassungen nicht der Lizenz des Ministeriums für Gesundheit, Arbeit und Soziales. Die Durchführung solcher Überlassungen muss lediglich dem Ministerium schriftlich gemeldet werden, Art. 16 Abs. 1 JAÜG. Die Anforderungen an eine solche Mitteilung entsprechen jedoch weitgehend denen einer Lizenz.

---

19 *Kamiyama*, Japan: Amendments to the Worker Dispatch Act, 2012, http://www.cliffordchance.com/publicationviews/publications/2012/12/japan_amendmentstotheworkerdispatchact.html, abgerufen am 9.2.2014.

20 *Junker* (Fn. 3), S. 93 f. m. w. N.

21 *JILPT*, The Current Status and the Challenges of Dispatched Work in Japan, in: JILPT (Hrsg.), Labor Situation in Japan and Analysis: Detailed Exposition 2011/2012, 1. Aufl. 2011, 12 (19); vgl. *Junker* (Fn. 3), S. 98.

22 *JILPT* (Fn. 21), S. 19; vgl. *Junker* (Fn. 3), S. 98.

23 *Shire* (Fn. 16), 26; Imai (Fn. 16), S. 12; *Coe/Johns/Ward* (Fn. 16–1), S. 2; *Coe/Johns/Ward* (Fn. 16–2), S. 7.

24 *Junker* (Fn. 3), S. 105.

Dritter Teil: Der Überlassungsvertrag

Während zwischen dem Leiharbeitnehmer und dem Verleiher eine arbeitsvertragliche Beziehung besteht, ist das Rechtsverhältnis zwischen Entleiher und Verleiher durch den Abschluss eines Überlassungsvertrages gekennzeichnet. Dies entspricht der aus dem deutschen Recht bekannten Dreieckskonstellation. Unterschiede zum deutschen Recht bestehen hier jedoch im Bereich der zugelassenen Berufsfelder, der Mindest- und Höchstüberlassungsdauer sowie der Handhabung von Mehrfachüberlassungen.

A. Berufsfelder

Als das JAÜG 1986 erlassen wurde, enthielt die Kabinettsanordnung Nr. 95 zum JAÜG eine sogenannte „positive Liste" mit 13 Berufsfeldern, in denen die Arbeitnehmerüberlassung zulässig sein sollte.[25] Drei weitere Berufsfelder kamen noch im Oktober desselben Jahres hinzu.[26]

Der Beschränkung auf 16 Berufsfelder lag die Befürchtung zugrunde, dass die Arbeitnehmerüberlassung das Prinzip der lebenslangen Beschäftigung verdrängen könnte.[27] Die Zulassung beschränkte sich daher auf solche Berufe, in denen bereits seit einigen Jahren externes Personal eingesetzt wurde (Sekretariat), sowie eine Anzahl von spezialisierten Berufen, in denen es entweder eine große Nachfrage gab (zum Beispiel Software- und Systemingenieure) oder die

---

25 *Sato,* Atypical Employment: A Source of Flexible Work Opportunities?, Social Science Japan Journal 2001, 161 (164); *Imai* (Fn. 16), S. 12; *Coe/Johns/Ward* (Fn. 16–2), S. 8. Es handelte sich hierbei um folgende Berufsfelder: (1) Software- und Systemingenieurwesen sowie Programmierung, (2) Maschinendesign und -planung, (3) Maschinenbedienung bei Rundfunk und Fernsehen, (4) Produktion von Rundfunk- und Fernsehprogrammen, (5) Maschinenbedienung in Büroräumen, (6) Übersetzung und Stenographie, (7) Sekretariat, (8) Archivierung, (9) Marktforschung, (10) Finanzbuchhaltung, (11) Anfertigung von Handelspapieren, (12) Präsentation von Waren und (13) Dienstleistungen für Touristen [*Junker* (Fn. 3), S. 73 m. w. N.].

26 (14) Gebäudereinigung, (15) Instandhaltung und technischer Gebäudedienst sowie (16) allgemeiner Gebäudedienst [*Junker* (Fn. 3), S. 73 f. m. w. N.].

27 *Watanabe,* Employee Dispatching Business Law, Japan Labor Bulletin, November 1985, 5 (8); *Foote,* Judicial Creation of Norms in Japanese Labor Law: Activism in the Service of – Stability?, UCLA Law Review 1996, 638 (676); *Song,* Japan's Labor Market Reform after the Collapse of the Bubble Economy: Political Determinants of Regulatory Changes, Asian Survey 2010, 1011 (1026); *Junker* (Fn. 3), S. 74.

aufgrund organisatorischer Faktoren eine kurzfristige Beschäftigung verlangten (Marktforschung).[28]

Im Jahr 1996 wurde die positive Liste in der Kabinettsanordnung Nr. 95 durch zehn weitere Berufe ergänzt.[29] Diese 26 Berufsfelder sind heute noch in Art. 4 der Kabinettanordnung aufgelistet.

1999 wurde schließlich die positive Liste in eine sogenannte negative Liste umgewandelt. Von der Arbeitnehmerüberlassung waren nur noch das Hafentransportgewerbe, das produzierende Gewerbe, das Sicherheitsgewerbe, das Baugewerbe, Ärzte und Berufe in Krankenhäusern, sowie Rechtsanwälte, Steuerberater und Wirtschaftsprüfer ausgenommen.[30]

Mit der Überarbeitung des JAÜG im Jahr 2004 fiel schließlich auch das Verbot der Arbeitnehmerüberlassung im produzierenden Gewerbe und in einigen medizinischen Berufen ebenfalls weg.[31]

---

28 *Shire/van Jaarsveld,* The Temporary Staffing Industry in Protected Employment Economies: Germany, Japan and the Netherlands, S. 13, 2008, http://web.mit.edu/is08/pdf/shire_vanJaarsveld.pdf, abgerufen am 9.2.2014; *Coe/Johns/Ward* (Fn. 16–2), S. 17; *Junker* (Fn. 3), S. 74.

29 (17) Forschung und Entwicklung, (18) Geschäftsplanung, (19) Herausgabe von Büchern und Zeitschriften, (20) Gestaltung von Werbung, (21) Innenausstattung, (22) Fernsehmoderation, (23) Ausbildung von Arbeitskräften im Sekretariatsbereich, (24) Telemarketing, (25) Verkaufsspezialisierung und (26) Bühnenbildgestaltung [*Junker* (Fn. 3), S. 79 f. m. w. N.].

30 *Araki,* 1999 Revisions of Employment Security Law and Worker Dispatching Law: Drastic Reforms of Japanese Labor Market Regulations, Japan Labor Bulletin, September 1999, 5 (8); *Kojima/Fujikawa,* The Meaning and Issues of the Amendment Act of Temporary Work Business, Osaka University Law Review 2000, 31; *JILPT,* Revised Worker Dispatching Law Passed, Japan Labor Bulletin, August 2003, 3 (4); JETRO, Japanese Market Report No. 66 – Regulations & Practices: The Staffing and Placement Businesses, S. 41, 2003, http://www.jetro.go.jp/jfile/report/05000722/05000722_002_BUP_0.pdf, abgerufen am 9.2.2014; *Shire/van Jaarsveld* (Fn. 28), S. 14; *Vogel,* Japan Remodeled: How Government and Industry are reforming Japanese Capitalism, 1. Aufl. 2006, S. 81; *Assmann/Maslow,* Dispatched and Displaced: Rethinking Employment and Welfare Protection in Japan, 2010, http://japanfocus.org/-Sebastian-Maslow/3342, abgerufen am 9.2.2014; *JILPT* (Fn. 21), S. 13, *Junker* (Fn. 3), S. 84.

31 *JILPT* (Fn. 30), 3; *Goka/Sato* (Fn. 17), S. 125; *Vogel* (Fn. 30), S. 81; *Nakanishi,* The Current State of Japan's Non-Regular Workers, Mainly Temporary Workers, S. 2, 2009, http://www.iadllaw.org/files/Kaname%20NAKANISHI%20The%20Current%20State%20of%20Japan%E2%80%99s%20Non-Regular%20Workers,%20Mainly%20Temporary%20Workers.doc, abgerufen am 9.2.2014; *Coe/Johns/Ward* (Fn. 16–1), S. 3; *Coe/Johns/Ward* (Fn. 16–2), S. 19; *Assmann/Maslow* (Fn. 30); North, Japan's temps may

Heute sind auf der negativen Liste nur noch folgende Berufsfelder enthalten: Hafentransportgewerbe, Baugewerbe, Sicherheitsgewerbe, Ärzte, Zahnärzte, Pharmazeuten, Diätetiker, Krankenschwestern, Pfleger, Geburtshelfer, Zahnhygieniker, Strahlentherapeuten und Zahntechniker.

Auch das deutsche Arbeitnehmerüberlassungsgesetz enthält heute noch mit einigen Ausnahmen ein Verbot der Arbeitnehmerüberlassung im Baugewerbe, § 1b AÜG. Das Verbot der Arbeitnehmerüberlassung im Baugewerbe wurde vom Bundesverfassungsgericht auf seine Vereinbarkeit mit den Grundrechten hin überprüft und für verfassungsgemäß befunden.[32]

B. Mindestüberlassungsdauer

Im Rahmen der neuesten Überarbeitung des JAÜG vom 28.3.2012 wurde zum ersten Mal seit dem Erlass des JAÜG eine Mindestüberlassungsdauer in das Gesetz aufgenommen. Der neu eingeführte Art. 35-3 Abs. 1 JAÜG lautet sinngemäß:

> „Verleihunternehmen dürfen Arbeitnehmer nur dann für einzelne Tage (weniger als 30 Tage) verleihen, wenn sie für Aufgaben eingesetzt werden sollen, die in der Ausführungsverordnung festgelegt sind und die um einer schnellen und präzisen Ausführung willen Fachwissen oder besondere Techniken oder Erfahrung erfordern und dabei anerkanntermaßen eine angemessene Überprüfung des Arbeitsverhältnisses nicht behindert wird, sowie dann, wenn es die Planung einer langfristigen Einstellung von Arbeitnehmern, die besonders schwer zu vermitteln sind, erfordert oder in anderen, in der Ausführungsverordnung festgelegten Fällen."

In den in Art. 35-3 Abs. 1 JAÜG genannten Fällen bleibt daher der Abschluss eines Überlassungsvertrages, der eine Überlassung kürzer als 30 Tage vorsieht, möglich. In allen anderen Fällen ist die kurzzeitige Überlassung ausgeschlossen. Zu den Personen, bei denen sich eine Vermittlung als besonders schwierig darstellt, gehören insbesondere Arbeitnehmer, die älter als 60 Jahre sind, Vollzeitstudenten, sowie solche Arbeitnehmer, welche die Leiharbeit als Nebenverdienst nutzen.[33]

Gründe für die Aufnahme einer Mindestüberlassungsdauer werden vor allem in der unstabilen und unvorhersehbaren Arbeitsmarktsituation gesehen,

---

get new deal, sorts of, 2010, http://www.atimes.com/atimes/Japan/LA27Dh01.html, abgerufen am 9.2.2014; *JILPT* (Fn. 21), S. 13.

32 BVerfG NJW 1988, 1095 f.

33 Ministerium für Gesundheit, Arbeit und Soziales, Act for Partial Revision of the "Act for Securing the Proper Operation of Worker Dispatching Undertakings and Improved Working Conditions for Dispatched Workers" (The Revised Worker Dispatching Act), S. 10, 2012, www.mhlw.go.jp/english/policy/employ-labour/employment-security/dl/act_121113e.pdf, abgerufen am 9.2.2014.

welche aus einer lediglich kurzeitigen Überlassung resultiert.[34] Darüber hinaus hindert eine kurzzeitige Überlassung auch den Leiharbeitnehmer daran, Erfahrungen und Fähigkeiten zu erwerben, welche zur Verbesserung seiner Chancen auf dem Arbeitsmarkt erforderlich wären.[35] Das Ministerium für Gesundheit, Arbeit und Soziales selbst begründet die Gesetzesänderung vor allem damit, dass die Verleiher und Entleiher bei einer derart kurzen Überlassungsdauer ihren im Gesetz normierten Pflichten nicht ordnungsgemäß nachkommen können, sowie damit, dass die kurzzeitige Überlassung ein Einfallstor für rechtwidrige Überlassungen in unzulässigen Berufsfeldern werden könnte.[36]

C. Höchstüberlassungsdauer

Anders als im deutschen Recht enthält das JAÜG auch heute noch teilweise eine Höchstüberlassungsdauer.

Überlassungen sind in den 26 ursprünglichen Berufsfeldern (Art. 40–2 JAÜG in Verbindung mit Art. 4 JAÜG-A), zum Aufbau, zur Umwandlung, Erweiterung, Verkleinerung oder zur Schließung eines Unternehmens sowie zur vorübergehenden Ersetzung von Arbeitnehmern in Mutterschafts- und Familienpflegeurlaub zeitlich unbegrenzt möglich (Art. 40–2 Abs. 1, 2 Nr. 1 JAÜG). Ebenso ist eine zeitlich unbegrenzte Überlassung möglich, wenn es sich um eine Überlassung handelt, bei der die Arbeit von einem Leiharbeitnehmer an bedeutend weniger Tagen im Monat ausgeführt wird als von einem vergleichbaren Arbeitnehmer des Entleihers (Art. 40–2 Abs. 1, 2 Nr. 2 JAÜG).

Für alle anderen Überlassungsverträge beträgt die zulässige Frist ein Jahr (Art. 40–2 Abs. 2 Nr. 2 JAÜG). Die Überlassungsdauer kann jedoch auf drei Jahre angehoben werden, wenn mehr als die Hälfte der Arbeitnehmer des Entleihers in einer einzigen Gewerkschaft organisiert sind oder von einem Repräsentanten vertreten werden und die Vorgaben der Verordnung des Ministeriums für Gesundheit, Arbeit und Soziales eingehalten sind, Art. 40–2 Abs. 3 JAÜG in Verbindung mit Art. 33–3 der Ausführungsverordnung zum JAÜG.

Die Rechtsfolgen bei einem Überschreiten der zulässigen Höchstüberlassungsdauer sind in Art. 40–4 JAÜG enthalten. Art. 40–4 JAÜG normiert, dass der Entleiher dann, wenn er den Leiharbeitnehmer nach Ablauf der zulässigen Überlassungsdauer nach Art. 40–2 Abs. 2 Nr. 2 JAÜG weiterhin auf demselben Arbeitsplatz für dieselbe Tätigkeit einsetzen will, den Leiharbeitnehmer direkt

34 *Kamiyama* (Fn. 19).

35 *Kamiyama* (Fn. 19).

36 Ministerium für Gesundheit, Arbeit und Soziales (Fn. 33), S. 10.

einstellen muss, sofern dieser damit einverstanden ist. Art. 40–5 JAÜG enthält eine vergleichbare Regelung für den Fall des Leiharbeitnehmereinsatzes für mehr als drei Jahre im Sinne des Art. 40–2 Abs. 3 JAÜG.

D. Cooling-off-Periode

Das Ministerium für Arbeit hat 1999 (ungewollt) durch die Mitteilung Nr. 138 (seit 2009 Nr. 245) eine Umgehungsmöglichkeit hinsichtlich der Regelungen zur Höchstüberlassungsdauer geschaffen.[37] Art. 2 Abs. 14 Unterabsatz 3 der Mitteilung Nr. 245 lautet heute sinngemäß:

> „Wenn der Entleiher, der Arbeitnehmerüberlassungsdienstleistungen annimmt, ein neues Angebot auf Durchführung einer Arbeitnehmerüberlassung erhält und zwischen diesem Angebot und dem Ende der vorangegangenen Überlassung keine drei Monate liegen, so gelten die beiden Überlassungen als eine einzige."

Die Überlassungszeiträume zweier aufeinanderfolgender Überlassungen werden somit zusammengerechnet, sofern nicht zwischen der ersten Überlassung und der zweiten drei Monate und ein Tag liegen.[38]

Viele Unternehmen haben inzwischen eine Praxis entwickelt, um mithilfe dieser Regelung die Verpflichtung zur Festeinstellung der Leiharbeitnehmer zu umgehen. So beenden einige Unternehmen den Einsatz des Leiharbeitnehmers nach der zulässigen Höchstüberlassungsdauer, um ihn anschließend drei Monate später erneut als Leiharbeitnehmer zu beschäftigen.[39] Weitere Möglichkeiten werden darin gesehen, den Leiharbeitnehmer bis zum Ablauf von drei Monaten auf einen anderen Arbeitsplatz umzusetzen, oder ihm für den Zeitraum von drei Monaten einen befristeten Arbeitsvertrag anzubieten.[40]

Nicht in allen Fällen werden solche Maßnahmen aber auch als wirksam anerkannt. Das Unternehmen Mazda stellte 2009 die Leiharbeitnehmer als befristete Arbeitnehmer an, bis die Cooling-off-Periode abgelaufen war.[41] Die Leiharbeitnehmer meldeten diese Fälle den Arbeitsbüros in Hiroshima und Yamaguchi, die daraufhin diese Maßnahmen für unwirksam erklärten und das

---

37 *Junker* (Fn. 3), S. 147.

38 *Junker* (Fn. 3), S. 147 f.

39 *Kimura*, 製造業務請負の事例に見る業務請負適正化の課題, 日本労働研究雑誌 2009, 40.

40 *Kimura* (Fn. 39), 40.

41 Japan Press Weekly, 100 temporary workers win direct employment at Mazda, 2009, http://www.japan-press.co.jp/modules/news/index.php?id=1020, abgerufen am 9.2.2014; *Junker* (Fn. 3), S. 148.

Unternehmen anwiesen, die Leiharbeitnehmer als reguläre Arbeitnehmer einzustellen.[42]

Vierter Teil: Teilweises Verbot der Wiedereinstellung ehemaliger Mitarbeiter

In Deutschland hat die Praxis, die Stammbeschäftigten zunächst zu kündigen, um sie im Anschluss daran über ein Verleihunternehmen wieder als Leiharbeitnehmer einzustellen, insbesondere im Jahr 2009 für Aufsehen gesorgt. Anstatt dieses Vorgehen als Verstoß gegen das Verbot der Austauschkündigung für rechtswidrig zu erklären, entschied sich der Gesetzgeber jedoch dafür, mit der uneingeschränkten Geltung des Gleichstellungsgebotes zu reagieren (vgl. § 9 Nr. 2 AÜG).[43]

Der japanische Gesetzgeber hat sich dagegen mit der Überarbeitung des JAÜG im März 2012 für ein nahezu umfassendes Verbot dieser Vorgehensweise entschieden.

Handelt es sich bei der Person, die ein Entleiher von einem Verleiher zur Überlassung angeboten bekommt, um einen Arbeitnehmer, die früher beim Entleiher angestellt war, darf bis zum Ablauf eines Jahres gerechnet ab dem Tag des Endes des Arbeitsverhältnisses das Angebot der Überlassung dieses Arbeitnehmers nicht angenommen werden, Art. 40-6 JAÜG. Ausnahmen werden zugelassen für solche Personen, die in einer gesonderten Verordnung des Ministeriums für Gesundheit, Arbeit und Soziales genannt werden und für die anerkannt ist, dass bei ihnen die Sicherstellung der Möglichkeit einer Anstellung besonders schwierig ist und eine kontinuierliche Anstellung angestrebt wird.

Durch die Einführung des Art. 40-6 JAÜG soll ähnlich wie in Deutschland verhindert werden, dass Unternehmen im Zuge ihrer Restrukturierung Arbeitnehmer entlassen, um sie dann zu schlechteren Arbeitsbedingungen als Leiharbeitnehmer auf demselben Arbeitsplatz erneut einzusetzen.[44]

Fünfter Teil: Grundsatz der ausgeglichenen Behandlung

In Japan existiert das arbeitsrechtliche Prinzip „Gleicher Lohn für gleiche Arbeit“ nicht.[45] Der Gleichbehandlungsgrundsatz findet nur dann Anwendung,

---

42 Japan Press Weekly (Fn. 41); *Junker* (Fn. 3), S. 148 f.

43 *Lorenz*, in: Däubler/Hjort/Schubert/Wolmerath, Arbeitsrecht, 3. Aufl. 2013, § 3 AÜG Rn. 43.

44 *Kamiyama* (Fn. 19).

45 *Hashimoto*, Erweiterung der Beschäftigungsformen und aktuelle Entwicklung des Arbeitsrechts in Japan, Zeitschrift für japanisches Recht 2004, 67 (77), Fn. 27.

wenn er explizit für die jeweilige Beschäftigungsgruppe im Gesetz geregelt ist. Am 28.3.2012 wurde der Grundsatz der ausgeglichenen Behandlung als eine abgeschwächte Form des Gleichbehandlungsgrundsatzes in das JAÜG aufgenommen.

Art. 30–2 JAÜG lautet sinngemäß:

> „(1) Die Verleihunternehmen wägen ständig das Gehaltsgleichgewicht zwischen regulären Arbeitnehmern und den Leiharbeitnehmern, die mit Aufgaben betraut werden, die gleichermaßen auch von Angestellten des Entleihunternehmens durchgeführt werden, ab, und müssen dabei das Gehaltsniveau eines gewöhnlichen Arbeitnehmers, der dieselben Aufgaben wahrnimmt wie der Leiharbeitnehmer, sowie den Inhalt der Aufgaben, den Erfolg, den Arbeitseifer, die Fähigkeiten und die Erfahrung des Leiharbeitnehmers in Betracht ziehen und bei der Festlegung des Gehalts des Leiharbeitnehmers berücksichtigen.
> (2) Die Verleihunternehmen wägen ständig das Gleichgewicht zwischen regulären Arbeitnehmern und den Leiharbeitnehmern, die mit Aufgaben betraut werden, die gleichermaßen von Arbeitnehmern des Entleihers durchgeführt werden, ab, und müssen hinsichtlich der Leiharbeitnehmer diejenigen Maßnahmen berücksichtigen, die erforderlich sind, um einen reibungslosen Ablauf der Beschäftigung des Leiharbeitnehmers sicherzustellen, wie zum Beispiel Weiterbildung und soziale Absicherung.“

Normiert wurde also nicht die absolute Gleichbehandlung von Leiharbeitnehmern und vergleichbaren Arbeitnehmern des Entleihers, sondern lediglich eine Verpflichtung zur ausgeglichenen Behandlung, sowohl hinsichtlich der Lohnzahlungen als auch hinsichtlich der übrigen Arbeitsbedingungen.[46]

Wie die Umsetzung des Grundsatzes der ausgeglichenen Behandlung konkret aussehen wird, ist noch nicht geklärt. Im Jahr 2007 wurde der Grundsatz der ausgeglichenen Behandlung bereits im Teilzeitgesetz (TzG) verankert. Eine Übertragung der im Rahmen des Art. 9 TzG entwickelten Grundsätze auf die Arbeitnehmerüberlassung dürfte sich jedoch aufgrund des japanischen Lohn- und Bewertungssystems schwierig gestalten.[47]

---

46 *Junker* (Fn. 3), S. 177.

47 Vgl. hierzu *Junker* (Fn. 3), S. 177 ff.

Heike Alps

Beilegung individualarbeitsrechtlicher Streitigkeiten in Japan

A. Einführung

Dieser Beitrag enthält eine kurze Zusammenfassung der wesentlichen Ergebnisse der Doktorarbeit „Individualarbeitsrechtliche Streitigkeiten in Japan".[1] Individualarbeitsrechtliche Streitigkeiten sind in Japan über einen langen Zeitraum nicht als eigenständiger Konflikttypus wahrgenommen worden, für den es sich lohnen würde, spezielle Lösungsmechanismen bereitzustellen. Bis zu Beginn des neuen Jahrtausends gab es *kein* einziges Verfahren, das landesweit für ganz Japan einheitliche Regelungen speziell für die Beilegung individualarbeitsrechtlicher Konflikte vorhielt. Auf staatlicher Ebene waren Arbeitnehmer[2] und Arbeitgeber, die eine zwischen ihnen entstandene Streitigkeit einer Lösung zuführen wollten, auf das allgemeine zivilprozessuale Verfahren (*minji soshō tetsuzuki*) und das Verfahren der zivilen Schlichtung (*minji chōtei tetsuzuki*) nach den entsprechenden Verfahrensgesetzen beschränkt.[3] Auf Präfekturebene gab es in unterschiedlichem Umfang Beratungsangebote und Vermittlungsverfahren. Der japanische Zivilprozess entspricht den Anforderungen an eine effiziente Beilegung arbeitsrechtlicher Konflikte nicht. Die Verfahren dauern in der Regel zu lange, um effektiven Rechtsschutz zu gewähren und den Richtern fehlen in den meisten Fällen die nötigen arbeitsrechtlichen und betrieblichen Kenntnisse, da japanische Richter in regelmäßigen Abständen an andere Gerichte versetzt werden und am neuen Gericht mit der Beilegung von Streitigkeiten aus einem anderen rechtlichen Bereich betraut sind als vorher.[4]

---

1 *Alps,* Individualarbeitsrechtliche Streitigkeiten in Japan (Veröffentlichung bei Mohr Siebeck geplant 2014).

2 Der Einfachheit und besseren Lesbarkeit wegen werden Begriffe wie Arbeitnehmer, Arbeitgeber, Richter etc. in der männlichen Form verwendet, obwohl damit selbstverständlich weibliche und männliche Personen gemeint sind.

3 Das zivilprozessuale Verfahren richtet sich nach den Vorschriften des japanischen Zivilprozessgesetzes [minji soshō hō], Gesetz Nr. 109 vom 26.06.1996 (ursprünglich Gesetz Nr. 29 aus dem Jahr 1890), und das Verfahren der zivilen Schlichtung nach dem Gesetz über die zivile Schlichtung [minji chōtei hō] (im Folgenden *„ZSchliG")*, Gesetz Nr. 222 vom 9.6.1966.

4 *Marutschke,* Einführung in das japanische Recht, 2. Aufl. 2010, S. 98.

Die Forderung nach einer grundlegenden Veränderung bei der Beilegung individualarbeitsrechtlicher Konflikte nahm in den 1990er Jahren mit dem Platzen der Blasenwirtschaft[5] (*baburu keizai*) konkrete Gestalt an, da das Ende der Blasenwirtschaft zu starken Veränderungen im traditionellen japanischen Beschäftigungssystems führte. In der Zeit der Rezession konnten insbesondere das Prinzip der lebenslangen Beschäftigung (*shūshin koyō seido*), also ein festes Anstellungsverhältnis bis zum Erreichen der Altersgrenze, und das Senioritätsprinzip (*nenkō seido*), das eine Bezahlung in Abhängigkeit von der Dauer der Betriebszugehörigkeit vorsieht, nicht in derselben Weise aufrecht erhalten werden wie in den Jahrzehnten zuvor. Es kam vermehrt zu verschlechterten Arbeitsbedingungen und auch zu Kündigungen. Die Folge war eine Verdreifachung der individualarbeitsrechtlichen Streitigkeiten vor den japanischen Zivilgerichten in der Zeit von 1990 bis 2000.[6]

Als Reaktion hat der japanische Gesetzgeber in einem ersten Schritt im Jahr 2001 das Gesetz zur Förderung der Beilegung individualarbeitsrechtlicher Streitigkeiten[7] (im Folgenden „*BFördG*") verabschiedet, das zur Errichtung eines Vermittlungsverfahrens bei den Arbeitsbehörden (*rōdō-kyoku*), den regionalen Zweigstellen des Ministeriums für Gesundheit, Wohlfahrt und Arbeit (im Folgenden „*MGWA*") (*kōsei rōdō-shō*), führte. Mit diesem Vermittlungsverfahren bei den Arbeitsbehörden ist in Japan erstmals ein System auf staatlicher Ebene eingeführt worden, das umfassend für individuelle Arbeitsstreitigkeiten zuständig ist.

In einem weiteren Schritt verabschiedete der japanische Gesetzgeber das Gesetz über die Verständigung in Arbeitssachen[8] (im Folgenden „*VerstGA*"), das 2006 in Kraft getreten ist. Mit dem Verständigungsverfahren, das vor den

5 Blasenwirtschaft bezeichnet die Spekulationsblase des japanischen Aktien- und Immobilienmarktes in der zweiten Hälfte der 1980er Jahre. Das Platzen dieser Blase zu Beginn der 1990er Jahre führte zu einer veritablen Wirtschaftskrise, von der sich Japan über viele Jahre nicht erholte.

6 Die Zahl der Neueingänge vor den Zivilgerichten stieg von rund 650 Fällen im Jahr 1990 auf gut 2.000 im Jahr 2000. Im Vergleich zu den deutschen Arbeitsgerichten, bei denen im Jahr 2000 fast 560.000 Neueingänge allein im Urteilsverfahren zu verzeichnen waren, ist der japanische Wert geradezu verschwindend gering. Der Ausgangspunkt der Bewertung des Anstiegs muss jedoch die japanische Statistik selbst sein und aus dieser ergibt sich in absoluten Zahlen eine Verdreifachung der Verfahren, was durchaus als erheblicher Anstieg zu werten ist.

7 Kobetsu rōdō kankei funsō no kaiketsu no sokushin ni kan suru hōritsu, Gesetz Nr. 112 vom 11.7.2001.

8 Rōdō shinpan hō, Gesetz Nr. 45 vom 12.5.2004.

Distriktgerichten (*chihō saiban-sho*) geführt wird, wurde erstmals ein gerichtliches Verfahren speziell zur Beilegung individualarbeitsrechtlicher Streitigkeiten eingeführt. Beide Verfahren werden im Rahmen dieses Beitrags erörtert.

B. Methoden der Beilegung individualarbeitsrechtlicher Konflikte

Die Beilegung von Streitigkeiten in Japan gilt als deutlich weniger gerichtsorientiert als in Deutschland. Konflikte werden überwiegend mit Hilfe von Verfahren gelöst, deren Ziel die einvernehmliche Beilegung eines Streites ist.

Für die Beilegung individualarbeitsrechtlicher Streitigkeiten in Japan sind die Verfahrenstypen Vermittlung (*assen*), Schlichtung (*chōtei*) und Verständigung (*shinpan*) von besonderer Bedeutung. Die Abgrenzung voneinander erfolgt über die Eingriffsmöglichkeiten und Kompetenzen des mit der Beilegung befassten unparteiischen Dritten sowie der Anbindung an das Prozessverfahren.

I. Vermittlung *(assen)*

Bei der Vermittlung versucht der neutrale Dritte, der Vermittler, eine einvernehmliche Beilegung zwischen den Parteien dadurch zu erreichen, dass er eine Aussprache zwischen ihnen fördert.[9] Die Vermittlung bietet den Parteien in erster Linie eine Plattform für gemeinsame Gespräche. Ihr Schwerpunkt liegt darauf, die Parteien zusammenzubringen und sie bei einer selbstständigen gemeinsamen Entscheidung zu unterstützen.[10] Die Vermittlung ist ein Verfahren, in dem der hinzugezogene Dritte verhältnismäßig schwache Kompetenzen besitzt. Der Grad des Einmischens ist besonders gering. So hat der Vermittler beispielsweise nicht die Befugnis, einen Lösungsvorschlag zu unterbreiten.[11]

---

9 *Yamamoto/Yamada*, ADR chūsai hō [Gesetz über ADR und Schiedserfahren], 2008, S. 8, Abb. 1.1; Kobetsu rōdō funsō kaiketsu sokushin hō [Gesetz zur Förderung der Beilegung individualarbeitsrechtlicher Streitigkeiten], Ministerkanzlei des Ministeriums für Gesundheit, Wohlfahrt und Arbeit, Zuständigkeitsbereich Regionales, Geschäftsabteilung Erledigung von Arbeitsstreitigkeiten, 2001 (im Folgenden „BFördG – Kommentierung"), S. 117.

10 *Baum/Schwittek*, Mediation in Japan – Entwicklung und Praxis der außergerichtlichen Streitbeilegung, in: Hopt/Steffek (Hrsg.), Mediation – Rechtstatsachen, Rechtsvergleich, Regelungen, 2008, S. 486 (506); BFördG – Kommentierung (Fn. 9), S. 117.

11 *Yamamoto/Yamada* (Fn. 9), S. 132.

II. Schlichtung *(chōtei)*

Die Schlichtung ist ein Verfahren, in dem ein Dritter ebenfalls ohne Entscheidungsbefugnis zwischen die Parteien tritt, um eine einvernehmliche Beilegung zu fördern. Die Unterstützungsleistung des Dritten im Rahmen der Schlichtung ist jedoch von stärkeren Eingriffsmöglichkeiten geprägt als bei der Vermittlung. Dem Schlichter kommt eine aktivere Rolle zu als dem Vermittler, er lenkt das Verfahren stärker.[12] In deutlicher Abgrenzung von der Vermittlung gehört es zu der Aufgabe eines Schlichters, den Parteien auf der Grundlage der festgestellten Sachlage einen Schlichtungsvorschlag zu unterbreiten und sie zur Zustimmung zu bewegen.[13]

III. Verständigung *(shinpan)*

Das Verständigungsverfahren[14] ist dem deutschen Rechtskreis im Gegensatz zu Vermittlungs- und Schlichtungsverfahren fremd. Eine Definition des Begriffes *shinpan* gestaltet sich schwierig, da es in Japan verschiedene *shinpan*-Verfahren gibt, die völlig unterschiedlich ausgestaltet sind. Der Begriff *shinpan* wird für diesen Beitrag anhand der Besonderheiten des Verständigungsverfahrens in Arbeitssachen definiert.

Bei der Verständigung steht dem Dritten, der Verständigungskommission (*shinpan i'in-kai*), die Möglichkeit zu, einseitig durch einen Verständigungsspruch (*shinpan*) zu entscheiden, wenn eine einvernehmliche Beilegung nicht zustande kommt. Der Verständigungsspruch hat dieselbe Wirkung wie ein gerichtlicher Vergleich, verliert diese Wirkung jedoch, wenn innerhalb von zwei Wochen nach der Bekanntgabe des Spruchs Einspruch gegen diesen eingelegt wird. Mit einem fristgerechten Einspruch wird das Verfahren allerdings automatisch in den Zivilprozess übergeleitet. Der ursprüngliche Antrag auf Durchführung des Verständigungsverfahrens wird als Klageerhebung vor dem Gericht angesehen, vor dem die Verständigungsangelegenheit zum Zeitpunkt der Herbeiführung des Verständigungsspruchs anhängig war. Der zwangsweise

---

12 *Baum/Schwittek,* (Fn. 10), S. 506.

13 *Itō,* Minji soshō hō [Zivilprozessrecht], 3 Auflage, 2008, S. 4; *Yamamoto/Yamada* (Fn. 9), S. 129, zur Schlichtung nach dem ZSchliG siehe auch Alps (Fn. 1), Kapitel 2, dort Unterabschnitt „Die Sonderform der Schlichtung nach dem ZSchliG".

14 Die Übersetzung von shinpan mit dem deutschen Begriff Verständigung folgt *Menkhaus,* Alternative Streitbeilegung in Japan – Entwicklung bis zum ADR-Gesetz 2004, in: Hengstl/Sick (Hrsg.), Recht gestern und heute. Festschrift zum 85. Geburtstag von Richard Haase, 2006, S. 281 (282).

Übergang in den Prozess führt dazu, dass am Ende eines Verständigungsverfahrens unter Garantie eine Lösung der Streitigkeit steht. Die Prozessnähe ist daher ein wesentliches Kriterium für die Einordnung der Verständigung.

Auf Grundlage dieser Definitionen werden im Folgenden die Verfahren zur Beilegung individualarbeitsrechtlicher Streitigkeiten in der Administration und vor den Gerichten näher erläutert.

C. Vermittlung durch die japanische Administration

In Japan ist die Administration traditionell in den Bereich der Streitbeilegung mit eingebunden. Bereits in der Edo-Zeit (1603–1868), als das Prinzip der Gewaltenteilung noch nicht eingeführt war, lag die prozessuale Bewältigung von Rechtsstreitigkeiten in der Verantwortung der Administration.[15] Auch die staatliche Rechtspolitik nach der Meiji-Restauration (ab 1868) tendierte dahin, die Verwaltung mit der Durchsetzung des Rechts zu betrauen.[16] Im Bereich individueller Arbeitskonflikte spielt die Streitbeilegung durch Organe der Administration auch im Japan der Gegenwart eine große Rolle.

Abb. 1: Streitbeilegungssysteme in der japanischen Administration.

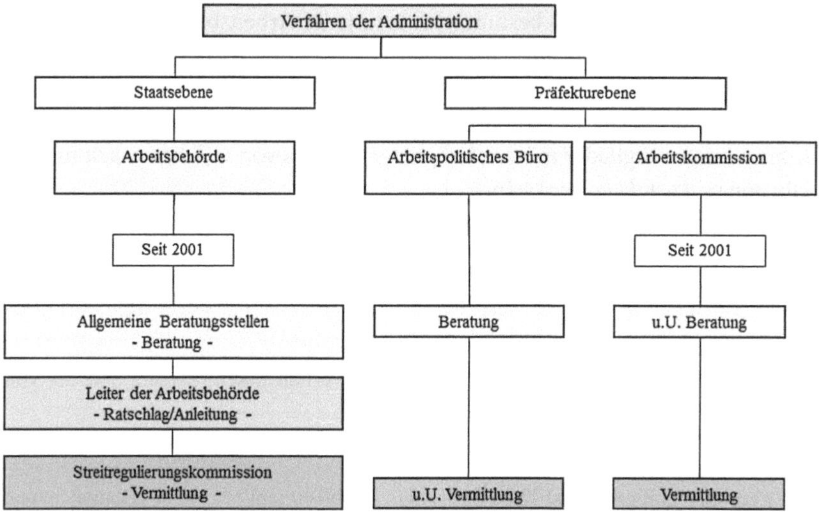

15 *Menkhaus* (Fn. 14), S. 285.

16 *Rahn*, Recht und Rechtsverständnis in Japan, in: Fikentscher (Hrsg.), Entstehung und Wandel rechtlicher Traditionen, 1980, S. 473 (490).

I. Vermittlung bei den japanischen Arbeitsbehörden

Bis in die 1990er Jahre hatte in Japan die arbeitsrechtliche Streitbeilegung mit besonderem Fokus auf die Beilegung kollektiver Streitigkeiten stattgefunden. Für kollektivarbeitsrechtliche Streitigkeiten waren 1946 eigene Verfahren (Vermittlungs-, Schlichtungs- und Schiedsverfahren)[17] und mit den Arbeitskommissionen (*rōdō i'in-kai*) auf Präfekturebene auch eigene Streitbeilegungsorgane eingerichtet worden. Für individualarbeitsrechtliche Streitigkeiten gab es demgegenüber kein eigenständiges landesweites Beilegungsverfahren, weder in der Verwaltung noch in der Justiz. Mit der steigenden Zahl individueller Streitigkeiten nach dem Platzen der Wirtschaftblase wurde deutlich, dass das Beilegungssystem in Arbeitssachen einer Umgestaltung bedurfte.[18] Zu dieser Zeit wurde als dringendste Aufgabe oft die Schaffung eines spezialisierten Verfahrens gefordert, um mit individualarbeitsrechtlichen Streitigkeiten umfassend, einfach und rasch umgehen zu können.[19]

Die Veränderung des Systems zur Beilegung individualarbeitsrechtlicher Streitigkeiten begann in einem ersten Schritt auf der Ebene der Administration. Mit dem BFördG entstand im Jahr 2001 für individualarbeitsrechtliche Streitigkeiten ein fachspezifisches Verfahren bei den Arbeitsbehörden, den Zweigstellen des MGWA. Das BFördG bestimmt, dass in jeder Arbeitsbehörde eine Streitregulierungskommission (*funsō chōsei i'in-kai*) errichtet wird, deren Aufgabe die Durchführung der Vermittlung ist.[20] Die Streitregulierungskommission ist nicht paritätisch mit Vertretern der Arbeitnehmer- und Arbeitgeberseite besetzt. Die Kommissionsmitglieder müssen lediglich Personen von Gelehrsamkeit und Erfahrung (*gakushiki keiken*) sein.

Der Ablauf des Termins zur mündlichen Besprechung der Angelegenheit ist aus deutscher Sicht überraschend, denn die Vermittlungstätigkeit der Streitregulierungskommission erfolgt in der Regel nicht unter gleichzeitiger

---

17 Gesetz über die Regulierung von Arbeitsverhältnissen, Gesetz Nr. 25 vom 27.9.1946.

18 *Sugeno*, Judicial Reform and the Reform of the Labor Dispute Resolution System, in: Japan Labor Review, Vol. 3, No. 1, 2006, S. 4 (8).

19 *Kezuka*, Significance and Tasks involved in Establishment of a Labor Tribunal System, in: Japan Labor Review, Vol. 3, No. 1, 2006, S. 13 (14); *Sugeno* (Fn. 18), S. 8.

20 Der Aufbau der Kommission sowie Grundlegendes zum Verfahrensablauf sind im BFördG selbst geregelt, Details in der Durchführungsverordnung zum BFördG (Kobetsu rōdō kankei funsō no kaiketsu no sokushin ni kan suru hōritsu shikō kisoku, Verordnung des MWGA Nr. 191 vom 19.9.2001, die auf Grundlage von Art. 19 BFördG erlassen worden ist).

Anwesenheit beider Parteien. Vielmehr trifft die Kommission in abwechselnden Einzelunterredungen (*kobetsu mendan hōshiki* oder *kōgo mendan hōshiki*) mit den Beteiligten zusammen.[21] Die Kommission stellt jeweils die vorgetragenen Tatsachen fest und erforscht, welche Lösung der Streitigkeit der jeweiligen Partei vorschwebt und wie weit der Spielraum für einen Kompromiss ist.[22] In den Einzelgesprächen mit Antragsteller und Antragsgegner besteht die Aufgabe der Kommission darin herauszufinden, ob sich die Möglichkeit eines Kompromisses zwischen den Parteien abzeichnet.[23] Besteht nach den Feststellungen der einzelnen Unterredungen zwar die Möglichkeit einer gütlichen Einigung, kommen die Parteien selbst jedoch nicht zu einem endgültigen Abschluss, kann die Kommission auf Antrag beider Parteien einen Vermittlungsvorschlag unterbreiten. Diese Möglichkeit des Einigungsvorschlags im Rahmen einer Vermittlung ist dogmatisch unsauber, da die Vermittlung im Gegensatz zur Schlichtung definitionsgemäß ohne einen Vorschlag auskommen muss.[24]

II. Vermittlung durch die arbeitspolitischen Büros

Unterhalb der staatlichen Ebene machen die Präfekturen ebenfalls Angebote zur individualarbeitsrechtlichen Streitbeilegung. Die Gouverneure der Präfekturen haben unter anderen die Zuständigkeit für die Errichtung so genannter arbeitspolitischer Büros (*rōsei (shukan) jimu-sho*).[25] Da die Errichtung von arbeitspolitischen Büros für die Präfekturen nicht verpflichtend ist und die Ausgestaltung jeder Körperschaft selbst überlassen ist, unterscheiden sich die Einrichtungen im Hinblick auf ihre organisatorische Einordnung und den abgedeckten Bereich arbeitsrechtlicher Fragestellungen erheblich.[26]

---

21 *Murata*, Kobetsu rōdō funsō kaiketsu sokushin hō ni motozuku funsō chōsei i'inkai ni yoru assen no jissai [Die Vermittlung durch die Streitregulierungskommission nach dem BFördG in der Praxis], 59. Mitteilung des Forschungsinstituts für allgemeine Angelegenheiten der Universität Matsuyama, 2009, S. 54; *Murata*, Nihon ni okeru rōshi funsō shori seido no genjō [Die gegenwärtige Situation der Systeme zur Erledigung arbeitsrechtlicher Streitigkeiten in Japan], 2008, S. 140.

22 *Murata* 2008 (Fn. 21), S. 140.

23 *Murata*, 2009 (Fn. 21), S. 59.

24 Siehe Definitionen unter B. I. und B. II.

25 Art. 4 Abs. 2 der Nebenbestimmungen zum Gesetz über die regionale Selbstverwaltung [chihō jichi hō], Gesetz Nr. 67 vom 17.4.1947.

26 *Murata* 2008 (Fn. 21), S. 100.

Im Beratungs- und Informationszentrum für Arbeitssachen der Präfektur Tokio[27] (*tōkyō-to rōdō sōdan jōhō sentā*) beginnt die Beilegung beispielsweise mit der Beratung. Steht der selbstständigen Lösungsfindung durch die Streitparteien etwas im Wege, wird auf Antrag eine Vermittlung durchgeführt. Das Beratungszentrum gewährt dann vom Standpunkt eines neutralen Ditten aus Unterstützung zur selbstständigen Beilegung zwischen den Beteiligten. Kommt eine Einigung zustande, ist dies ein zivilrechtlicher Vergleich. Die Vermittlung bei dem Beratungszentrum Tokio kommt ohne Beilegungsvorschlag aus und ist demnach Vermittlung in reiner Form.

III. Vermittlung durch die Arbeitskommissionen

Die Arbeitskommissionen sind unabhängige Verwaltungskommissionen, deren Aufgabe ursprünglich nur die Behandlung kollektivarbeitsrechtlicher Streitigkeiten war.[28] Seit 2001 können die Präfekturen ihnen jedoch auch die Beilegung individualarbeitsrechtlicher Streitigkeiten übertragen, wovon 44 Präfekturen Gebrauch gemacht haben.

Im Grundsatz sind die Arbeitskommissionen dreiseitig besetzt mit Vertretern des öffentlichen Interesses, der Arbeitnehmer- und der Arbeitgeberseite (sogenannte *kō-rō-shi sansha*-Kommission). Die Kommission ist somit paritätisch mit Vertretern der Arbeitnehmer- und Arbeitgeberseite besetzt. Ebenso wie bei den Vermittlungsverfahren der Streitregulierungskommissionen verhandeln die Parteien im Vermittlungsverfahren bei den Arbeitskommissionen nicht direkt miteinander, sondern treffen nur zur Eröffnung des Verfahrens aufeinander, um dann getrennt voneinander mit der Arbeitskommission zu sprechen. Obwohl die Arbeitskommissionen im Bereich der individualarbeitsrechtlichen Streitbeilegung lediglich ein Vermittlungs- und kein Schlichtungsverfahren anbieten, macht die Arbeitskommission in der Praxis Vorschläge zur Beilegung.

D. Verständigung durch die japanischen Gerichte

Der nächste Schritt in der Neuordnung der arbeitsrechtlichen Streitbeilegung war die Schaffung eines Verfahrens der Justiz zur Beilegung individueller

---

27 Internetauftritt des Beratungs- und Informationszentrum für Arbeitssachen der Präfektur Tokio [tōkyō-to rōdō sōdan jōhō sentā] unter http://www.hataraku.metro.tokyo.jp/soudan-c/center/, abgerufen am 17.4.2014).

28 Zu den Verfahren der Arbeitskommissionen bei kollektivrechtlichen Konflikten siehe *Alps* (Fn. 1) Kapitel 3, dort Unterabschnitt „Ursprüngliche Aufgabe der Arbeitskommissionen".

Arbeitsstreitigkeiten. In einem System, das sich traditionell auf Verfahren der Verwaltung stützte, um Arbeitsstreitigkeiten beizulegen, muss die Errichtung eines gerichtlichen Verfahrens als einschneidendes Ereignis begriffen werden. Das VerstGA wurde 2004 nach einem langen Beratungsprozess[29] als Kompromiss zwischen den widerstreitenden Interessen von Arbeitgeber- und Arbeitnehmerseite verabschiedet und ist seit 2006 in Kraft.

I. Ablauf des Verständigungsverfahrens

Das Verständigungsverfahren wird von einer Verständigungskommission (*rōdō shinpan i'in-kai*) durchgeführt und soll innerhalb von 3 Terminen abgeschlossen werden. Die Kommission besteht aus einem Berufsrichter, dem Verständigungsrichter (*rōdō shinpan-kan*), und zwei Fachlaienrichtern, auch Verständigungslaienrichter (*rōdō shinpan-in*) genannt, die über fachliches Wissen und Erfahrungen im Bereich der Arbeitsbeziehungen verfügen. Die Verständigungskommission ermittelt den Sachverhalt von Amts wegen und führt auf Antrag oder für nötig befundene Beweiserhebungen ebenfalls von Amts wegen durch. Im Gegensatz zum zivilprozessualen Verfahren ist das Verständigungsverfahren ein nicht öffentliches Verfahren. Die Verständigungskommission versucht, wenn die Aussicht auf eine Beilegung durch Schlichtung besteht, eine solche und fällt, wenn diese Art der Beilegung nicht gelingt, einen Verständigungsspruch (*rōdō shinpan*) unter Berücksichtigung des Sachverhalts und des zugrunde liegenden Rechtsverhältnisses. Spricht die Verständigungskommission einen Verständigungsspruch aus, können die Beteiligten innerhalb einer Notfrist von 2 Wochen nach Zustellung bzw. mündlicher Bekanntgabe des Verständigungsspruchs bei Gericht Einspruch einlegen. Im Falle eines wirksamen Einspruchs gegen einen Verständigungsspruch verliert dieser seine Wirksamkeit. Gleichzeitig wird das Einreichen einer Klage fingiert, d.h. bei zulässigem Einspruch wird der ursprüngliche Antrag auf Durchführung des Verständigungsverfahrens als Klageerhebung angesehen.

Das Verständigungsverfahren weist einige Neuerungen auf, die es von den bisherigen Beilegungsmöglichkeiten in der Justiz unterscheidet:

---

29 Zur Entwicklung des Verständigungsgesetzes im Beratungsausschuss für die Reform des Justizwesens [shihō seido kaikaku shingi-kai] und in der sich an die Tätigkeit des Beratungsausschusses anschließenden Untersuchungsgruppe Arbeit [rōdō kentō-kai], siehe *Alps* (Fn. 1), Kapitel 4, Unterabschnitt „Entwicklung des Gesetzes über die Verständigung in Arbeitssachen".

- erstmals Beteiligung von Fachlaienrichtern in einem gerichtlichen Verfahren, die über dasselbe Stimmrecht wie der Berufsrichter verfügen;
- besondere Beschleunigung des Verfahrens durch Beilegung in 3 Terminen;
- aktive Rolle der Verfahrensbeteiligten.

Die Besetzung der Verständigungskommission mit Fachleuten in Arbeitssachen (Verständigungslaienrichtern) ist eine Neuerung und unterscheidet das Verständigungsverfahren von allen anderen Verfahren vor den japanischen Gerichten. Sowohl im zivilprozessualen Verfahren als auch im Verfahren der zivilen Schlichtung findet eine solche Fachbeteiligung nicht statt.

Die Anwesenheit beider Parteien und ihre aktive Rolle im Verfahren werden in der Literatur als positive Besonderheit des Verständigungsverfahrens bewertet. Denn im zivilprozessualen Verfahren spielen die Parteien eine eher untergeordnete Rolle, ein direkter Austausch mit der Richterbank findet in vielen Fällen erst dann statt, wenn die Parteien vernommen werden oder ein Vergleich abgeschlossen werden soll.[30] Oftmals sind bei den Verhandlungen lediglich die Rechtsanwälte anwesend. Im Verständigungsverfahren wird eine im Vergleich informelle Atmosphäre geschaffen. Die Parteien sitzen anders als im Prozessverfahren nicht einer Richterbank gegenüber, denn die Termine des Verständigungsverfahrens finden an einem runden Tisch (*raundo tēburu*) statt.[31] Die Parteien werden zur Ordnung der Streitpunkte und Beweisangebote persönlich angehört.[32]

II. Rechtliche Einordnung des Verständigungsverfahrens

Wie bereits erwähnt, hat sich in Japan über viele Jahrhunderte hinweg etabliert, Konflikte eher mit Hilfe alternativer Streitbeilegungsmethoden als durch streitige Prozessverfahren beizulegen. Nach der obigen Definition ist ein alternatives Streitbeilegungsverfahren ein Verfahren, dass eine Alternative zur Entscheidung durch Urteil bietet, also ein Verfahren, dass nicht durch eine

---

30 *Ukai*, Kobetsu rōdō funsō kaiketsu no genjō to kadai – rōdō shinpan seido wo chūshin ni [Die derzeitige Lage und Aufgaben der Beilegung individualarbeitsrechtlicher Streitigkeiten – mit Fokus auf dem Verständigungssystem], in: Jurist, Nr. 1408, 2010, S. 73 (78), weist darauf hin, dass die Richter in manchem Fall die Stimmen der Parteien zum ersten Mal hören, wenn der Vergleich abgeschlossen wird.

31 Insgesamt zur Situation am runden Tisch vgl. Ukai in *Sugeno/Watanabe/Kokuzawa/Murakami/Ishizaki/Ukai*, Rōdō shinpan seido no jitsujō to kadai wo saguru [Sondierung über die tatsächliche Situation und die Aufgaben für das Verständigungssystem], in: Kikan Rōdō Hō, Nr. 231, 2010, S. 99 (101).

32 *Ukai* (Fn. 30), S. 78.

verbindliche streitige Entscheidung eines Dritten beendet werden kann. Der Inhalt und die (fehlende) Bindungswirkung des Verständigungsspruchs lassen den Rückschluss zu, dass in Fortführung dieser Tradition mit dem Verständigungsverfahren ein weiteres alternatives Beilegungsverfahren geschaffen worden ist.

1. *Inhalt des Verständigungsspruchs*

Bei der Entscheidung über den Verständigungsspruch soll das Rechtsverhältnis zwischen den Parteien die Grundlage bilden, zusätzlich ist jedoch auch der Verlauf des gesamten Verfahrens zu berücksichtigen. Das bedeutet, dass die Verständigungskommission inhaltlich nicht streng an das materielle Recht gebunden ist. Die Verständigung lässt somit ebenso wie die Schlichtung und Vermittlung flexible Lösungen zu.[33]

In der Praxis zeigt sich ein bestimmtes Muster: „Rücknahme der Kündigung (Feststellung der Unwirksamkeit) – Aufhebung des Arbeitsvertrags – finanzielle Abfindung" (*kaikō tekkai (mukō kakunin)· rōdō keiyaku no kaiyaku · kinsen hoshō*).[34] Im Rahmen der Schlichtungsverhandlungen wird die Kündigung vom Arbeitgeber zurückgenommen oder im Verständigungsspruch für unwirksam erklärt, dann wird der Arbeitsvertrag aufgelöst und ein bestimmter Abfindungsbetrag festgesetzt. Daneben gibt es jedoch auch Fälle, in denen die Verständigungskommission im Verständigungsspruch die Rücknahme der Kündigung festgelegt hat.[35] Die Rücknahme einer Kündigung ist nun aber eine Erklärung, die ausschließlich der Arbeitgeber, der die Kündigung ausgesprochen hatte, vornehmen kann, nicht das Gericht, insbesondere wenn der Arbeitnehmer die Feststellung der Unwirksamkeit einer Kündigung beantragt hat.

Die Möglichkeit derart vom materiellen Recht abzuweichen, ist ein wesentlicher Unterschied zwischen dem Verständigungsverfahren und dem streitigen Prozessverfahren und macht den Verständigungsspruch zu einer vom Urteil streng abzugrenzenden Entscheidungsform. Auch hinsichtlich der Bindungswirkung unterscheiden sich Verständigungsspruch und Urteil.

---

33 *Sugeno/Yamakawa/Saitō/Jōzuka/Otokozawa,* Rōdō shinpan seido – kihon shushi to hōrei kaisetsu [System über die Verständigung in Arbeitssachen – Grundsätzliche Bedeutung und Erläuterung der Vorschriften], 2. Aufl. 2007, S. 53.

34 *Noda,* Rōdō shinpan seido to rōdō keiyaku hō – rōdō jittai hō no kenchi kara [Das System der Verständigung in Arbeitssachen und Arbeitsvertragsrecht – vom Standpunkt des materiellen Arbeitsrechts aus betrachtet], in: Jurist, Nr. 1331, 2007, S. 50 (56).

35 *Noda* (Fn. 34), S. 54, Fall 10.

2. Bindungswirkung des Verständigungsspruchs

Die Verständigungskommission hat die Kompetenz, das Verständigungsverfahren mit einer Entscheidung - dem Verständigungsspruch - zu beenden. Insoweit hat sie eine Entscheidungsfunktion. Allerdings ist mit dieser Funktion nicht verbunden, dass die Entscheidung für die Parteien rechtlich verbindlich ist wie ein Urteil im streitigen Prozessverfahren. Ganz im Gegenteil zum Urteil kann der Entscheidung der Verständigungskommission nämlich durch einfachen Einspruch die Grundlage entzogen werden, so dass ihr die für das Urteil typische Bindungswirkung fehlt.

Damit stellt sich der Verständigungsspruch eher als Vorschlag zur Beilegung denn als eigentliche Entscheidung dar; ein Vorschlag, der von einer oder beiden Parteien durch Einspruch abgelehnt oder stillschweigend angenommen werden kann, indem kein Einspruch einlegt wird.[36] Im Prinzip macht allein die Regelung zur Wirksamkeit des Verständigungsspruches schon deutlich, dass das Verständigungssystem insgesamt auf eine einvernehmliche Streitbeilegung durch die Parteien selbst und nicht so sehr auf die einseitige Entscheidung eines neutralen Dritten ausgerichtet ist.

E. Ergebnis

Das System der Beilegung individualarbeitsrechtlicher Streitigkeiten in Japan ist im neuen Jahrtausend einschneidenden Veränderungen unterzogen worden. Es hat sich eine komplexe Struktur von Verfahren entwickelt, die zum einen in der japanischen Administration und zum anderen in der japanischen Justiz angesiedelt sind. Die meisten der Verfahren bedienen sich zur Beilegung der Konflikte einer Kommission, die mit Fachleuten in Arbeitssachen besetzt ist. Allen Verfahren ist gemeinsam, dass sie dem Bereich der alternativen Streitbeilegung zuzuordnen sind.

---

36 *Sugeno/Yamakawa/Saitō/Jōzuka/Otokozawa*, (Fn. 33), S. 54.

Abb. 2: Überblick über die Verfahren zur Beilegung individualarbeitsrechtlicher Streitigkeiten in Japan.

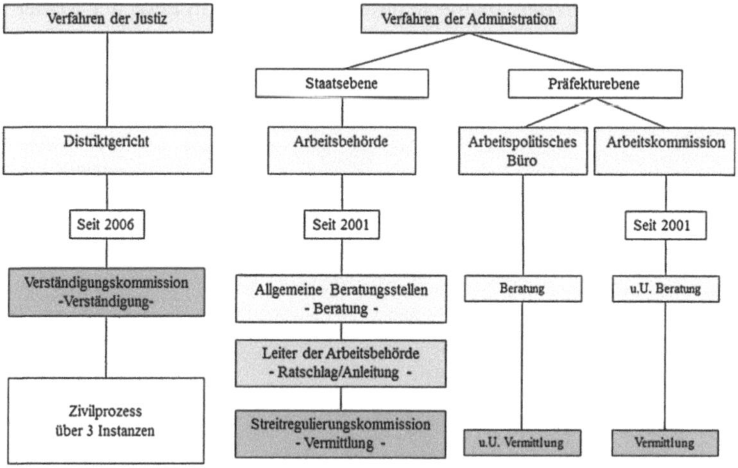

In der Administration sind im Jahr 2001 verschiedene Vermittlungsverfahren eingerichtet worden. Diese Verfahren verfügen über die Besonderheit, dass der Austausch zum Erreichen einer einvernehmlichen Lösung in der Regel nicht direkt zwischen den Parteien stattfindet, sondern durch Einzelgespräche mit dem neutralen Dritten erfolgt. Die Streitregulierungskommissionen und die Arbeitskommissionen dürfen den Streitparteien auch einen Lösungsvorschlag unterbreiten, was zwar der einvernehmlichen Beilegung dient, jedoch dogmatisch unsauber ist und die Verfahren genau genommen zu Schlichtungsverfahren macht.

In der Justiz ist im Jahr 2006 das Verständigungsverfahren eingeführt worden. Damit verfügt Japan erstmals in seiner Geschichte über ein gerichtliches Verfahren speziell zur Beilegung individualarbeitsrechtlicher Streitigkeiten. Die große Errungenschaft des Verständigungssystems ist, dass die gerichtliche Beilegung nunmehr unter Beteiligung von Fachleuten der Arbeitnehmer- und Arbeitgeberseite erfolgt. Das Verständigungsverfahren stellt sich wie die Vermittlungsverfahren in der Administration als alternatives Streitbeilegungsverfahren dar.

Für die japanische Streitbeilegungslandschaft bedeutet diese rechtliche Einordnung, dass *alle* Verfahren, die in den letzten Jahrzehnten zur Beilegung individualarbeitsrechtlicher Streitigkeiten entwickelt worden sind, als alternative Verfahren zu klassifizieren sind. Dies bedeutet weiter, dass eine Partei, die einen individualarbeitsrechtlichen Anspruch im Rahmen eines streitigen Verfahrens geltend machen möchte, in Japan weiterhin auf das zivilprozessuale Verfahren angewiesen ist. An dieser grundlegenden Feststellung hat sich trotz der erheblichen Anstrengungen der japanischen Regierung seit dem Ende der 1990er Jahre und der bedeutenden und umfangreichen Reformierung des Streitbeilegungssystems bis heute nichts geändert.

Nami Thea Ohnishi

Grundrechtsschutz für Ausländer: Einwirkungen höchstrichterlicher Entscheidungen auf Japans neue Immigrationspolitik*

A. Einleitung

Die japanische Immigrationspolitik steht jetzt an einem Wendepunkt.[1] Im Jahr 2009 erfolgte eine Reform des Gesetzes zur Immigrationskontrolle und zur Anerkennung von Asylbewerbern.[2] Die Änderungen sind zwischen 2010 und 2012 in Kraft getreten. Den Hintergrund für diese Reform bildete die drastische Steigerung der Anzahl von Ausländern in Japan und ein erhöhtes Kontrollbedürfnis über diese ausländischen Einwohner.

Trotz der zunehmenden Anzahl von Ausländern in der japanischen Gesellschaft sind in der Literatur immer noch nur wenige Ansätze für eine rechtliche Aufarbeitung des Problemfelds Ausländerrecht zu verzeichnen.[3] Bei der verfassungsrechtlichen Aufarbeitung des Grundrechtsschutzes für Ausländer ist das Problem der Aufenthaltssicherung ein Schlüsselstein. Für das Recht auf Aufenthalt und den Grundrechtsschutz für Ausländer ist ein Grundsatzurteil des japanischen Obersten Gerichtshofs aus dem Jahr 1978 maßgebend. Im Folgenden

---

* Die Arbeit wurde durch das Förderprogramm JSPS KAKENHI unterstützt (Grant Number 25780001).

1 Vgl. Kaoru Obata, Nyukanhou 2009 Nen Kaisei to Nihoniminseisaku no Tenkan, Houritsujihou Bd. 84 Nr. 12, S. 4 ff.

2 Gesetz zu einer partiellen Änderung des Gesetzes zur Regelung der Immigrationskontrolle, der Anerkennung von Flüchtlingen und der Personen, die wegen des Friedenspakts die japanische Staatsangehörigkeit verloren haben vom 8. July 2009 (Shutsunyukokukanri oyobi Nanminninteihou oyobi Nihonkoku tono Heiwa Jouyaku ni motozuki nihonno Kokuseki wo Ridatsu shitamono no Shutsunyuukokukanri ni kansuru Tokureihou no Ichibu wo Kaisei suru Tou no Houritsu).

3 Zunächst fand sich das Problemfeld Ausländerrecht im Arbeitsrecht: *Tezuka Kazuaki*, Gaikokujin to Hou, Yuhikaku (1995). Dem folgte ein zivilrechtlicher Ansatz: Atsushi Omura, Tasha to tomoni Ikiru. Minpou kara mita Gaikokujinhou, Tokyo University Press (2008). Der verfassungsrechtliche Grundrechtsschutz für Ausländer wird im Rahmen der Subjekte der in der japanischen Verfassung niedergeschriebenen Grundrechte erörtert. Vgl. Nobuyoshi Ashibe (ergänzt durch Kazuyuki Takahashi), Kenpou, 5. Aufl., Iwanamishoten (2011), S. 90; Toshihiko Nonaka/Mutsuo Nakamura/Kazuyuki Takahashi/Katsutoshi Takami, Kenpou I, 5. Aufl., Yuhikaku (2012) .

möchte ich zunächst diese höchstrichterliche Entscheidung darstellen und anschließend das Spannungsfeld zwischen Grundrechtsschutz für Ausländer und das Kontrollrecht des Staates im japanischen Kontext aufarbeiten.

B. Grundrechtsschutz für Ausländer

Im „MacLean-Urteil" vom 04. Oktober 1978 entschied der japanische Oberste Gerichtshof über Grundsätze des Grundrechtsschutz für Ausländer. In diesem Urteil wurde zum ersten Mal höchstrichterlich klargestellt, dass der in der japanischen Verfassung aufgezählte Grundrechtskatalog grundsätzlich auch auf Ausländer Anwendung findet. Zugleich wurde dem Justizminister aber für das Aufenthaltsrecht ein umfassender Ermessensspielraum zugestanden. Er kann die Ausübung der den Ausländern gewährten Grundrechte im Rahmen des Visumserteilungsverfahrens uneingeschränkt negativ bewerten.

I. Das MacLean Urteil vom 4. Oktober 1978

Klageführer Ronald McLean, ein US Amerikaner war am 10. März 1969 mit einem einjährigen Visum[4] nach Japan eingereist, um an einer Sprachschule als Englischlehrer zu arbeiten und gleichzeitig japanische Zither (Koto) zu erlernen. Kurz nach seiner Einreise hat er seinen Arbeitsplatz gewechselt, ohne die Behörden davon in Kenntnis zu setzen. Darüberhinaus hat er während seines Aufenthalts in Japan an pazifistischen Protestversammlungen der in Japan lebenden Amerikaner gegen den Vietnam Krieg teilgenommen.

Als er einen Antrag auf Verlängerung des Visums um ein weiteres Jahr stellte, wurde ihm jedoch nur ein viermonatiges Visum erteilt, ausdrücklich für die Vorbereitung seiner endgültigen Ausreise. Bei einer wiederholten Antragstellung für ein einjähriges Visum begründete der Justizminister seine Ablehnung damit, dass McLean sich politisch betätigt habe und dass er den Wechsel seines Arbeitsgebers nicht rechtzeitig mitgeteilt habe. Daraufhin wurde von McLean auf Widerruf dieser Entscheidung geklagt.

Die erste Instanz, das Tokyoter Landesgericht hat in seiner Entscheidung vom 27. März 1972 McLeans Klage stattgegeben.[5] In seiner Begründung stellte das

---

4 Visum nach Art. 4 Abs. 1 Nr. 16 der Verordnung zur Immigrationskontrolle vom 4. Oktober 1951 (Shutsunyukokukanrirei). Im Jahr 1982 ersetzt durch das Gesetz zur Regelung der Immigrationskontrolle und der Anerkennung von Flüchtlingen vom 1. Januar 1982.

5 Entscheidung des Tokyoter Landesgerichts vom 27. März 1972 , Hanrei Jihou Nr. 702, S. 46 ff.

Gericht fest, dass die unterlassene Anzeige seines Arbeitsplatzwechsels für die Begründung einer Verweigerung eines erneuten Visums nicht angemessen sei.[6] Darüberhinaus sei es auch nicht angemessen, wegen der politischen Betätigung die Verlängerung des Visums zu verweigern. Die politische Betätigung McLeans sei eine Ausübung seiner politischen Meinungsfreiheit gewesen und habe zu keiner Gefährdung der Interessen Japans geführt.[7] In dieser Weise hat das Gericht einen Missbrauch des Ermessensspielraums durch den Justizminister festgestellt.

Diese Entscheidung wurde jedoch in der zweiten Instanz aufgehoben,[8] die den Ermessensspielraum des Justitzministers weiter fasste. Diese Entscheidung wurde dann auch vom Obersten Gerichtshof bestätigt.

Nach dem Urteil des Obersten Gerichtshofs vom 4. Oktober 1978[9] werden die im 3. Abschnitt der japanischen Verfassung festgeschriebenen Grundrechte auch für Ausländer gewährt, insoweit das Grundrecht seiner Natur nach kein nur für Japaner gewährtes Grundrecht ist.[10] Auch das Recht zur politischen Betätigung wird den Ausländern gewährt, soweit die Betätigung von der rechtlichen Stellung eines Ausländers her betrachtet nicht als unerwünscht erscheint, wie z.B. wenn diese politische Betätigung die wirksame Willensbildung in Japan beschädigt.[11]

Es wird jedoch kein Recht dahingehend gewährt, dass die Ausübung der jeweiligen Grundrechte im Visumverfahren nicht als negativer Erwägungsgrund gewertet wird.[12] Da dem Staat nach dem allgemeinen Völkerrecht ein volles Ermessen über die Einreise eines Ausländers zusteht, wird dem Ausländer kein subjektives Recht auf Einreise oder weiteren Aufenthalt gewährt.[13] Deswegen

---

6 Durch den Arbeitsplatzwechsel ist die Ordnung des Immigrationskontrollrechts nicht gefährdet und es besteht dadurch auch kein Vertrauensverlust zwischen McLean und den Kontrollbehörden. Ebenda, Abs. 9, 10.

7 Ebenda Abs. 17. McLean hat sich hauptsächlich an die in Japan wohnenden US-Amerikaner gewandt und auch nur die Außenpolitik seines Landes kritisiert. Zwar habe der Verein Bürgerinitiative zum Frieden für Vietnam über eine Friedensbewegung hinausgehende, andere Ziele verfolgt, aber die seien für McLean nicht leicht durchschaubar gewesen .

8 Entscheidung des Tokyoter Oberlandesgerichts vom 25. September 1975, Hanrei Jihou Nr. 792, S. 11 ff.

9 Entscheidung des Obersten Gerichtshofs vom 4. Oktober 1978, Minshu Bd. 32 Nr. 7, S. 1223 ff.

10 Ebenda, Abs. 14.

11 Ebenda, Abs. 14.

12 Ebenda, Abs. 14.

13 Ebenda, Abs. 9.

besteht auch keine Grundrechtsverletzung, wenn der Justizminister die Ausübung der Grundrechte durch einen Ausländer als unerwünscht bewertet und deshalb den Visumverlängerungsantrag ablehnt.[14]

Darüberhinaus ging das Gericht bei der Revidierung der Entscheidung zur Visumverlängerung davon aus, dass die Entscheidung innerhalb des Ermessensspielraums des Justizministers zu treffen sei, und prüft nur nach, ob der Entscheidung ein erheblicher Fehler hinsichtlich des Sachverhalts zugrunde lag, oder ob die Einschätzung des Sachverhalts eindeutig dem gesunden Menschenverstand widerspricht.[15]

II. Kritik in der Literatur

In der Literatur wird das McLean Urteil als Grundsatzentscheidung für die Problematik „Grundrechtsschutz für Ausländer" angesehen. Mit dem McLean Urteil wurde die herrschende Meinung, die den Grundrechtskatalog in der Verfassung nach der Natur des jeweiligen Grundrechts möglichst weit auch auf in Japan lebende Ausländer anzuwenden versucht, höchstrichterlich bestätigt. Vor dem MacLean Urteil räumte die höchstrichterliche Rechtsprechung Ausländern zwar einen Grundrechtsschutz in der Sache ein, es gab aber keine allgemeine Aussage zu den Voraussetzungen. Es wurde nicht klargestellt, ob der Grundrechtsschutz nach dem Wortlaut in der Verfassung oder nach seiner innewohnenden Natur erfolgt. Dies erfolgte erst durch das McLean Urteil.[16]

Die Lehrmeinung, die sich auf den Wortlaut des dritten Abschnitts der Verfassung „Rechte und Pflichten der Staatsbürger" beruft, leugnet die Möglichkeit einer Anwendung der in der Verfassung garantierten Grundrechte auf in Japan lebende Ausländer.[17] Dieser engen Auslegung der Verfassung auf

14 Ebenda, Abs. 15.

15 Ebenda, Abs. 11.

16 *Tsutomu Hibino*, Gaikokujin no Jinken(1), Hogaku-kyoshitsu Nr. 210 (1998), S. 40. Vgl. Entscheidung des Obersten Gerichtshofs vom 28. Dezember 1950, Minshu Bd. 4 Nr. 12, S. 683 ff.; Entscheidung des Obersten Gerichtshofs vom 19. Juni 1957, Keishu Bd. 11 Nr. 6, S. 1663 ff.; Entscheidung des Obersten Gerichtshofs vom 25. Dezember 1957, Keishu Bd. 11 Nr. 14 S. 3377 ff.; Entscheidung des Obersten Gerichtshofs vom 11. November 1964, Keishu Bd. 18 Nr. 9, S. 579 ff.

17 *Souichi Sasaki*, Kaitei Nihon Kenpouron, Yuhikaku (1951), S. 467 ff. Es gibt immer noch Argumente, nach denen die Leugnung rechtstheoretisch konsequent sei. Aber auch diese Lehrmeinung findet es politisch wünschenswert, durch einfache Gesetze einen Grundrechtsschutz für Ausländer zu verwirklichen oder den Grundrechtskatalog durch Analogieschluss auch auf Ausländer anzuwenden. *Kazushi Kojima/*

Grund des Wortlauts „Staatsbürger" wird von der Gegenmeinung das Argument entgegengesetzt, das die Grundrechte vorstaatliche Menschenrechte sind. Darüberhinaus wird argumentiert, dass durch die in der Verfassung gebotene Achtung internationaler Beziehungen eine Anwendung der Grundrechte auf in Japan lebende Ausländern folgerichtig macht. Dabei wird in der Begründung unterschieden, ob die Anwendung dem Wortlaut der Verfassung folgt[18] oder der Natur des jeweiligen Grundrechts.[19] Mit dem McLean Urteil wurde die Lehrmeinung, die den Grundrechtsschutz nach der Natur des jeweiligen Grundrechts flexibel auch auf in Japan lebende Ausländer ausdehnt, bestätigt.

Kritik hat das Urteil vor allem deshalb erhalten, weil es dem Justizminister gestattet, die Grundrechtsausübung eines Ausländers im Rahmen der Ermessensausübung beim Visumverfahren als einen negativen Erwägungsgrund zu bewerten.[20] Obwohl der Grundrechtsschutz im Rahmen der Verfassung grundsätzlich auch den Ausländern weitmöglichst gewährt wird, wird der Umfang der Ausübung dieser Grundrechte durch das Kontrollrecht des Justizministers faktisch sehr begrenzt. Wenn einem Ausländer nur eine Handlungsfreiheit innerhalb des im Visum bestimmten Rahmen gegeben ist, kann von einer Handlungsfreiheit für in Japan lebende Ausländer überhaupt keine Rede sein.[21]

Hibino kritisiert die durch das McLean Urteil erfolgte Ausweitung des Ermessensspielraums des Justizministers dahingehend, dass es einen tatsächlichen Vorrang des Immigrationskontrollsystems vor der Verfassung postuliert.[22] Er unterscheidet zwei mögliche Ausgangspunkte: den Vorrang der verfassungsrechtlich garantierten Grundrechte und den Vorrang des Immigrationskontrollsystems.[23] Der Unterschied besteht darin, ob der Ermessensspielraum des Gesetzgebers und der Verwaltung von den verfassungsrechtlich gewährten

---

Makoto Ohishi, Kenpougaikan, 7. Aufl., Yuhikaku (2011), S. 77. Vgl. *Nonaka/Nakamura/Takahashi/Takami*, Kenpou I(FN 3), S. 222 f.

18 *Tawara Shizuo*, Kenpou [Kaitei], Yushindokoubunsha (1967), S. 48.

19 *Toshiyoshi Miyazawa*, Kenpou I, Yuhikaku (1971), S. 240; *Nobuyoshi Ashibe (ergänzt durch Kazuyuki Takahashi)*, Kenpou, 5. Aufl., Iwanamishoten (2011), S. 90; *Nonaka/Nakamura/Takahashi/Takami*, Kenpou I (FN 3), S. 222.

20 Aus verwaltungsrechtlicher Sicht unterstützt Miura diese Logik, Gyousei Hanrei Hyakusen, 6. Aufl., Yuhikaku (2012) S. 163.

21 *Motoi Miyaji*, Kojin no Nihonkokunai heno Nyuukoku to Kyoju wo Hoshou suru Kenpougenri wo Motomete, Houritsujihou Bd. 84 Nr. 12 (2012), S. 46.

22 *Tsutomu Hibino*, Gaikokujin no Jinken(1), Hogaku-kyoshitsu Nr. 210 (1998), S. 35 ff.

23 *Tsutomu Hibino*, Gaikokujin no Jinken (2), Hogaku-kyoshitsu Nr. 217 (1998), S. 44.

Grundrechten eingeschränkt wird oder nicht.[24] *Hibino* macht mit seiner Untersuchung darauf aufmerksam, dass der Oberste Gerichtshof in dem Mc-Lean Urteil vom Schutz der Grundrechte auf den Vorrang des Immigrationskontrollsystems bei der Klärung von Rechtsstreitigkeiten umgeschaltet hat.[25]

Wenn man davon ausgeht, dass die Verfassung in der Rechtsnormenhierarchie die höchste Position einnimmt, erscheint es sonderbar, dass das Immigrationskontrollsystem dem durch die Verfassung gewährten Schutz der Grundrechte vorgeht. Dennoch hält der Oberste Gerichtshof an dieser Wertung fest. In seinem Urteil vom 16. November 1992 hat er erneut den weiten Ermessensspielraum des Justizministers und den Vorrang des Immigrationskontrollsystems bestätigt.[26]

C. Reform des Immigrationskontrollsystems

Die im Jahr 2009 erfolgte Reform des Gesetzes zur Immigrationskontrolle und der Anerkennung von Asylbewerbern zielte auf eine verstärkte Kontrolle der in Japan lebenden Ausländer ab.

I. Hintergrund der Reform

Die Reform 2009 erfolgte vor dem Hintergrund der immer weiter steigenden und nach Nationalitäten stärker variierenden Anzahl der in Japan lebenden Ausländer. Seit den 80er Jahren stieg die Anzahl der einreisenden Ausländer drastisch an.[27]

---

24 Es ist unbestritten, dass den Ausländern kein subjektives Recht auf Einreise oder Verlängerung des Visums eingeräumt wird. Vielmehr liegt der Unterschied darin, ob eine Einschränkung des staatlichen Ermessensspielraums aufgrund der durch die Verfassung garantierten Rechte vorliegt oder nicht. *Tsutomu Hibino*, Gaikokujin no Jinken (3), Hogaku-kyoshitsu Nr. 218 (1998), S. 77.

25 Ebenda, S. 43 ff.

26 Kathleen Morikawa Urteil: Urteil des obersten Gerichtshof vom 16. November 1992, Shuumin Nr. 166, S. 575 ff. Allerdings gibt es neue Ansätze in den neueren landesgerichtlichen Rechtsprechungen. Vgl. *Sugiura Norihiko*, Kasseikasuru Kenpou-Gyouseihou no Genjyou, Kouhoukenkyu, Nr. 71, S. 201.

27 Man könnte schon sagen, dass Japan in den 80er Jahren ein „De facto“ Einwanderungsland geworden sei. *David Chavacci*, Japans neue Immigrationspolitik.Ostasiatisches Umfeld, ideelle Diversität und institutionelle Fragmentierung, VS Verlag 2011, S. 103 ff.

Im Jahr 1989 geschah eine umfangreiche Reform des Immigrationskonroll-systems (in Kraft getreten im Jahr 1990).[28] Bei dieser Reform hat sich die Politik zum ersten Mal mit der Frage auseinandergesetzt, ob Japan ausländische Arbeitskräfte aufnehmen soll.[29] Im Ergebnis wurde eine Anwerbung ausländischer Arbeitskräfte für den japanischen Arbeitsmarkt abgelehnt und nur die Kategorien der Arbeitsvisa für Spezialisten, d.h. Personen mit besonderer Ausbildung und Kenntnissen, wurden ausgeweitet. Aber die Einführung erleichterter Einreisebestimmungen und eine unbeschränkte Arbeitserlaubnis für japanischstämmige Brasilianer (Teijūshya) und der Ausbau von Einreisemöglichkeiten für Praktikanten (Kenshūsei) bot japanischen Betrieben die Möglichkeit, billige Arbeitskräfte aus dem Ausland zu bekommen.

Unter diesem 1990 entwickelten Immigrationskontrollsystem hat die Anzahl der nach Japan einreisenden Ausländer weiter stark zugenommen. Damit wurde auch die wirtschaftliche Abhängigkeit japanischer Betriebe von arbeitswilligen und arbeitsfähigen, aber im Vergleich zu japanischen Arbeitskräften billigeren ausländischen Arbeitskräften weiter verstärkt.[30]

Die Reform von 2009 steht in Kontinuität zu dieser weiter ansteigenden Immigration nach Japan. Die drastische Steigerung der Ausländerzahl verursachte in der Praxis für die Kontrolle der Ausländer mehrfache Schwierigkeiten. Da nach dem bisherigen System die Kontrolle in zwei unabhängig voneinander agierenden Verwaltungsbereichen erfolgte - die Einreise wurde vom Justizministerium kontrolliert; die Ausländerregistrierung erfolgte davon unabhängig in den Gemeindeämtern - hatten die Behörden Schwierigkeiten die Personendaten präzise zusammenzuführen.[31]

---

28 Gesetz zur einer partiellen Änderung des Gesetzes zur Regelung der Immigrationskontrolle undder Annerkennung von Flüchtlingen vom 15. Dezember 1989 (Shutsunyūkokukanri oyobi Nanminninteihou no ichibu wo Kaisei suru Houritsu).

29 *Junichi Akashi*, Nyukokukanriseisaku, Nakanishiya Verlag 2010, S. 98 ff.

30 In den letzten 20 Jahren hat sich Japan de facto zu einem Einwanderungsland entwickelt, dessen wirtschaftliche Grundlage mehr und mehr von ausländischen Arbeitskräften abhängt. Vgl. *Chavacci*, Japans neue Immigrationspolitik(FN 28), 65 ff.

31 Das Problem war, dass viele Ausländer ihren Wohnsitz wechselten und auch nach einer Ausreise aus Japan nicht die Gemeinden informierten. Die damit einhergehenden Zahlungen von Kindergeld, die versäumte Rückgabe der Krankenversicherungskarte und unbezahlte Regionalsteuern, die erst rückwirkend ein Jahr später zu bezahlen sind, belasteten die ohnehin knappen Gemeindekassen. Vgl. *Yamada u.a.*, Atarashii Nyukanhou, Yuhikaku 2010, S. 13 f.

II. Wichtige Änderungspunkte

Wichtige Änderungspunkte in der Reform 2009 erfolgten unter anderem in den folgenden Bereichen. Erstens wurde die Kontrolle zugunsten einer besseren Steuerung und Überprüfung des legalen Aufenthaltes zentralisiert. Das Ausländerregister in den Gemeinden wurde abgeschafft und durch die Registrierung im normalen Einwohnermeldeverzeichnis ersetzt. Diese Maßnahme wurde begleitet von der Einführung einer Aufenthaltskarte mit IC-Chip für Ausländer, die sich lang- und mittelfristig aufhalten. Die Personendaten werden damit durch das Justizministerium zentral erfasst und die Änderungen nach der Einreise werden nunmehr automatisch an die Gemeindeämter weitergeleitet, was eine kontinuierliche Verwaltung der Personaldaten ermöglicht.

Zweitens zielte das neue Gesetz auch auf einen Abbau der bürokratischen Hindernisse und eine verbesserte Rechtsstellung von sich lang- und mittelfristig aufenthaltenden Ausländern ab. So wurden z.B. vereinfachte Wiedereinreisebedingungen bei einer Ausreise von weniger als einem Jahr, die Möglichkeit einer Aufnahme in das Einwohnermeldeverzeichnis und damit die Möglichkeit zur Begründung eines festen Wohnsitzes und einer weiteren Integration in die Sozialsysteme Japans eingeführt. Die längstmögliche Aufenthaltsfrist wurde von 3 auf 5 Jahre verlängert. Für die Praktikanten (Kenshūsei) wurde der Abschluss von Arbeitsverträgen zwischen dem Praktikanten und seinem Arbeitgeber zur Pflicht gemacht und auch die Aufsichtspflicht der Vereine, die Praktikanten an die Betriebe vermitteln, wurde präzisiert. In dieser Weise versuchte die Reform von 2009 eine Verbesserung der rechtlichen Stellung von Ausländern zu bieten.[32]

D. Fazit

Insgesamt kann festgehalten werden, dass die Reform 2009 die rechtliche Lage der in Japan lebenden Ausländer ausbaut. Gleichzeitig verbesserte sie aber auch die Kontroll- und Steuerungsmöglichkeiten des Staates durch eine zentrale Kontrolle mit Hilfe der vom Justizministerium ausgestellten Aufenthaltskarte. Dass Ausländer und Japaner im gleichen Einwohnermeldeverzeichnis registriert werden, bietet eine erleichterte Integration in das Sozialversicherungssystem.

In der Politik wurde parallel zu dieser Reform ein verstärktes Interesse an einer aktiven Anwerbung ausländischer Arbeitskräfte geäußert. Zu einer

32 Das Arbeitsrecht wird forciert und die staatliche Aufsicht über Betriebe, die Praktikanten einstellen, wurde verstärkt.

Vereinbarung für eine gezielte Anwerbung ausländischer Arbeitskräfte ist es zwar nicht gekommen, aber ein zwischenstaatliches Abkommen mit den Philipinen wurde bereits im September 2006 offiziell unterzeichnet, wonach bis zu 1.000 Plegearbeitskräften ein Visum erteilt werden sollte.[33] Im April 2014 hat die japanische Regierung ihre Absicht geäußert, dem Arbeitskräftemangel durch verstärkte Anwerbung von ausländischen Arbeitskräften zu begegnen, u.a. durch Erleichterung des Zuzugs.[34] Die japanische Immigrationspolitik steht jetzt an einem Wendepunkt, in dem der zukünftige Rahmen der Immigrationspolitik und Strategie neu gestaltet werden soll.

Das neue Immigrationssystem von 2009 bietet für die zukünftige Immigrationspolitik einen institutionellen Rahmen an, in dem der Staat effektiv die Einreise von Ausländern steuern kann. Gleichzeitig bleibt aber aus verfassungsrechtlicher Sicht der Grundsatz des Vorrangs des Immigrationskontrollsystems über die verfassungsrechtlich gewährten Grundrechte ein Hindernis für die Rechtssicherheit der in Japan lebenden Ausländer, insoweit als der Ermessensspielraum des Justitzministers weiterhin beliebig ausgeweitet bleibt.

---

33 Dieses Ziel wurde leider nicht erreicht, weil die Sprachbarriere zum Bestehen der von der japanischen Seite geforderten Zertifikatsprüfung zu hoch war.

34 Nihonkeizai Shinbun, 5. April 2014, S. 3. Das Neue an diesem Ansatz ist, dass auch eine Anwerbung von niedrigqualifizierten Arbeitskräften in Betracht gezogen wird. Darüberhinaus werden für hochqualifizierte und hochbezahlte Arbeitskräfte die Zuzugsbedingungen z.B. nicht nur für die Kernfamilie, sondern auch für alte Eltern oder Hausangestellte aus dem eigenen Land erleichtert. Ende Mai 2014 wurde eine weitere Gesetzesänderung vorgenommen, die hier aber nicht mehr behandelt werden kann.

Autorenverzeichnis

Heike Alps, Dr., LL.M. (Chuo Universität, Japan)
Rechtsanwältin in München, Lehrbeauftragte zur japanischen Rechtssprache an der Universität Augsburg.

Yu Amada,
Doktorand an der Waseda Universität in Tokyo.

Kazushige Doi, LOL.M. (Marburg)
Doktorand an der Philipps-Universität Marburg, Wissenschaftlicher Mitarbeiter an der Professur für Japanisches Recht an der Goethe-Universität Frankfurt a. M.

Jan Grotheer, Dr.
Präsident der Deutsch-Japanischen Juristenvereinigung e.V.

Jennifer Junker, Dr.
Verwaltungsrätin der Landeshauptstadt München.

Maximilian Lentz,
Rechtsanwalt in Frankfurt am Main.

Nami Thea Ohnishi, M.A.
Dozentin an der Komazawa Universität in Tokyo.

Henning Rosenau, Prof. Dr.
Vizepräsident der Universität Augsburg und Lehrstuhlinhaber für Deutsches, Europäisches und Internationales Straf- und Strafprozessrecht, Medizin- und Biorecht.

Oliver Schön, Dr.
Richter am Landgericht München I, Lehrbeauftragte zum japanischen Recht an der Universität Augsburg.

Masamitsu Tomikawa, LL.M.
Doktorand an der Chuo-Universität in Tokio.

Richard Yamato,
Wissenschaftlicher Mitarbeiter am Lehrstuhl für Rechtsphilosophie und Öffentliches Recht von Prof. Dr. *Uwe Volkmann* in Mainz.

Frederike Zufall,
Doktorandin an der Humboldt-Universität zu Berlin.

Augsburger Studien zum Internationalen Recht

Herausgegeben von Volker Behr, Henning Rosenau und Christoph Vedder

Band 1 Ramon Sieveking: Schiedsgutachtenverträge nach deutschem und New Yorker Recht. Eine rechtsvergleichende Untersuchung der Sach- und Interessengerechtigkeit der Ausgestaltung des deutschen Schiedsgutachtenrechts. 2007.

Band 2 Susanne Kobor: Bargaining in the Criminal Justice Systems of the United States and Germany. A Matter of Justice and Administrative Efficiency Within Legal, Cultural Context. 2008.

Band 3 Jérôme Pause: Der französische Conseil d'État als höchstes Verwaltungsgericht und oberste Verwaltungsbehörde. Seine Entwicklung und heutige Stellung. 2008.

Band 4 Henriette Heine: Die Rechtsstellung des Beschuldigten im Rahmen der Europäisierung des Strafverfahrens. 2009.

Band 5 Susanne Kratzer: Die vorweggenommene Erbfolge in Deutschland und Italien unter besonderer Berücksichtigung des Familienvertrages (*patto di famiglia*). 2009.

Band 6 Octavian Gabriel Pascu: Strafrechtliche Fundamentalprinzipien im Gemeinschaftsrecht. Unter besonderer Berücksichtigung des Kartellordnungswidrigkeitenrechts. 2010.

Band 7 Henning Rosenau / Sangyun Kim (Hrsg.): Straftheorie und Strafgerechtigkeit. Deutsch-Japanischer Strafrechtsdialog. 2010.

Band 8 Gerhard Molt: Das Recht der nicht-schifffahrtlichen Wassernutzung am Mekong im Lichte des allgemeinen internationalen Wasserrechts. 2011.

Band 9 Michael Kraus: Rechtsstaatliche Terrorismusbekämpfung durch Straf- und Strafprozessrecht. 2012.

Band 10 Arnd Koch / Matthias Rossi (Hrsg.): Kodifikation in Europa. 2012.

Band 11 Vanessa Desoutter: La responsabilité civile de la société mère vis-à-vis de sa filiale. Comparaison entre l'Aktiengesetz allemande et le droit français des groupes. 2012.

Band 12 Klaus Schwichtenberg: Die Kooperationsverpflichtung der Mitgliedstaaten der Europäischen Union bei Abschluss und Anwendung gemischter Verträge. 2014.

Band 13 Henning Rosenau /Oliver Schön (Hrsg.): Japanisches Recht im Vergleich. Erstes Symposium zum japanischen Recht für Nachwuchswissenschaftler an der Universität Augsburg. Deutsch-Japanischer Strafrechtsdialog ドイツー日本 刑法に関する対話. 2014.

www.peterlang.de